새로운 가르드망제 요리

김세한

New International GARDE MANGER Cooking

지식인

Profile

김세한(Kim Se Han)

경기대학교 일반대학원 관광학박사
현) 서울롯데호텔 조리팀 근무
청운대학교(호텔조리식당경영학과) 겸임교수
소믈리에 타임즈 칼럼니스트
일월산 기술이사
대한민국 조리기능장
대한민국 조리국가대표
기능경기대회 심사위원
조리기능사, 조리기능장 심사위원
직업능력개발훈련 심사평가위원

(수상경력)
한식의 날 대축제 금상, 서울시장상(2016)
한국국제요리경연대회 금상(2015)
룩셈부르크 요리월드컵대회 은상(2014)
대한민국 국제요리경연대회 금상(2010~2015)
세계 영셰프요리대회 금상(2013)
터키 이스탄불요리대회 은상(2012)
문화체육관광부 장관상(2009)
독일 세계요리올림픽 은상(2008)
해양수산부 장관상(2006)
서울국제요리대회 금상(2006, 2009)

(저서)
새로운 고급서양조리, 백산출판사(2012)
새로운 이탈리아요리, 지구문화사(2014)

이메일 | sabongkr@naver.com

포토그래퍼 | 진상범

New International Garde Manger Cooking
서로운 가르드망제 요리

2017년 1월 10일 초판 1쇄 인쇄
2017년 1월 15일 초판 1쇄 발행

지은이 | 김세한
펴낸이 | 김종욱
펴낸곳 | 지식인
등 록 | 제301-2013-134호
주 소 | 서울시 도봉구 도봉로 476, 415호(삼성쉐르빌퍼스티)
전 화 | 02)2266-8606(대)
팩 스 | 02)2266-8607
이메일 | jisikin2013@naver.com
홈페이지 | www.jisikinbook.co.kr

ISBN 978-89-98591-95-3 (93590)

값 28,000원

New International Garde Manger Cooking

새로운 가르드망제 요리

Preface

최근 경제수준이 향상되고 생활이 풍요해지면서 우리의 식사패턴도 이제는 좋은 곳에서 분위기 있게 맛있는 음식을 먹으며 즐거운 시간을 보내는 식문화로 바뀌어가고 있다. 음식을 단순히 식탁 위에 놓인 요리만으로 생각할 것이 아니라, 요리에 어울리는 접시 선택과 음식을 담는 기법을 익혀 테이블세팅과 주위의 분위기를 느끼면서 시각적 요소를 통해 만족을 줄 수 있어야 한다. 우리가 음식을 먹을 때 '누구와, 어디에서' 먹느냐에 따라 흥미와 맛은 달라진다.

오늘날 요리의 문화는 인문, 사회, 과학, 기술, 예술의 발전으로 가져다 준 혜택의 선물이다. 음식을 만들 때 정성껏 만들어 좋은 사람들과 함께 즐기는 것은 행복이며, 그 기쁨은 훨씬 많아지기 마련이다. 음식은 단순히 배를 채우고 육체의 활동 기능을 하는 것뿐만 아니라, 한 문화가 자신의 가치관을 표현하고 그것을 다른 문화와 나누기 위해 발전시킨 문화적 가치이다. 그러하기에 한 나라의 문화와 그 나라의 요리는 더욱더 밀접한 관계를 형성하고 있다.

맛의 세계에 질서와 미를 창조하는 진정한 지휘자는 조리사이다. 모든 음식을 먹는 사람을 위해서 조리사가 정성을 다해 진정한 마음으로 만들어야 한다. 다양한 식재료를 가지고 예술적인 감각에 가득 찬 요리를 정통적인 조리법으로 만드는 것을, 공장에서 기계적으로 대량 생산하는 것으로 대신할 수는 없다. 과학이 발전하고 문화가 바뀌어도 예술의 요리를 감식할 미식가는 영원히 존재하는 것이다.

본서는 1, 2, 3부로 구성되어 있다.
제1부에서는 가르드망제의 이론 부문으로, 가르드망제의 개념과 고대의 식생활, 가르드망제의 실무 및 준비과정에 대해서 소개하였으며, 주방 위생에 대한 설명과 주방의 안전관리 에 대해서도 설명하였다.
제2부에서는 드레싱에 대한 설명이다. 드레싱이란, 식품에 첨가하는 형태로 된 차가운 종류의 액체 형태의 재료로 주로 차가운 채소에 뿌려서 먹는 것을 말하며, 식품의 특성을 좋게 하고 음식의 향미를 더해주어야 한다. 드레싱의 가장 중요한 목적은 샐러드의 맛을 한층 더 증가시키고 소화를 도와주며 반드시 샐러드의 맛과 풍미의 조화가 이루어져야 한다.
제3부에서는 가르드망제 요리의 실기 부문을 다루었다. 가르드망제 요리에 관한 각 부문별 카테고리로 나누었으며 오르되브르, 애피타이저, 차가운 수프, 샐러드, 샌드위치, 테린, 소시지 순으로 메뉴에 사용한 식재료, 레시피, 요리사진에 대한 설명을 상세히 소개하였다.

필자가 가르드망제 주방에서 겪었던 경험과, 오랜 시간 동안 준비하고 정리한 자료이지만 미흡하고 부족한 부분이 많이 있으리라 사료된다.
앞으로 부족한 부분은 선 · 후배님들의 조언을 받아 수정 · 보완하여 더 좋은 책이 될 수 있도록 노력할 것이다. 그리고 이 책이 나오기까지 도움을 준 에이셰프 안종성 대표와 요리작품을 함께 완성해 준 제자들에게 고맙다는 말을 글로 대신합니다. 또한 롯데호텔 콜 키친 선 · 후배님들과 출판을 맡아주신 지식인 대표님 이하 도움을 주신 모든 분들의 노고에 진심으로 감사를 표합니다.

김세한

PART 1. THEORETICAL GARDE MANGER

PART 2. DRESSING

PART 3. GARDE MANGER COOKING

애피타이저

차가운 수프

샐러드

샌드위치

테린, 포스미트, 파테, 갤런틴, 무스

소시지, 훈제, 아스픽, 젤라틴

THEORETICAL GARDE MANGER

PART 1

가르드망제 요리Garde Manger Cooking

1. 가르드망제Garde Manger의 개념

가르드망제Garde Manger란, 중세 프랑스시대에 나온 용어로 벌레, 파리 등의 접근을 막기 위해 만든 곳으로 각종 식재료를 보관할 수 있는 새장 모양의 찬장으로, 서늘한 지하실 천정에 매달아두거나 시원한 주방의 창가에 두고 사용하기도 했다. 지금은 냉장고의 발명으로 그 모습은 사라졌으나, 이름은 계속 전해져 내려왔다. 오늘날 가르드망제의 역할은 오르되브르Hors D'Oeuvre, 전채Appetizer, 샐러드Salads, 샌드위치Sandwich, 드레싱Dressing 등의 여러 가지 차가운 음식을 준비하여 생산하는 전문적인 주방을 의미하며 콜 주방Cold Kitchen이라고도 부른다.

유럽에서 정의한 가르드망제의 사전적인 의미는 '식품저장실, 음식저장고'라는 의미를 가지고 있으며, 이를 통해 가르드망제가 찬 음식을 보관하는 장소뿐만 아니라 서늘한 온도를 갖추고 통풍이 잘되는 곳에서 육류나 가금류, 생선류 등을 조리하기 위해 준비하는 저장고의 역할도 하는 중요한 주방이다. 또한 차가운 음식을 주로 다루기 때문에, 불을 사용하는 주방과 멀리 떨어진 곳에 주방이 위치해야 한다.

가르드망제는 차가운 요리를 만들어 서비스하고, 전반적인 메뉴의 균형을 잡아 시각적 효과를 극대화시켜야 한다. 특히 가르드망제에서 다루는 음식은 단순히 보여주는 음식이 아니라 마음을 움직여 눈과 입을 만족시켜야 하며, 이를 위해서 가르드망제 조리사들은 충분한 미(美)적 감각과 건강에 대한 철저한 관리와 식재료에 대한 이해 등 조리 실무에 대한 이론적 지식을 갖춰야 한다.

현대의 가르드망제 요리는 단순함을 벗어나 각종 식재료와 조리기술을 통해 다양한 스타일의 음식을 선보이고 있다. 이렇듯 가르드망제의 발전 또한 오늘날 발전된 음식문화의 특성을 반영하여, 연회행사와 뷔페서비스에 제공되는 오르되브르, 애피타이저, 샐러드, 샌드위치 등을 만들어 고객들의 행복과 즐거움을 줄 수 있는 요리를 만들게 된다.

이제는 경제수준이 향상되고 생활이 풍요해지면서 우리의 식사패턴도 좋은 곳에서 분위기 있게 맛있는 음식을 먹으며 즐거운 시간을 보내는 식문화로 바뀌어가고 있다. 음식을 단순히 식탁 위에 놓인 요리만 생각할 것이 아니라, 접시나 테이블 세팅과 주위의 분위기를 느끼면서 시각적 요소를 통해 만족을 줄 수 있어야 한다.

2. 고대의 식생활Eating Habits of Ancient Times

고대의 인간은 자연에서 얻을 수 있는 것들만 얻어, 식생활에서 조리하지 않은 채 날것으로 먹으며 생활했다. 거의 주거의 이동도 하지 않으면서 그들이 생활하고 있는 지역에서 잡히는 먹이에만 만족했다. 하지만 인간의 머리는 동물보다 우월한 두뇌를 가지고 태어나, 원시적이기는 하나 바다에 나가 물고기를 잡고 동물을 사냥하기 위해 도구를 발명하였다. 그리고 산과 평야, 계절, 수확 등에 대한 관심을 갖게 되었고, 생명을 유지하기 위한 식량이 필요하게 되었다. 고대인들의 주요 식량으로는 식물의 뿌리와 열매, 줄기, 곡식, 생선, 젖과 알 등이었다.

인간의 식생활 변화는 불의 발견과 더불어 더욱 급속히 변화하게 되었다. 우연한 기회에 불을 접하게 된 인간은 몸을 데우기 위해 불을 사용하였고, 불에 익힌 고기가 날것보다는 연하고 맛있다는 것을 알게 되면서 조리법에 불이 이용되기 시작하였다. 불을 피워 뜨거운 불 위에서 굽거나, 숯불 위에 고깃덩어리를 꼬치에 끼워 구워서 주식으로 사용하였다. 그 후 육류뿐만 아니라 곡류에 이르기까지 광범위하게 불의 사용은 다양해졌다.

원시인들은 수렵생활을 하면서 동물을 사육하는 법을 배웠고, 또한 농사짓는 법을 발견하여 곡물을 경작하게 되었다. 이는 인간의 식생활에 큰 영향을 끼치며 요리법에도 많은 발전을 가져오게 되었다.

고대의 조리방법 중에는, 생선을 소금에 절여 해안가에서 말린 후 그 생선을 발효하거나 건조시켰다고 한다. 고기를 불 옆에 매달아두면 동물이나 해충 등으로부터 안전하게 식품을 지키고, 연기가 가득한 공간에 고기를 두면 더 깊고 풍미한 맛을 스며들게 하여 부패를 방지시킨다는 것을 알게 되었다. 음식물 처리에 대한 다양한 방법에 관한 기록들 중에는 수메르인들Sumerians이 귀하고 상하기 쉬운 음식을 보존하기 위해 그 음식에 소금을 쳤던 것으로 여겨지며, 또한 B.C. 3000년경에 중국인들과 고대 그리스인들은 생선을 염지하여 먹었던 조리방법을 로마인들에게 전해주었다고 한다.

페르시아는 화려한 연회와 축제로 유명하며, 아시리아의 왕 사르도나플루스Sardonaplus는 요리경진대회를 열어 우승한 사람에게는 수천 냥의 황금을 주었으며, 새로운 요리를 개발한 사람에게도 상을 주었다. 페르시아의 전설적인 과일인 마말레이드Marmalade와 당도 좋은 포도주는 모든 축제 때 풍부하고 정성스럽게 황금용기에 담아 차려졌다. 이러한 페르시아인들이 만들었다는 몇몇 종류의 음식들은 오늘날에도 널리 알려져 내려오고 있다. 그리스인들은 페르시아인들로부터 그 요리와 식사법을 배웠으며, B.C. 15세기 중엽까지 그리스에서는 빈부의 격차에 따른 식사 내용의 차이가 거의 없었는데, 보리 페스트와 보리죽, 보리빵이 기본적인 음식이었다.

중세 초기와 고대를 구별 짓는 기준은, 음식을 구워먹는 조리방법이 퇴보되었다는 점이다. 고대에는 불이나 가마솥에 굽는 조리방법을 알고 있었지만, 중세에서는 화덕에 장작불을 피워 굽는 조리방법을 사용하지 않았다. 13세기 초기에는 건축가들이 주방 안에 조리작업대를 설치하기 시작하였으며, 13세기 말경에는 가마솥에서 음식을 굽거나 소스를 곁들이는 요리방식을 선택하였다. 이 시기에는 식재료가 풍부했으며 식사하기 전에 과일도 내놓았다. 특히 로마인들은 그리스인들의 요리보다도 더욱 섬세하고 맛있는 그들 자신만의 요리를 개발하여 연회와 음식문화적인 축제가 매우 발전하였다.

3. 가르드망제의 실무Practice of Garde Manger

가르드망제는 호텔이나 레스토랑에서 치러지는 모든 연회행사의 차가운 음식을 만들고 담당하는 전문적인 주방이다. 호텔에 따라서 가르드망제의 영역도 다양한데, 호텔의 규모가 작은 소규모 호텔에서는 가르드망제가 없고, 연회 주방과 영업장 주방에서 조리사들이 각각 업무를 분담하고 있다. 그러나 대규모 호텔에서는 연회행사와 전문적인 차가운 음식을 만들기 위해서 가르드망제 주방이 유지되고 있다.

호텔이나 레스토랑에서 근무하는 조리사들은 주로 일품요리A La Carte를 대부분 취급한다. 그러나 가르드망제의 조리사들은 오랜 기간 동안 수행해도 모자랄 정도의 많은 시간과 도전 정신이 필요하다. 그에 따라 정형화된 메뉴 레시피Recipe 작성과 식재료 주문, 원가계산 등의 직무도 함께 수행해야 한다. 음식을 시각적으로 맛있게 보이는 것도 중요하지만, 음식을 담은 접시에는 요리와 맞는 장식과 효과적인 가니쉬Garnish가 제공되어야 하고, 음식의 질적인 면과 손님들의 안전을 동시에 만족시키는 세심함이 고려되어야 한다.

가르드망제 주방에서는 파테, 테린, 소시지, 포스트미트, 치즈 등을 만들 수 있는 특별한 영역의 기능적인 기술들이 필요하다. 이러한 가르드망제의 조리사들은 오랜 기간 동안 훈련하여 습득한 폭넓은 요리기술들을 바탕으로 하여 다양한 차가운 음식을 응용할 수 있어야 한다.

차가운 요리는 맛과 색상의 조화가 중요하며, 모양 등에도 각별한 관심과 주의를 기울여야 한다. 요리사가 음식을 만들 때 가장 중요한 첫 번째 요소는 좋은 식재료의 선택이라고 할 수 있다. 좋은 식재료를 선택해야만 좋은 요리와 맛있는 음식을 만들 수가 있다. 두 번째는 조리 원리에 대해 이해하고 습득해야 한다. 세 번째는 기초 조리법을 잘 터득해야 한다. 또한 모든 요리에는 정성이란 향신료를 첨가해야 훌륭한 요리가 만들어진다. 이러한 조리의 기본 지식, 기본 조리법, 조리 준비작업, 요리에 곁들여지는 기본 요소 등을 알아야 맛있는 요리를 만들 수 있다.

오늘날 요리의 문화는 인문, 사회, 과학, 기술, 예술의 발전이 가져다준 선물이다. 모든 음식은 조리사가 정성을 다해 먹는 사람을 위해 진정한 마음으로 만들어야 한다.

맛의 세계에 질서와 미를 창조하는 진정한 지휘자는 요리사이다. 다양한 식재료를 가지고 예술적인 감각에 가득찬 요리를 정통적인 조리법으로 만드는 것을, 공장에서 기계적으로 대량생산하는 것으로 대신할 수는 없다. 아무리 과학이 발전하고 문화가 바뀌어도 예술의 요리를 감식할 미식가는 영원히 존재하는 것이다.

가르드망제 요리는 오랜 훈련과 끊임없는 노력으로 완성되는 예술의 세계이며, 현장에서나 교육기관의 정형화된 교육으로만 유능한 가르드망제의 조리사를 양성할 수는 없는 것이다. 가르드망제의 조리사로 성공하기 위해서는 정확한 기능을 반복적으로 꾸준히 연습하여 발전시켜야 하며, 조리직무 선택 시 주의 깊게 생각하고 행동해야 한다.

4. 가르드망제의 준비과정Mise en Place of Garde Manger

콜 주방Cold Kitchen은 호텔에서 메인 주방의 한 부분으로 속해져 있으며, 연회행사의 전채요리, 샐러드, 샌드위치 등의 차가운 음식의 업무를 담당하고 있다. 주로 정식 메뉴Set Menu의 경우는 전채요리를 준비하고, 뷔페 메뉴의 경우는 샐러드, 차가운 전채요리Cold Plate, 한식, 반찬류 등을 만든다. 또한 콜 주방은 아이스카빙, 야채카빙, 과일카빙 등 상설 뷔페에 나가는 차가운 요리를 지원하며, 평상시에는 연회행사 및 각 영업장에 필요한 차가운 소스, 드레싱, 차가운 수프, 샐러드, 테린류, 파테, 갤런틴, 훈제연어 등을 만들어 제공한다.

주방에서의 준비단계는 크게 두 가지로 볼 수 있는데, 하나는 작업에 필요한 재료 및 도구를 사전에 준비하는 것이고, 또 하나는 메인 주방에서 육수, 소스 등을 미리 만들어 냉동시키거나 냉장고에 보관했다가 각 주방에 공급하는 것을 말한다. 이러한 업무를 베이직 '프레퍼레이션Basic Preparation' 또는 불어로 '미즈 앙 플라스Mise en Place'라고 한다.

미즈 앙 플라스Mise en Place란, 조리과정에 필요한 식재료 및 조리 도구를 사전에 준비하는 것으로, 한 가지 음식을 작업하는데 필요한 기본적인 식재료를 준비해 놓고 조리 도구들을 편리하게 사용할 수 있게 준비해 놓는 것으로, 실제로 조리가 시작되기 전에 모든 준비를 끝내는 것이다. 요리를 만들 수 있는 준비작업이 끝나면, 요리는 이미 절반은 완성되었다고 볼 수 있다.

주방에서 미즈 앙 플라스가 잘되어 있으면, 업무를 효율적이며 능률적으로 수행할 수 있는 기본 요건인 것이다. 이런 기초 작업은 큰 규모의 주방이나 작은 소규모 주방에도 해당되는 것으로, 조리과정에서 개인의 능력이 한눈에 평가될 수 있는 방법이기도 하다.

주방에서 조리사들의 작업을 면밀히 관찰하다보면, 정확한 조리작업 준비와 관련해서 그의 업무를 체계적으로 쉽게 소화해 내는 뛰어난 조리사를 발견할 수 있다. 이런 조리사들은 조리작업을 하기 전에 자기가 필요한 식재료 확인과 조리도구를 완벽히 준비하는 사람으로, 업무의 효율성과 자신의 능력을 최대한 발휘하고 있는 것이다. 또한 모든 조리사들은 자기가 맡은 조리업무에 대한 중요성을 인식하고 미즈 앙 플라스Mise en Place에 대한 철저한 준비와 습관을 가져야 한다.

5. 음식의 맛Taste of Food

맛이란 음식 섭취 시에 느끼는 감각의 총합이며 모든 음식은 고유의 맛을 가지고 있다. 이 감각은 정미성분이 혀 표면에 위치한 미뢰(味蕾)의 미각세포를 자극해 미신경이 화학적 자극을 받은 후 이를 대뇌로 전달하면 느낄 수 있는데, 혀의 각 부위마다 차이가 있는 미뢰의 종류에 따라 인지할 수 있는 미각도 달라진다. 일반적으로 단맛은 혀 중에서도 끝부분, 짠맛은 혀의 양쪽 끝부분, 쓴맛은 혀의 뿌리부분에서 가장 강하게 느낄 수 있다.

또한, 맛을 느낄 때에는 혀의 미각만이 아니라 시각, 후각과 같은 다양한 감각이 복합적으로 작용하므로 향이나 색의 영향을 받아 달라진다. 상호작용 관계를 이용하면 맛에 다양한 변화를 줄 수 있는데, 대표적으로 서로 다른 맛을 혼합했을 때 특정한 맛이 강화되는 현상인 맛의 대비, 맛 성분을 혼합했을 때 주요한 맛이 약해지는 현상인 맛의 억제, 또는 맛의 상승, 순응작용 등을 이용하면 같은 음식이라도 다른 맛을 느낄 수 있다. 이러한 화학적·물리적 요인 외에도 음식의 맛을 좌우하는 요인으로는 성별, 연령, 정서, 심리상태, 질환의 유무 등이 있다.

맛은 온도변화의 영향도 많이 받는다. 즉 대부분의 음식은 온도가 너무 낮거나 높으면 그 고유의 맛을 깊게 느낄 수 없으므로, 각 음식에 적합한 온도가 유지되어야 적당한 맛을 즐길 수 있다. 약 20~30℃로 유지될 경우 음식 고유의 맛이 가장 잘 감지될 수 있으며 이보다 낮거나 높아지면 그 정도가 둔해진다. 그리고 맛의 지속성 경우에 단맛은 유지기간이 가장 짧은데 비해 쓴맛은 그 기간이 가장 길며, 신맛과 짠맛은 그 중간에 위치한다.

1) 음식 맛의 분류Classification of Food Taste

맛은 같은 식품의 경우에도 여러 가지 요인들로 인해 주관적으로 평가되어 사람마다 편차의 폭이 넓고, 또한 나라마다 식문화, 식습관에 따라 느끼는 인식의 차이와 그 표현방법도 매우 다양하다. 따라서 여러 정미성분이 종합적으로 담긴 하나의 음식을 오직 한 가지 맛으로 평가하고 품평하는 것은 쉬운 일이 아니지만, 여러 복합요소들이 작용했음에도 그 음식을 이루는 중심이 되는 기본 맛은 구분할 수 있다.

가장 기초적인 단위의 맛은 독일의 Henning(1924)가 분류한 단맛, 짠맛, 쓴맛, 신맛의 4원미이다. 또한 동양, 서양의 분류도 각각 차이를 보이는데, 동양의 경우에는 노자가 분류한 5미와 불교에서의 6미로 나뉘어지고, 서양의 경우 Henning가 분류한 4미, Bain Wundt가 분류한 6미로 구분된다.

① 단맛Sweet Taste

단맛의 최적 온도는 약 20℃에서 50℃로, 가장 대표가 되는 설탕 이외에 벌꿀, 합성감미료, 당류에서 느낄 수 있다. 단맛을 가진 물질들의 당분 정도는 편차가 다양해 표준물질을 설탕으로 삼아 상대적 평가를 한다. 이는 선광도의 변화가 없고 물에 녹이거나 가열해도 단맛 고유에 대한 변화가 없기 때문에 설탕이 표준물질로 사용되는 것이다. 그러나 상대적 감미도이기 때문에 사람마다 측정하고 느끼는 데에 차이가 있을 수 있다. 단맛을 포함한 물질의 감미도는 기준을 같게 하였을 때 과당이 가장 높고, 다음으로 설탕, 맥아당, 갈락토오스, 젖당 순으로 구성되어 있다.

② 짠맛Salty Taste

음식을 간할 때 가장 기본이 되는 짠맛의 최적온도는 30℃에서 40℃로, 높은 온도에서 감소한다. 일반적으로 나트륨과 염소의 화합물인 염화나트륨($NaCl$), 즉 식염으로부터 비롯되며, 음식의 풍미를 더하는 일뿐만 아니라 생리적·신체적으로도 매우 중요한 역할을 한다.

짠맛을 내는 무기이온에는 소금 외에도 염화암모늄(NH_4Cl) 염화칼륨(KCl), 염화칼슘($CaCl_2$) 등의 종류가 있다. 약 1%의 농도가 짠맛이 가장 좋게 느껴지는 식염의 농도인데, 소량의 식염을 단맛이 나는 음식에 넣었을 경우 단맛이 강해지고, 반대로 짠맛에 소량의 유기산을 첨가하면 짠맛이 강화된다. 이는 맛의 상호작용 관계를 이용한 것이라고 할 수 있다.

③ 매운맛Hot Taste

미뢰만으로 느낄 수 있는 미각보다는 통각에 가까운 매운맛은 강한 자극을 받은 입 안 전체의 미각신경으로부터 느껴지는 맛이다. 미신경을 크게 자극하여 소화액 분비를 촉진시켜주기도 하며, 식욕을 증진시키고 좋지 못한 냄새를 막아주는 효과도 가지고 있다. 매운맛을 내는 성분으로는 겨자유Mustard Oil, 방향족 알데히드Aromatic Aldehydes, 캡사이신Capsaicin, 방향족산 아미드Aromatic acid Amides 등이 있다. 또한 후추, 겨자, 산초 등이 매운맛을 내는 주요 향신료이다.

④ 신맛Sour Taste

신맛은 수소이온으로부터 생기는 맛으로, 약할 때 느껴지는 산도는 미각의 자극이나 식욕을 증진시켜주는 반면, 강할 때에는 불쾌감을 줄 수 있다. 최적온도가 5~25℃이며, 성분으로는 유기산과 무기산이 있고 신맛의 정도는 pH와 정비례하지 않으며 같은 pH일지라도 무기산보다 유기산이 더 강한 신맛을 동반한다. 조리과정에서 신맛을 내기 위해 쓰이는 식초는 당에 초산균이 작용해 생성된 식초산이다. 유기산은 일반적으로 가정용으로, 무기산은 탄산 이외의 식용에는 쓰이지 않는다. 신맛에 쓴맛이 소량 첨가되면 쓴맛이 강해지지만, 신맛에 단맛 또는 짠맛 성분이 더해지면 본래의 신맛은 약해진다.

⑤ 쓴맛Bitter Taste

다양한 미각 중에서도 가장 예민하며 적정온도보다 낮은 온도일 경우에도 쉽게 느낄 수 있어, 극히 소량이더라도 음식의 전반적인 맛에 끼치는 영향이 많다. 입맛을 해치는 불쾌한 맛이지만 희석되어 강도가 약한 쓴맛은 미신경을 자극하고 적당한 긴장감을 주어 오히려 좋게 작용되기도 한다. 쓴맛에는 카페인과 알칼로이드가 대표적인 예가 되며, 성분에는 알칼로이드, 배당체, 케톤류 및 무기염류 등이 있다.

⑥ 감칠맛Savory Taste

맛난 맛이라고도 불리며, 특정한 독립된 맛의 존재로 구분하기보다는 4원미가 적절한 조화를 이룰 때 나는 맛을 감칠맛이라고 일컫는다. 아미노산 중 글루탐산의 맛으로 정의할 수 있고, 치즈, 고기 삶은 물, 해산물, 조미료로부터 나는 맛으로, 버섯의 감칠맛은 구아닐산, 다시마의 감칠맛은 글루탐산나트륨이라는 물질이 낸다.

⑦ 떫은맛Astringent Taste

떫은맛이란 혀의 끈끈한 막이 오그라들면서 느껴지는 텁텁하고 불쾌한 맛으로, 엄밀히 구분하자면 미각이 아니므로 맛이라고 할 수 없다. 주로 금속류나 덜 익은 감으로부터 나는 맛이지만, 포도주 또는 차로부터 나는 떫은맛은 그 떫은맛의 정도가 약하기 때문에 다른 미각과의 적당한 조화를 이루어 풍미를 깊게 해주기도 한다. 주로 탄닌질이라고 불리는 폴리페놀 성분으로 카테킨, 안토시아니딘의 한 종류인 프로안토시아니딘 등이 주성분이다.

주방위생Sanitation in the Kitchen

1. 주방위생Sanitation in the Kitchen

주방위생은 조리업무의 모든 작업이 진행되는 곳으로, 식품과 접촉하는 모든 기구와 장비 등을 안전하게 관리하여 항상 청결하고 위생적인 환경이 유지되도록 해야 한다.

주방위생 관리의 목적은 주방에서 다양한 식용 가능한 식품을 취급하여 음식을 직접 만들어 제공하는 과정에서 일어날 수 있는 식품위생상의 위해(危害)를 방지하고, 안전과 쾌적한 식생활 공간을 보장하는 데에 있다. 그러므로 조리사들은 주방에서 사용하고 있는 모든 장비와 기물 및 기기 등의 안전과 취급상의 준수사항을 철저히 지켜야 하고, 모든 식재료의 반입과 검수, 저장, 출고, 조리하기 위한 사전 지식을 충분히 습득하여 안전한 요리를 만들 수 있도록 해야 한다. 또한 조리사들은 정기적인 건강검진과 위생교육을 통해 안전하고 맛있는 음식을 만들 수 있도록 노력하는 자세가 필요하다. 맛이 변질된 음식이나 건조된 음식, 오래되어 신선해 보이지 않는 음식들은 철저히 위생관리가 되어야 한다. 이처럼 좋은 음식의 기본은 철저한 위생관리에 의한 안전도의 확인과 냄새, 모양, 화학성분, 조리의 적합도, 색깔, 농도, 영양가, 맛에 대한 관심을 두는 것이다.

위와 같은 사항 중에서 이상이 있을 시에는 음식물이 비위생적으로 처리되어 사람의 건강과 직결되는 문제이기 때문에, 위생관리에 대한 철저한 노력을 기울여야 한다.

2. 개인위생Individual Sanitation

주방에서는 위생에 대한 인식을 더욱 높여서 개인위생과 식품위생 및 주방시설 위생에 대한 철저한 관리를 해야 한다. 또한 음식을 다루는 사람은 항상 건강하고 청결한 몸 상태를 유지하여 자신으로부터 각종 질병과 병원균으로 인한 오염, 전염을 근본적으로 차단하여 위생적으로 전혀 이상이 없는 음식을 조리해야 한다.

조리사는 조리 시 다음의 준수사항을 꼭 지켜야 한다.

① 음식을 다루는 사람은 건강하고 청결한 상태를 계속 유지해야 한다.
② 자신으로부터 각종 병원균으로 인한 전염 등을 막아야 한다.
③ 위생적으로 전혀 이상이 없는 음식을 만들어야 한다.
④ 조리사들은 개인 위생을 위하여 정기적인 신체검사와 예방접종을 받아야 한다.
⑤ 손에 상처를 입지 않기 위해 손 관리에 유의해야 한다.
⑥ 주방에서 위생에 대한 인식을 높여 철저한 개인 위생과 식품 위생, 주방시설 위생을 관리한다.

1) 위생복장

① 매일 세탁한 것을 입어야 한다.
② 단추가 떨어졌거나 바느질이 터진 곳은 반드시 수선해 착용해야 한다.
③ 바지의 혁대를 단정히 하여야 하며, 앞치마의 끈은 바르게 잘 묶어야 한다.
④ 앞치마는 항상 깨끗하게 착용해야 하며, 수시로 점검하도록 한다.
⑤ 명찰은 옷깃에 가리지 않도록 유의하며, 왼쪽 정 위치에 반듯하게 착용한다.
⑥ 주머니에는 담배 등과 같은 기타 불필요한 것들을 넣지 않도록 한다.

2) 두발과 모자

① 머리는 비듬이 없어야 하며 단정히 빗어준다.
② 뒷머리는 유니폼의 깃을 넘어서는 안 된다.
③ 옆머리는 귀가 덮이지 않도록 단정히 잘라준다.
④ 매일 면도를 하여 깔끔한 상태를 유지해 준다.
⑤ 식사 후 양치질을 반드시 한다.
⑥ 근무 중에 손으로 코를 후비거나 머리, 얼굴, 입 등을 자주 만져서는 안 된다.
⑦ 모자는 머리 크기에 맞게 조절하여 깊게 써야 한다.
⑧ 여성의 스카프는 머리 전체가 보이지 않도록 유의한다.

3) 스카프와 앞치마

① 스카프 매는 방법

- 삼각으로 된 스카프를 반으로 접고, 또 거기서 반을 접는다. 이것을 폭이 5cm 정도가 되게 3등분하여 접는다.
- 양쪽 손으로 잡고 목을 감은 후, 긴 쪽으로 다른 한쪽을 감아서 위로 넣어 감은 스카프 사이로 집어 넣어준다.
- 한쪽을 당겨 길이 조절을 해주고, 양쪽에 나온 부분들은 안쪽으로 돌려 위에서 밀어 넣어준다.

② 앞치마 매는 방법

- 앞치마를 허리에 두른 후, 양쪽 끈을 잡고 묶는다.
- 한쪽 부분을 끝에서 8~10cm 정도로 접어 올라온다.
- 매듭의 중앙 부분으로 맞추고, 나머지 한쪽 끈으로 감아 리본 모양을 만들어준다. 이 때 너무 길지 않게 하도록 유의한다.

4) 조리사의 손

- 손은 항상 깨끗이 하며 시계, 반지 등의 장신구는 착용하지 않는다.
- 손톱은 반드시 짧게 깎아야 하며, 불순물이 끼지 않도록 유의한다.
- 손가락에 상처가 있을 경우 밴드를 반드시 착용해야 하며, 상처가 심할 경우에는 작업을 중단해야 한다.

① 손을 씻어야 할 때

- 조리를 시작하기 전
- 화장실에서 용변을 본 후
- 휴식, 식사 등 개인용무를 보고 마친 후
- 핸드폰 및 전화사용 후
- 생육류, 난류, 채소류 등을 만진 후
- 불결한 기구, 용기류 등을 취급한 후
- 손을 씻은 뒤 2시간 이상 경과한 후

② 손을 씻는 올바른 방법과 순서

- 흐르는 물에 손을 적신 후, 비누칠을 충분히 한다.
- 손, 손목 특히 손가락 사이와 끝을 잘 문질러준다. 이 때 필요하다면 브러시나 솔을 사용하여 손톱 사이의 이물질을 깨끗하게 씻어낸다.
- 흐르는 물로 비누를 잘 씻어주고, 5%의 소독액을 손에 묻힌 후 30초 정도 문질은 다음 흐르는 물에 다시 손을 깨끗이 씻어낸다.
- 1회용 냅킨이나 새 수건으로 닦아내거나 온풍으로 잘 말린다.

5) 안전화

주방의 바닥은 항상 물에 젖어있거나 작업 후에 테이블에서 떨어진 각종 부산물과 조리에 사용한 기름 등이 흘러져 있다. 또한 주방의 작업 테이블에는 식도와 각종 주방 장비가 널려 있기 때문에, 주방은 미끄러짐으로 인한 낙상, 찰과상, 주방기구로 인한 부상을 당할 위험이 많은 곳이다.

그러므로 조리 안전화는 보통 질긴 가죽으로 외피를 구성하고 있고, 발가락과 발등 위에는 쇠로 만들어진 안전장치가 들어 있다. 또한 미끄러짐을 방지하도록 바닥은 특수하게 처리된 것이 특징이다. 따라서 안전화는 물체의 낙하와 충격 및 날카로운 물체로부터 발을 보호하고, 감전사고를 방지하는 역할을 한다. 또한 흰색보다는 검은색 계열의 안전화를 착용하는 것이 좋다. 그리고 조리화를 착용할 때는 양말을 반드시 신고 착용하며 신발의 뒷부분을 구겨 신지 않도록 유의하고, 더러워진 부분은 깨끗이 세척하여 청결을 유지하도록 해야 한다.

6) 건강진단

주방에 근무하는 종사자들은 조리업무를 시작하기 전이나 조리업무 진행 도중 위생과 건강상태를 점검하기 위해 정기적인 건강진단을 받아야 하며, 이외에도 수시로 건강진단을 받아 안전하고 위생적인 조리업무를 할 수 있도록 관리해야 한다.

조리분야 종사자들은 정기적인 건강진단을 6개월에 1회 정도 실시하는 경우가 대부분이며, 특별한 행사가 있을 때는 수시로 해야 한다. 건강진단 검사 항목은 다음과 같은 내용으로 구분할 수 있다.

① 소화기계 전염병 : 콜레라, 장티푸스, 파라티푸스, 세균성이질 등

② 결핵 : 폐결핵 등

③ 혈청검사 : 매독 혈청검사

④ 간염검사 : 항체 양성자(1회/5년), 항체 음성자(1회/6개월)

⑤ 전염성 피부질환 : 나병, 세균성 피부질환

⑥ 약물중독검사 : 마약, 필로폰 이외에도 조리업무 종사자들은 월 1~2회의 검변을 실시하여, 전염병의 보균 여부를 확인해야 한다.

3. 주방 공간위생 Sanitation of Kitchen space

주방의 생명은 위생적인 음식을 생산하는 것에 달려 있으며, 그에 따라 주방에서는 무엇보다 식재료의 구매과정에서부터 보관관리 등 모든 과정에서 안전하고 위생적인 업무활동이 이루어져야 한다.

주방의 일차적인 책임자는 조리사이므로, 조리사는 주방시설, 주방기기, 식재료, 비품 등과 관련하여 위생적인 활동을 해야 한다.

① 주방 내 조리가 이루어지는 모든 공간은 정기적인 위생안전을 점검하여야 한다.

② 주방은 1일 1회 이상 깨끗하게 청소하여야 한다.

③ 벽면이나 주방 바닥은 세균이나 곰팡이의 번식을 막을 수 있는 타일과 세척이 용이한 재료여야 한다.

④ 주방의 적정온도는 섭씨 16~18℃이고, 습도는 65~75%를 유지한다.

⑤ 통풍이 잘되도록 통풍구와 환기시설을 잘 갖추고 정기적인 점검을 하여야 한다.

⑥ 주방은 정기적으로 방제소독을 하여야 한다.

⑦ 식재료 구입 시 항상 들여온 포장지는 바로 회수하여 각종 오염이나 해충의 번식을 예방한다.

⑧ 남은 폐유는 하수구에 버리지 말고, 따로 모아 전문기관에서 수거하도록 한다.

⑨ 주방에는 외부인의 출입을 금지하며, 부득이한 경우 위생복 착용과 다른 장소를 이용한다.

⑩ 주방 내의 조명도는 50~100Lux 정도가 좋으며, 가능한 한 자연채광이 좋다.

⑪ 쓰레기는 잔반류, 일반쓰레기, 캔 및 병류로 구분·분리하여 환경오염을 최대한 막는다.

⑫ 주방에서는 잡담을 금하고, 담배를 피우거나 침을 뱉는 등의 행동을 하지 않는다.

4. 식품위생Food Sanitation

각종 요리를 하기 위해서는 수많은 식재료들이 공급되고 처리되어지며, 이러한 식재료들은 첨가물이나 기구 및 포장도 오염원이 될 수 있으므로 철저한 관리와 방제가 필요하다.

① 세균이나 전염병의 원인균에 의한 오염이 의심되는 식재료는 사용하지 않는다.
② 오랫동안 저장된 재료는 사용 전에 반드시 부패여부를 확인하고 안전성이 확보된 후 사용한다.
③ 반입과정과 저장기간 등 조리과정에서 유해물의 혼입을 방지한다.
④ 색소, 보존료, 착색제, 강화제 등 첨가물의 사용량을 초과하지 않도록 유의한다.
⑤ 대장균이나 농약성분 등은 육안으로 확인이 되지 않아, 야채와 과일은 흐르는 물에 깨끗이 씻는다.
⑥ 불량이나 부정적인 식재료는 절대 사용하지 않는다.
⑦ 구매과정부터 조리까지 재료의 흐름을 객관화하고 투명화 된 체계를 구축한다.

5. 시설물 및 식기류 세척Washing Facilities and Cutlery

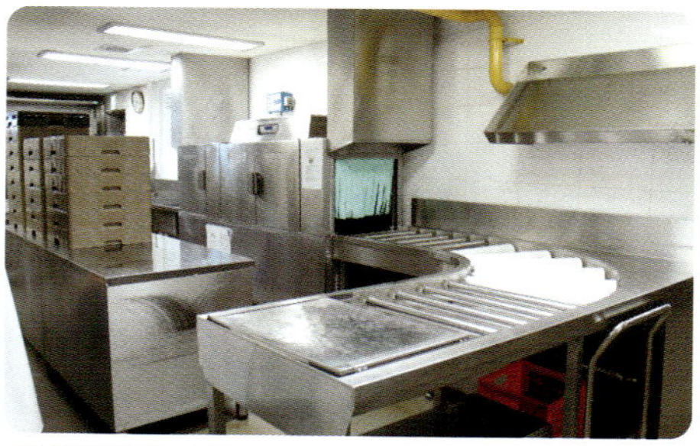

1) 기물류 및 식기류 세척

주방의 기물류 및 식기류 세척 작업은 전문적인 기술이나 기능을 요하지 않기 때문에, 대부분의 주방 종사자들이 직접적으로 세척방법을 통해 작업이 끝난 후 세척하고 관리하는 것이 현실이다. 그러나 기물류나 식기류의 세척 작업은 시간과 노동력이 많이 드는 작업이며, 위생상 중요한 위치를 차지하는 작업이라는 점을 감안하여 주방관리자나 조리사들의 관심과 작업 시스템을 개선해야 할 필요성이 있다.

주방 시설물이나 기물류, 식기류 등은 항상 청결한 상태로 유지해야 하며, 일정한 간격을 두고 시설물 점검이 이루어져야 조리 업무에 차질이 생기지 않는다.

2) 시설물 세척

주방 내에 배치되어 있는 모든 시설물은 사용방법이나 보존기간을 불문하고 조리사가 음식을 만들어내기 위해 이용했다면 항시 세척해야 한다. 철저한 관리가 되어야만 수명이 오래 갈 뿐만 아니라, 시설물을 위생적으로 관리하고 보존할 수 있다.

일반적으로 영업장에서 사용하고 있는 시설물의 세척방법은 주로 물을 이용하거나 또는 기름을 이용하여 세척하는 경우가 대부분이며, 특별한 시설물에 대해서는 세제의 화학력에 의한 세척방법으로 화학세척scientific wash방법을 이용한다.

3) 세척방법

① 증기 및 열람소독

주방의 기물류나 식기류, 도마, 행주 등의 세척에 매우 적당한 방법이며, 증기소독을 할 경우에는 110~120℃에서 30분 이상 해야 한다. 또한 열탕소독은 30초 이상을 해야 한다.

② 역성비누 세척

역성비누를 가지고 세척하는 것은 대부분의 영업장 주방에서 세제용으로 상시 ㅂ 치하여 사용하며, 피부에 직접 닿지 않도록 주의해야 한다.

③ 소독액을 이용한 세척

주방의 작업대, 기물 및 장비, 도마 등의 세척을 하는데 매우 좋은 방법으로써 염소 용액제, 옥소 소독제, 강력살균세척 소독제 등으로 주방 내 세척이 가능하다.

④ 자외선 세척

주방 내에서 자외선 세척방법을 이용하는 경우에는, 드문 현상으로 볼 수 있으나 자외선 살균력이 강한 것을 이용하기 때문에 도마, 칼, 기물류 세척에 적합하다.

6. 세제의 종류 및 사용 용도The Type and Intended Use of The Detergent

1) 디스탄Distan

디스탄은 계면활성제로서 은도금류Silver Ware, Silver Plate, Nickel Silver로 된 기물의 세척에 사용되며, 사용방법은 은도금류에 묻은 이물질을 제거하고 3~5초 동안 디스탄 용기에 담갔다가 더운물(90℃)에서 한 번 헹군다. 그런 다음 헹군 은도금류를 마른수건으로 닦아내는 순서로 세척을 진행한다.

2) 린즈Linze

린즈는 계면활성제로서 식기류의 세척제이며, 사용된 식기가 세척기에서 나올 때 건조시켜 주는 작용을 한다. 린즈의 양은 100ppm 미만의 소량을 사용하는 것이 좋다.

3) 사니솔Sanisol

염소Chlorine가 다량 함유되어 있는 약알칼리성이며 계면활성제이다. 강력한 세척과 살균 악취제거제로서 식기를 세척할 때, 주방 바닥을 청소하고자 할 때에는 60~70℃의 뜨거운 물에 0.2~0.3%의 양으로 물과 혼합하여 사용한다.

4) 오븐 클리너Oven Cleaner

오븐 클리너는 계면활성제이면서 강알칼리성 세제이고, 오븐이나 그릴들을 세척하고자 할 때는 온도를 80~90℃ 정도 올린 후 사용한다. 또한 세정액 50cc 정도를 고루 바른 후, 1분 정도 솔을 사용하여 문질러 뜨거운 물로 깨끗이 씻어 마른행주로 닦고 기름칠한다. 오븐 클리너는 강한 알칼리성이므로 사용할 때 손과 피부, 눈에 닿지 않도록 주의하고, 반드시 장갑을 끼고 조심히 사용해야 한다.

5) 론자Lonza

론자는 계면활성제로서 수질의 부패방지 및 이끼세척제로서 사용하는 것이며, 세척기의 기계에 사용하고자 할 시에는 약 10분 동안 기계를 가동한 후 사용해야 한다.

6) 팬 클리너Fan Cleaner

팬 클리너는 계면활성제로서 배기용 후드 등 기름때가 많은 벽이나 타일 등의 세척 시 사용하는 세제로, 물과 클리너의 비율은 1:3 정도로 희석하여 사용하는 것이 좋다.

7) 액시드 클리너Acid Cleaner

액시드 클리너는 특수세제와 액시딕 포스페이트Acidic Phosphate의 혼합물로서 오물 세척작용과 스케일 제거 작용에 매우 강하며, 청량음료나 접시 등 다목적 세척제로 사용하는 경우가 대부분으로서 50~70℃에서 1리터에 10g 정도를 10분 정도 사용할 수 있다.

8) 디프 스테인Dipstain

디프 스테인은 알칼리성 세제로서 손으로 비비지 않고 문지르거나 간단하게 씻어낼 수 있는 특수세척제로서 플라스틱, 도자기류, 유리그릇, 프라이팬, 타일, 벽 등에 사용하는 세척제로 많이 사용한다.

주방의 안전관리 Safety in the Kitchen

1. 주방안전 Safety in the Kitchen

주방에서의 안전관리는 주방시설, 즉 외형적인 시설 및 내형적인 시설에 의해 조리작업 과정에서 안전사고를 유발할 수 있는 요인이 산재해 있는 곳이기 때문에, 안전관리에 따른 장치를 설치하고 주방조리사에 대한 정규적인 프로그램을 개발한 안전교육이 필수적이라 할 수 있다.

산업화사회로 들어서면서 산업체에서 각종 산업재해가 발생되고 있으며, 작업 중 본인의 실수 또는 안전대책의 미비로 많은 조리사들이 신체상의 상해를 입고 있는 것으로 나타나고 있다. 조리업무 수행 과정에서 각종 사고를 유발할 수 있는 발생 요인들이 있으므로, 조리사들은 작업 시 안전수칙을 철저히 지키고 주의를 기울인다면 사고의 발생률을 줄일 수 있을 것이다. 또한 주방에서의 안전사고는 조리사들의 부주의에서 오는 상해 및 화재가 대형사고로 연결되는 경우를 볼 수 있다.

현대화 된 각종 조리장비들은 조리업무의 기술 향상에 많은 도움을 주고 있지만, 한편으로는 산업재해의 발생요인이 되고 있다. 즉 이러한 산업재해를 막기 위해서는 각종 조리시설 및 기기의 사용방법과 기능을 철저히 습득하고, 이에 필요한 개인 작업수칙을 철저히 이행하는 규칙을 정하는 것이 필요하다. 주방내의 가스와 전기는 조리에서 편리하게 사용되고 있지만, 가스기기나 전기기기에 대한 연료나 기기의 성질을 정확히 알고 사용해야 하며, 화기를 다룰 때에는 절대로 자리를 이탈하지 않고 철저히 주의를 기울인다.

2. 개인 안전수칙 Individual Safety

1) 개인 안전수칙

① 주방에서는 제대로 갖춘 조리복과 안전화를 반드시 착용한다.

② 칼을 사용할 때는 정신을 집중하고 안정된 자세로 작업을 한다.
③ 칼은 본래의 목적 외에는 사용해서는 안 된다.
④ 주방에서는 아무리 바쁜 상황이라도 뛰어다니면 안 된다.
⑤ 주방 바닥은 기름이나 물기를 수시로 제거하여 주방에서의 낙상사고를 방지한다.
⑥ 주방에서 칼을 들고 이동할 때는 칼끝을 밑으로 두고, 칼날은 뒤로 가게 해서 이동한다.
⑦ 작업대 위에서 칼을 떨어뜨렸을 때는 절대로 잡으려 하지 말고 한걸음 물러서서 곡을 피한다.
⑧ 뜨거운 용기를 이동할 때는 마른행주를 이용하고, 젖은 행주나 앞치마로 이동하는 행동은 금지해야 한다.

2) 주방기기의 안전

① 조리기기의 작동 방법을 모르는 것은 사용하지 않는다.
② 모든 장비의 보호장치와 안전장치를 사용해야 한다.
③ 전기기기는 분해하거나 세척하기 전에 반드시 플러그를 뽑는다.
④ 손에 물이 묻거나 물속에 담그고 있을 때에는 전열기구를 만지거나 다루지 않는다.
⑤ 조리복은 꼭 맞는 옷을 입고, 앞치마의 줄을 꼭 매서 기계에 걸리지 않도록 한다.
⑥ 그릇이나 기물은 올바르게 정리하여 떨어지지 않고 안전해야 한다.

3) 전기 안전관리

① 플러그는 콘센트에 완전히 삽입하여 열이 발생되지 않도록 한다.
② 한 개의 콘센트에 여러 개의 플러그를 꽂지 않는다.
③ 콘센트와 전기기구 주변에는 가연성 물질, 인화성 물질 등의 위험물을 놓지 않는다.
④ 전기기구 사용 후에는 반드시 콘센트에서 플러그를 뺀다.
⑤ 전기기구 사용 시 적정 전기용량을 초과하여 사용하지 않는다.
⑥ 전기기구가 고장이 났을 때에는 전문가에게 의뢰하고, 수리하기 전까지는 사용하지 않는다.

4) 가스화재 안전관리

① 주방에서 사용하는 가스의 기본적인 성질을 숙지한다.
② LNG 가스는 공기보다 0.65배 가볍다. LPG 가스는 공기보다 1.2~1.3배 무겁다.

③ 가스오븐 주위에는 가연성 물질, 인화성 물질을 두지 않는다.
④ 가스기기를 사용할 때는 자리를 이동하지 않는다.
⑤ 주방에서의 최종 퇴실자는 밸브가 잠겨있는지 반드시 확인한다.
⑥ 주방 내 소화기 위치와 사용법을 숙지해 둔다.

5) 화재예방 안전수칙

① 가스사용 시에는 가스의 누설 여부를 확인하고, 주방의 창문을 열고 소화기의 위치를 확인한 후에 사용한다.
② 가스사용 시 냄새가 날 경우, 즉시 화기를 끄고 밸브를 모두 잠근 후 창문을 열어 환기를 시킨 후 비상관제실에 연락하여 즉시 수리하도록 한다.
③ 가스와 전기기기를 사용할 때는 절대로 자리를 이탈하지 않고 지킨다.
④ 가스오븐이나 전기를 사용할 때는 주위에 인화물질을 두지 않는다.
⑤ 화재발생 시 당황하지 않고 침착하게 행동한다.

CHAPTER 04

주방 조직 및 주방의 분류 Staff Line and Kitchen Classification

1. 주방관리 Kitchen Administration

주방의 기본 형태는 식재료의 반입, 저장, 조리, 서비스 등의 작업 동선의 흐름을 효과적으로 처리하는 데 중점을 두고 있으며, 시설의 고급화 및 노후화에 따라 주방에서 사용하는 식자재 및 기기 에너지의 사용은 경비의 상당한 비율을 차지하고 있다.

주방의 가장 짧은 정의는 "음식을 만들고 차릴 때에 쓰도록 정해놓은 방"이라고도 하며, 또한 "요리시설을 갖춘 방 또는 장소"로서 각종 식품을 가공 또는 조리하는 장소로 음식이 준비되는 곳이다. 순수한 우리말로 부엌이라고도 부른다.

이러한 주방은 현대사회에서 등급이나 규모의 특성에 따라 차이가 있으며, 각 영업장소의 특성과 운영 방법에 따라 구분되어져 운용되고 있다. 각 단위 주방들의 상호 협력체계로 조리업무를 수행하고 있으며, 주방의 특성을 볼 때에 운용 스타일에 따라 다를 수 있다. 또한 주방은 이용 고객의 기호에 알맞은 요리를 제공하기 위하여 조리 능력과 자질 및 법적 자격을 갖춘 조리사가 각종 조리시설 및 조리기구를 이용하여 안전하고 위생적인 환경 속에서 조리작업을 진행할 수 있는 공간이다.

2. 주방 조직과 직무 Staff Line and Duty in the Kitchen

주방 조직이란 요리의 생산과정, 식자재의 구매, 인력관리, 메뉴개발 등 요리를 준비하는 상품과 주방운영에 관계되는 전반적인 업무를 수행하기 위한 일체의 인력 구성을 말한다. 이러한 주방 조직은 영업장의 규모와 형태, 업종, 메뉴의 성격에 따라 서로의 차이가 있으나, 기본적인 구성은 유사하다.

[그림 1] 양식 주방의 직무분담

1) 주방요원의 역할

(1) 총주방장Exucutive Chef

총주방장은 조리부의 가장 높은 직책으로, 전체 주방의 책임자로서 식자재의 구매에서 판매까지의 모든 과정을 효율적으로 관리해야 한다. 즉 인사관리, 메뉴관리, 기물관리, 구매관리, 영업장관리 등을 합리적이고 과학적으로 관리하는 것이 총주방장의 역할이다.

(2) 부총주방장Exucutive Sous Chef

총주방장을 보좌하며, 총주방장 부재 시 업무를 대행하고 조리의 개발 및 정보수집, 직원 조리교육 등 주방 운영에 관한 실질적인 책임을 진다.

(3) 단위주방장Sous Chef

단위주방을 분담하는 조리장은 맡은 구역의 모든 업무를 관리 감독하며 메뉴관리, 메뉴레시피관리, 생산관리, 원가관리 등을 한다.

(4) 주방장Head Chef

수석주방장은 단위주방에서 가장 높은 직책으로, 주방기능이 원활하게 운영되도록 조절하는 주방의 총

지휘자이다. 주방의 조리업무 관리 및 시설 등을 총괄하여 주방의 운영계획을 하는 최초의 입안자이고, 조리에 있어서는 오랜 연구와 경험에 의하여 기술을 후배에게 전수하며 고객에게 최상의 요리가 제공될 수 있도록 한다. 또한 일일 매출, 식자재, 인원 점검, 기술의 소화·축척 등에 많은 연구와 노력이 필요하다.

(5) 부주방장Assistant Head Chef

주방 규모에 있어서 여러 가지 직책이 다를 수 있으며, 주방장을 보좌하여 기능적인 면, 실무적인 면에서 강해야 한다. 현장에서 주방 인원을 관리하고 주방장 대행 업무가 주 업무이다. 주방장 부재 시 그 업장을 대행하여 실무적인 일을 수행하고, 주방 업무 전체에 관하여 함께 의논하며 부하직원을 관리한다.

(6) 영업장 주임Section Chef

각 영업장 섹션파트를 관리하며, 부주방장 부재 시 업무를 대행하는데 핫 섹션, 콜드 섹션, 디저트 섹션 등으로 크게 나눌 수 있다. 주방장의 지시에 따라 맡은 섹션의 업무를 관리하며 생산관리, 부하직원관리, 교육 등에 책임을 진다.

(7) 숙련 조리사Cook

업무조장을 보좌하며, 기능상 실무경력이 풍부하여 실질적인 요리 업무를 수행한다. 또한 동료들과 화합하여 원활한 주방을 이끌어 나가는데 중추적인 역할을 해야 한다.

(8) 보조 조리사Assistant Cook

숙련 조리사를 보좌하여 조리업무를 수행해야 하며, 주방에 필요한 식자재 수량 및 주방 청결에 앞장선다. 그리고 숙련 조리사 부재 시에는 그 업무를 대행할 수 있도록 조리에 대한 숙련도를 가지고 있어야 한다.

(9) 견습생Trainee

현장에서 조리를 처음 접하는 사람으로, 조리를 전공한 학생이나 조리어 관심이 있어 배우는 단계이다.

(10) 기물 담당Steward

일선 영업장의 음식물 수거 및 처리와 기물의 세척을 담당한다.

(11) 기물세척 담당Stewardess

영업장에 배속되어 각종 식기류의 세척과 세척기Dish Washer의 관리를 담당한다.

[그림 2] 호텔 주방의 조직도

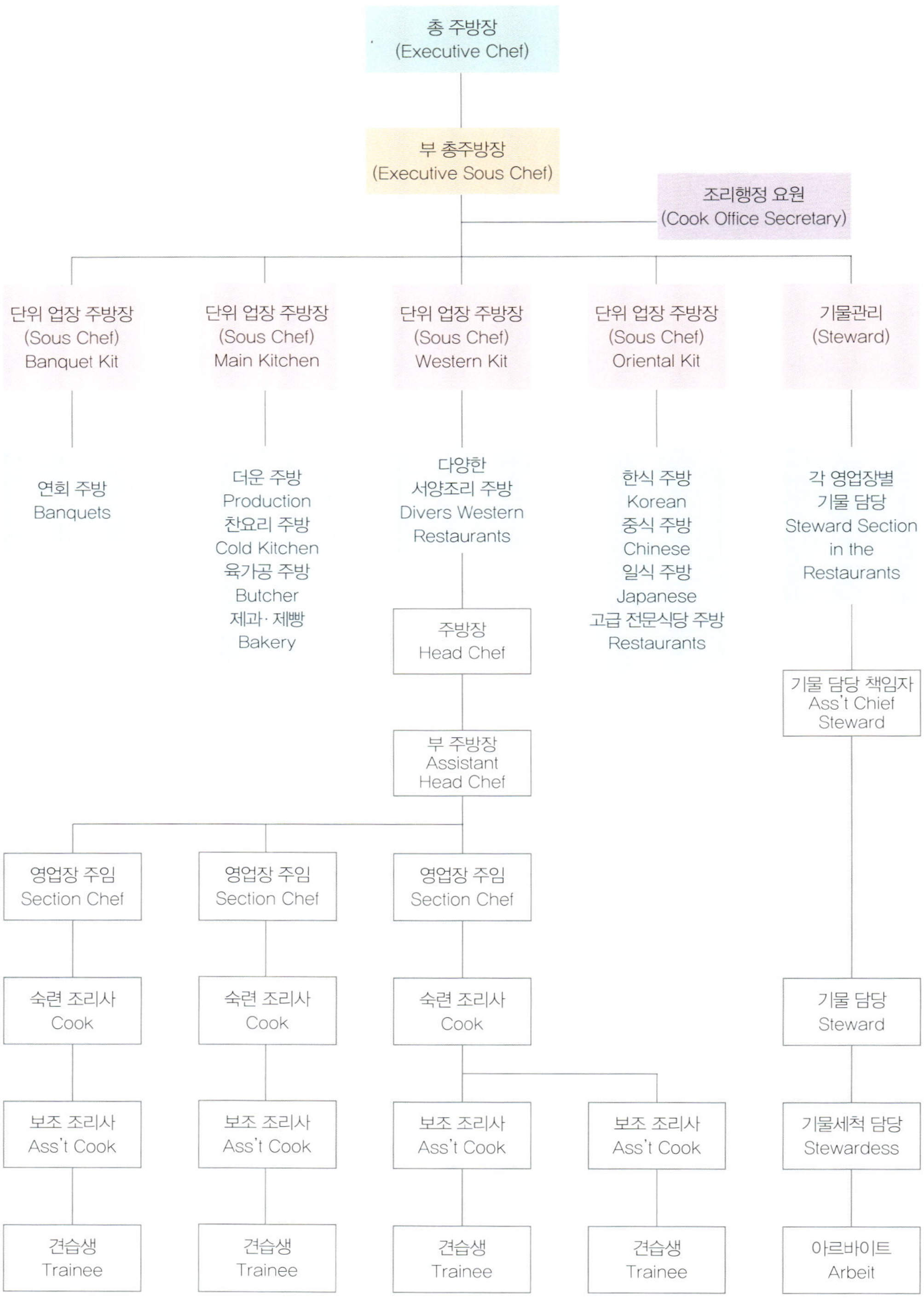

3. 주방의 분류Kitchen of Classification

1) 지원 주방Support Kitchen

영업장 주방을 직접 지원하는 주방으로, 요리의 기본적인 과정을 통해 대량생산하여 손님에게 직접 판매하는 주방을 지원한다.

(1) 더운요리 주방Hot Kitchen & Main Production

대규모 주방의 핵심 주방으로서 메인 주방이라고 하며, 필요로 하는 기본적인 소스, 스톡, 수프 등 더운요리를 생산하여 공급하는 곳인데, 흔히 프로덕션이라고도 한다. 대량의 스톡이나 수프, 소스 등을 한꺼번에 만들어 각 주방으로 분배한다. 또한 각 영업장에서 개별적인 생산보다는 시간과 공간, 재료의 낭비를 줄일 수 있고 일정한 맛을 유지할 수 있으므로 생산적인 면에서 효율적이다.

(2) 찬요리 주방Cold Kitchen & Garde Manger

찬요리만 전문적으로 생산하는 곳으로 냉 전채요리, 냉 소스, 냉 수프, 각종 샐러드, 테린, 파테, 갤런틴 등을 만들어 각각의 영업 주방에 분배한다. 차가운 요리는 음식의 색상과 모양새를 중요시하는 요리라고 할 수 있다. 또한 기본적으로 더운요리는 뜨겁게 제공하며, 찬요리는 차갑게 제공하여야 한다.

(3) 육류·어패류·가금류·가공 주방Butcher Kitchen

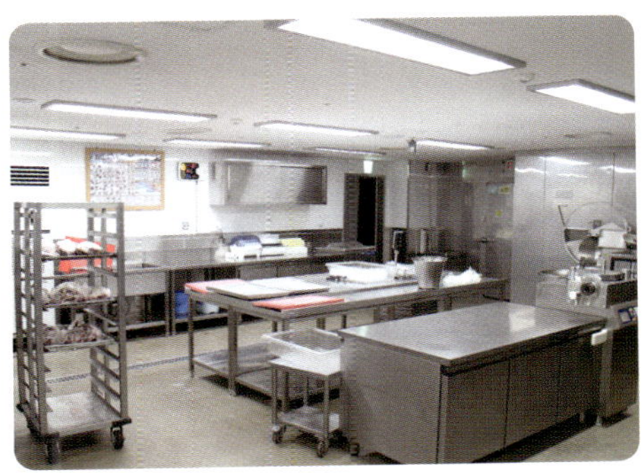

모든 주방에서 필요한 육류·가금류·어패류 등을 주문하여 각각의 주방에 배분한다. 각 주방에서 필요한 육류의 부위, 형태, 크기, 필요한 양 등을 육가공 주방에서 손질하여 각 주방에 공급한다. 그리고 여러 단위 업장에서 육류 및 어패류를 사용하다가, 적당하지 않은 것은 따로 모아 소시지 같은 가공품을 만들어 배분한다.

(4) 제과·제빵 주방Bakery & Pastry Kitchen

각 영업장이나 연회행사에 필요로 하는 여러 가지 빵과 케이크, 초콜릿, 쿠키, 파이 등을 만들어 제공한다. 주로 디저트를 만들며 베이커리숍에서 판매하는 다양한 제품들을 만들어 공급한다. 제과·제빵 주방은 매일 신선한 빵을 만들기 위해 24시간 계속적으로 운영하며, 다음 날 판매할 빵 제조는 야간 근무자가 준비하고 담당하는 것이 일반적이다.

(5) 기물세척 주방Steward

오늘날에 와서야 기물관리의 중요성이 부각되고 있는 것은, 요리에 필요한 기물이 그만큼 다양해졌다. 일반적으로 대규모 주방을 제외하고 대부분 조리 분야와 구분 없이 기물관리가 운영되고 있으며, 시설이 새로워지고 조직이 비대해지면서 분야를 나누어 운영하는 것이 더 효율적이고 경제적이기 때문이다.

2) 영업 주방Business Kitchen

각 영업장의 특색을 갖추고 고객이 원하는 음식을 적정시간 내 생산하는 주방을 말하며, 다양한 메뉴가 만들어져 제공된다. 영업 주방으로는 이탈리아식당, 프랑스식당, 룸서비스, 커피숍, 연회주방, 뷔페주방, 한식당, 중식당, 일식당, 바 등의 주방이 있다.

(1) 고급 전문식당 주방Restaurant

프랑스식당, 이탈리아식당 등을 비롯하여 한식, 중식, 일식 등은 대규모 호텔에 있으며, 한식당, 양식당, 다실, 연회실 및 칵테일 바 등은 특급호텔의 필수 부대시설로 「관광진흥법」에 규정되어 있다. 특급호텔에서는 위의 식당을 운영하여 고객에게 다양한 음식과 서비스를 이용할 기회를 제공하고 있다.

(2) 연회 주방Bauquet Kitchen

호텔의 규모에 따라 주방시스템이 독립된 단위 주방으로 조직이 되어 있는 호텔이 있는가 하면, 지원 주방에서 그 업무를 분담하므로 독립된 연회 주방이 없는 소규모 호텔도 있다. 대형 행사를 치르고 연회를 하는데 있어 연회 주방은 다양한 음식과 서비스를 제공하는 곳이다.

(3) 커피숍 주방Cafe Kitchen

간편한 음식, 커피 또는 차와 함께 제공하는 주방이며, 담당 주방장의 특선요리를 판매하고 지원 주방의 협조와 도움으로 아침, 점심, 저녁 뷔페 영업을 하기도 한다. 식음료 판매증진의 일환으로 주기적인 프로모션으로 특색 있는 음식을 선택하여 제공하기도 한다.

(4) 뷔페 주방Bauquet Kitchen

다양한 음식을 조리하여 판매하는 영업장의 주방으로, 각 지원 주방과 영업장 주방으로부터 음식을 지원받아 요리를 완성하여 판매하는 주방이다. 뷔페 주방에서는 뜨거운 음식과 샐러드류, 카빙류 또는 즉석요리 등과 일부 품절된 요리를 보충하기 위해 비교적 간단한 음식만 조리하는 주방이 있고, 모든 음식을 조리하여 판매하는 뷔페 전담주방으로 독립된 주방 형태로 나누어진 두 가지 형태의 주방이 있다.

(5) 룸서비스 주방Bauquet Kitchen

룸서비스 주방은 객실에 투숙한 고객을 대상으로 음식과 서비스를 제공하는 주방으로, 하나의 독립된 주방을 가지는 호텔도 있고, 레스토랑 주방이나 커피숍 주방에서 룸서비스의 기능을 같이 겸하는 호텔도 있다. 이러한 주방의 메뉴는 한식메뉴와 양식메뉴 등 여러 가지의 음식을 판매한다.

[그림 3] 호텔 주방의 분류

4. 주방의 배치 Kitchen Arrangement

1) 일자형 주방

주방의 배치에서 가장 기본적인 형태로 한 방향에 조리기기가 배열된 배치이며, 벽의 한 면을 사용하여 중요한 조리기기를 배치하는 형태이다. 일자형 주방 배치에서는 냉장고와 세정대, 조리대, 가열조리 기계를 일직선으로 두고 세정대와 가열대 사이에 조리작업대를 배치하는 것이 조리업무에 효과적이다.

2) L자형 주방

L자형 주방의 조리대 배열은 일자형 주방의 변형으로, 코너 부분을 이용해서 벽 양면을 이용한 조리기기 배열이며 이동할 동선의 최소화가 가능하고 주방 전체를 볼 수 있어 효과적으로 사용할 수 있다. 소규모의 주방이지만 공간을 넓게 활용할 수 있는 장점을 가지고 있다. L자형 주방의 한 쪽 면에는 세정대, 반대편에는 조리대를 설치하고, 코너에는 열조리 기계를 배치한다.

3) U자형 주방

U자형 주방은 일자형 배치와 L자형 주방의 특징을 겸한 공간이고, 한정된 주방 면적을 합리적으로 이용할 수 있고 동선도 줄일 수 있는 주방 모양이라고 할 수 있다. U자 모양의 주방에서는 이용할 수 있는 벽면이 많아지므로 사용할 수 있는 수납공간을 최대한 활용할 수 있다. 그리고 조리작업 시 동선이 끊이지 않고 삼각업무 동선을 효율적으로 활용할 수 있어 효과적이며, 다른 동선어 방해받지 않고 넓은 공간과 수납 구역의 장점을 가지고 있다. U자형 주방은 조리작업대의 총면적이 가장 크고 조리업무를 수행하는데 편리한 중간형 주방이다.

4) 병렬형 주방

병렬형 주방은 일자형과 같은 방향의 플랜이지만, 양면의 벽을 이용하는 형태이므로 독도형이라고도 부른다. 조리대가 양쪽 벽면으로 나누어 있는 배치 형태로, 일자형에 비해 조리 면적이 넓그 각 조리대 간의 동선거리를 줄일 수 있으며 조리대 사이 구역을 다른 통로로 쓰일 수 있는 단점이 있다. 이 병렬형 주방은 주방 중앙에 가늘고 길게 조리업무 동선, 즉 통로 부분을 가지고 앞·뒤에 세정대, 가열조리 기계 등을 배치하는 형태이다.

5) 섬형 주방

섬형 주방은 아일랜드, 즉 섬과 같은 형태의 조리작업대가 있는 대규모 주방의 배열이며, 이 부분의 이용도에 따라 주방의 성격이 변할 수 있다. 이 섬형 주방은 조리기기의 일부를 주방의 가운데에 섬처럼 배치한 것으로 일자형, L자형, U자형 등과 함께 사용되기도 한다.

6) 주방기기 배치 관계

조리기기 배치 관계 분석은 주어진 공간에서 조리과정 동선을 최소화하여 조리사의 활동 범위를 최대한 축소시키고 조리사의 조리과정 효율성을 향상시켜 조리과정 시간을 최소화시키는 데에 있다.

허브와 향신료 Herb and Spice

다임

딜

라벤더

레몬밤

로즈마리

마조램

민트

바질

방풍싹

세이즈

스테비아

오레가노

월계수잎

이태리 파슬리

차이브

처빌

초코민트

코리엔더

크레송

타라곤

파슬리

팬지

페파민트

식용꽃

스테비아

1. 허브 및 향신료Herb and Spice

허브는 '푸른 풀'이라는 뜻을 가지고 있는 라틴어 허바Herba에서 유래되었으며, 고대에는 향과 약초만을 일컫는 단어였지만 현대에는 약, 요리, 향료, 살균, 살충 등에 사용되는 식물 전부를 의미하고 있다.

요리에서 허브는 식물의 잎만을 사용할 때 부르는 이름이라고 하는 학자도 있으나, 성분을 보면 식품이나 음료 등에 보존용 향신료 또는 건강증진제로 첨가되는 식물과 이들 식품, 음료 외에 향수, 화장 등의 제품에 세정효과를 위해 사용되는 식물의 전부라고 확대해도 무방하다. 허브는 주로 따뜻한 지방에서 자라며 줄기, 잎, 봉우리 등 부드러운 부분을 이용하고, 사람들의 생활에 도움이 되는 향기가 있는 식물의 총칭이다.

향신료는 요리의 맛과 색, 향을 내기위해 사용하는 식물의 종자, 과실, 꽃, 잎, 껍질, 뿌리에서 얻어지는 식물의 일부분이며, 식품의 향미를 돋우거나 아름다운 색을 나타내어 식욕을 증진시키고 소화 기능을 돋구어 준다.

향신료는 육류나 생선의 나쁜 냄새를 억제해 주며 식재료에 상큼하고 신선한 향기를 부여하고 음식에 맵고, 달고, 시고, 씁쓸한 맛 등을 보충해 준다. 또한 방부작용과 산화방지 등 식품의 보존성을 높여주고, 식욕을 자극하여 소화 및 흡수를 돕고 노화방지를 위한 신진대사에 기여하여 음식의 맛을 살리는 서양요리의 필수적인 재료로 음식에 향을 더하는 것이며 자극적인 맛, 보존과 저장성 등의 효과를 증가시키는 역할을 한다.

향신료는 4가지의 기본 기능이 있으며 누린내, 비린내와 화학적으로 결합하여 불쾌한 냄새를 억제하는 기능, 식품 자체의 맛과 동시에 향기를 만들어 내는 기능, 매운맛, 씁쌀한 맛 등을 통하여 소화액 분비를 촉진시켜 식욕을 증진시키는 기능이 있다. 또한 향신료는 각종 병의 치료와 예방에 사용되는 등 그 효용이 높으며 음식에 풍미를 촉진시키는 식물성 물질이고, 영어로는 '스파이스'라 부른다. 스파이스의 어원은 후기 라틴어로 '약품'이라는 뜻인데, 우리말로 양념에 해당된다. 향신료는 통째로 또는 가루로 해서 사용하지만, 허브는 신선한 형태로 사용하거나 말린 형태로 사용한다.

『옥스퍼드사전』에 의하면 "식품에 향미를 주기 위해 사용되는 것으로, 향 또는 자극성을 가진 식물"이라는 넓은 범위에서 정의를 내리고 있다. 스파이스 식물을 건조한 것으로, 식품에 첨가함으로써 그 식품의 향미를 높이고 기호성과 자극성을 부여하는 것이다. 대부분의 향신료는 상쾌한 방향이 있고, 또 자극을 가진 것으로 그것은 뿌리껍질, 잎, 과실 등 식물의 일부분에서 얻어지는 것이다. 그러나 현재는 통상 향신료라고 하면 향초를 포함하여 부르는 경우가 많으며, 최근에는 향초가 허브로서 또 다른 시점에서 보급되어지고 있어 향신료와 향초를 구별하여 생각하기도 한다.

한편, 신선한 향신료를 말린 향신료보다 선호하고, 파슬리와 바질, 백리향과 같은 많은 향신료가 재배된다. 말린 향신료는 수분함량이 제거되기 때문에 말리지 않은 것보다 훨씬 농축되어 있다고 할 수 있다.

향신료를 말릴 때에는 꽃이 피기 시작할 때 따서 말리는 것이 좋으며, 이 시기가 가장 향기가 좋은 시기이다. 또한 건조한 날 채취해서 강한 햇빛을 피해 따뜻한 방에 보관하거나, 약한 오븐에서 말리는 것이 좋다. 말린 잎과 꽃은 종이타월로 문질러 체에 내려 밀폐된 용기에 넣고 햇빛을 피해 서늘한 장소에서 보관한다. 하지만 말린 향신료는 시간이 지남에 따라 향기를 잃는다.

2. 허브 및 향신료의 역사History of Herb and Spice

기원전부터 서양에선 인도, 스리랑카 등 대부분 열대의 동양 또는 서인도제도, 중앙아메리카 등에서 생산되는 이들 향신료는 서랍 속에 넣어두고 열쇠로 잠가두었다가 조금씩 사용하여 높은 상품가치를 지닌 특별한 물건이었다.

유럽인들이 향신료를 사용하기 시작한 것은 로마가 이집트를 정복한 후부터였다. 그 당시의 향신료는 인도산의 후추와 계피였는데, 그 이유는 인도양을 건너 홍해로 북상하여 이집트에 달하는 항로가 개발되었기 때문이다.

그 후 이슬람교도가 강력하게 팽창한 후부터는 유럽이 원하는 향신료는 모드 아랍 상인의 손을 경유하였으며, 그때부터 정향Clove과 육두구Nutmeg 두 종류가 중요한 향신료로서 등장하게 되었다. 이 두 종류가 모두 몰리카제도의 특산물이었기 때문에 위험을 무릅쓰고 운송하여 들여왔다.

1150년 프랑스에 나타난 향신료Spice라는 말이 프랑스어 'espece(돈)'을 가리키는 라틴어 'Species'에서 나온 말이라는 것에서도 알 수 있듯이, 향신료는 고대부터 역사 속에서 금과 함께 가장 값진 제물의 동의어로 남게 된다. 시바의 여왕이 솔로몬에게 바친 대표적인 재물이 이 향신료들인 것처럼, 책에서 보면 '왕이나 교황을 알현하는 사람은 향신료를 바쳤다.'라고 기록되어 있다. 또한 중국 한 왕조의 관리들은 왕을 알현하기 전 정향을 씹어 입 냄새를 정화하고서 만났다고 한다.

향신료는 음식에 풍미를 줄 뿐만 아니라 종교의식에 사용되고 의학적인 약품으로서도 사용되면서 다방면에 있어서 인간의 삶에 영향을 미치고 있다. 또한 유럽 사람들에게 향신료는 미지의 세계에 대한 호기심과 함께 자신의 부를 과시하는 용도로 과하게 사용되는 모습도 볼 수가 있다.

유럽에 향신료의 원산지가 알려진 것은 13세기 실크로드를 통해 중국에 들어간 마르코폴로가 쓴 『동방견문록』이 15세기 독일어로 번역되면서부터이다. 『동방견문록』이 늦게 번역된 것은 베니스 상인들이 향신료 무역 독점권을 더욱 오래 유지하기 위해 다른 나라의 서책 출간을 늦추었기 때문이다.

3. 허브 및 향신료의 사용방법Use of Herb and Spice

1) 미르푸아

미르푸아는 양파, 당근, 샐러리의 혼합물이며, 기본적으로 양파 50%, 당근 20%, 샐러리 25%의 비율로 한다. 미르푸아를 사용하는 목적은 요리의 특별한 맛이나 향기를 더해주는데 있으며, 미르푸아는 보통 먹지 않기 때문에 양파를 제외한 나머지는 껍질을 벗길 필요는 없다. 샐러리와 당근은 깨끗이 씻어서 사용하고, 보통 주방에서는 야채를 다듬고 남은 부분을 용기에 모아 소스나 스톡을 끓일 때 사용하기도 하며, 크기는 보통 요리의 형태에 따라 달라진다. 조리시간이 짧게 걸리는 요리는 슬라이스하거나 다이스로 잘게 잘라 사용한다.

브라운스톡이나 데미글라세 같이 오래 걸리는 것은 야채를 좀 더 크게 자르거나 통째로 사용하기도 한다. 특별한 경우에는 미르푸아에 다른 재료를 더할 수도 있고, 양파 대신 대파로 파슬리와 같은 다른 뿌리야채를 당근 대신 사용할 수도 있다.

미르푸아 변형에는 화이트 미르푸아 마티뇽이 있으며, 화이트 미르푸아는 파슬리, 양파와 대파, 양송이를 사용하고 베샤멜소스나 생선스톡 등에 사용된다.

2) 부케가르니

프랑스요리 시 부케가르니를 많이 이용하는데, 부케가르니는 프랑스에서는 '향신료 다발'이라는 의미이다. 부케가르니를 만들 때는 신선한 허브의 잎과, 줄기는 조리용 끈으로 묶든지 치즈를 만드는 소창에 넣어 싸서 만든다. 주로 스톡, 소스, 수프, 스튜 등과 같은 조리를 할 때 향과 맛, 풍미를 더해주기 위해 많이 사용하고 있다.

요리의 종류나 용도에 따라 선택된 향신료와 허브는 샐러리, 대파, 파슬리줄기, 월계수잎, 타임, 로즈마리 등으로 묶을 수 있다. 또한 묶을 수 없이 작은 입자를 가진 재료들은 소창이나 천으로 사용하여 마치 복주머니처럼 묶어서 조리 시에 사용하며, 요리의 마지막 과정에 주로 걸러준다.

3) 향신료 주머니

향신료 주머니는 불어로 '사세 테피스'이며, 파슬리줄기, 말린 타임, 월계수잎, 통후추 등을 소창에 넣어서 조리용 끈으로 묶은 것이다. 요리에 따라 들어가는 향신료를 달리할 수 있고 충분히 향을 우려낸 후에 걸러준다.

4) 양파 피퀘와 브흐리

양파 피퀘는 반으로 썰거나 또는 통으로 정향을 끼운 후 칼집을 넣어 그 사이에 월계수잎을 끼워 사용하며, 주로 베샤멜소스와 벨루테소스에 사용된다. 양파 브흐리는 양파를 두껍게 잘라 달궈진 팬에 검은색이 날 때까지 구워 사용하고 갈색 스톡이나 콩소메 수프에 사용한다.

4. 마리네이드Marinade

마리네이드Marinade는 조리 전 육류 또는 생선의 풍미나 향을 좋게 하여 재료의 맛을 들이거나 부드럽게 하기 위해 재워두는 조리과정을 말한다. 식품에 마리네이드를 하면 향미와 수분을 주어 품질이 향상된다. 마리네이드는 액체 또는 마른 재료로 할 수 있는데, 액체는 주로 올리브오일, 레몬주스, 식초, 술, 향신료 또는 허브 등을 섞어서 사용한다. 이 중에서 사용하는 식초나 레몬주스는 질긴 고기를 연하게 만드는 작용을 하기 때문에, 사용하는 데에 매우 중요하다.

대부분의 마리네이드는 산을 사용해서 만들기 때문에 조리 시 반드시 유리나 세라믹, 스테인리스 스틸 용기에 보관하는 것이 좋으며, 알루미늄 용기는 사용하지 않는 것이 좋다. 또한 조리과정 시 반드시 뚜껑을 덮어서 냉장고에 넣어 보관한다. 마른 재료로 마리네이드를 할 경우에는 필히 소금을 이용하여 조리한다.

육류에 향을 첨가하는 것을 마리네이드라고 하는데, 이것은 조리하기 전에 육질을 연하게 하고 야채와 허브의 향을 첨가하여 맛을 더해주는 조리과정이다. 허브와 소금, 후추, 오일 등을 넣어 육류를 담가두는 조리방법에서 재료의 특성을 고려하여 조리하며, 요리에 따라 와인, 채소 등 여러 재료를 사용하는 다양한 방법 등이 있다.

마리네이드를 하는 시간과 사용하는 향신료, 액체 등은 마리네이드 할 내용물의 종류와 크기, 형태 등에 따라 각각 다를 수 있다. 액체 마리네이드를 할 때에는 뚜껑이 있는 기구를 사용하고 냉장 상태에서 실시하는 것이 좋으며, 주재료와 함께 조리되기도 하지만 조리 전에 꺼내기도 한다.

또한 날것을 이용하여 마리네이드 하는 방법과, 익힌 것을 이용하는 방법 등으로 즉석에서 마리네이드를 하는 방법 등이 있다. 즉석으로 할 때는 깊이가 낮고, 적당한 크기의 용기에 내용물을 담아 위에 올리브오일 또는 레몬즙을 뿌리고 향신료와 양념을 첨가한다. 이는 주로 그릴 할 육류, 작은 토막의 야생짐승, 내장, 구울 생선, 갑각류 등을 조리하기 전에 즉석에서 하는 조리방법이다.

1) 액체 마리네이드Liquid Marinade

액체 마리네이드를 만들려면 통에 재료를 넣고 향신료와 조미료 등을 섞어 주재료에 혼합하여 향이 골고루 스며들도록 조리 순서에 따라 일정한 시간동안 마리네이드를 한다. 액체 마리네이드는 용도에 따라 식재료가 달라질 수 있으며, 기본적으로는 로즈마리, 타임, 월계수잎, 와인, 올리브오일 등을 사용한다.

산성의 재료는 주로 식초, 과일주스, 적포도주와 백포도주, 미르푸아와 같은 향신료를 사용한다. 일반적으로 익혀서 마리네이드에 사용하는 것은 큰 덩어리의 육류나 야생짐승으로, 냄새가 강한 것과 질긴 상태의 재료들로 한다. 또한 익혀서 마리네이드를 하는 것은 날것을 마리네이드 할 때보다 고기의 향이 더 빨리 침투함으로써 향신료의 양과 시간을 조절할 수 있다.

2) 건조 마리네이드Dry Marinade

드라이 마리네이드는 소금, 통후추를 으깨거나 허브와 스파이스로 타임과 같은 향신료를 넣어 만든다. 육류 덩어리를 마리네이드 할 때는 머스터드와 각종 향신료를 넣고 덩어리 고기에 골고루 발라 냉장고에서 보관하는 방법도 있다. 각종 요리에 따라 들어가는 스파이스가 다르지만, 연어를 훈제하기 위하여 조미료와 향신료를 연어 위에 올려 재우는 방법도 있다.

치 즈 Cheese

고다치즈

고르곤졸라치즈

과일치즈

그라다파라노치즈

그리에르치즈

까망베르치즈

레드레스터치즈

로코포트치즈

리코타치즈

마스카포네치즈

브리치즈

블루치즈

송아지치즈

스모크치즈

아메리칸치즈

에담치즈

에멘탈치즈

체다치즈

크림치즈

파르마지아노레지아치즈

파르메산치즈

페코리노페치즈

페타치즈

프로볼로네치즈

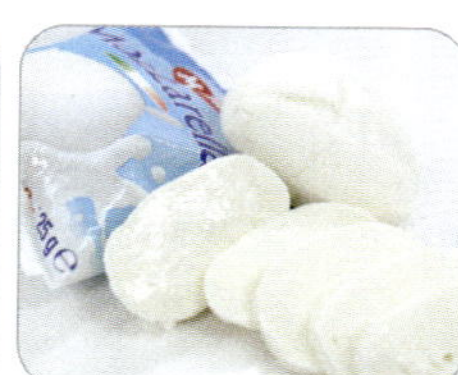

후레쉬모차렐라치즈

1. 치즈Cheese

치즈Cheese의 종류와 풍미를 결정하는 것은 수유동물의 품종, 사료, 우유의 지방 함유량, 제조단계별 처리방식, 숙성기간 등이며, 특히나 박테리아와 곰팡이가 가장 중요한 부분을 차지한다. 이들 미생물은 지역적으로 발달된 것들로 치즈를 원산지명으로 부르는 경우가 많으며 프랑스, 이탈리아 등 주요 치즈 생산국들은 포도주와 마찬가지로 자국의 전통적인 치즈에 대해서 원산지명을 법적으로 보호하고 있다.

치즈는 황제와 귀족의 연회에 오르는 단골 메뉴였다. 특히 경질치즈는 로마의 보병군단의 필수 휴대품이었는데, 이는 경질치즈 제조법이 각지로 전파되는 것을 도왔다. 로마에서 'Caseus'로 일컬어지던 치즈는 고대영어 'Cese'와 중세영어 'Chese'를 거쳐 지금의 'Cheese'로 되었다. 프랑스에서는 라틴어 'Formaticus(곰팡이로 만들어진)'을 어원으로 하는 'Formage'가 변하여 치즈를 가리키는 '프로마주Fromage'로 쓰이고 있다.

로마제국이 쇠퇴하고 주변 민족의 침입과 페스트 등 전염병이 퍼지면서 유럽이 암흑기에 접어들자, 치즈의 제조기술도 점차 쇠퇴하였다. 이 시기에 중세 각지의 수도원들은 치즈의 제조기술을 보전하고 발전시키며 이를 농민들에게 전수하였다. 오늘날 유명한 치즈들 중에 이름이나 기원에서 수도원이나 수도사와 관련된 것이 많은 것은 이러한 현상 때문이다.

르네상스 시대 이후 생유(生乳)의 위생 문제에 대해 불안을 느낀 사람들이 치즈를 꺼렸지만, 19세기 파스퇴르의 '저온살균법'이 개발되고 냉장고가 등장함에 따라 치즈는 다시 인기 높은 식품이 되었다. 치즈를 만드는 과정은 우유에 응유효소를 가열하여 응고시킨 다음, 유청을 제거하여 가열 또는 가압 등의 처리에 의해 만들어진다. 응유효소는 우유를 응고하는 작용을 하는 효소이고, 유청은 우유를 치즈로 만드는 과정에 생성되는 부산물이다. 즉 젖산균이 젖당을 분해하여 젖산을 만들고, 이 산으로 카세인이 침전될 때 침전물의 덩어리 속에 지방입자가 휩싸여 들어간다. 젖산으로 분해되지 않는 나머지 젖당은 알부민 등의 수용성 단백질과 물에 녹은 채로 배수되어 제거된다.

치즈는 영양적인 면에서 칼슘, 비타민, 단백질 등의 필수적인 영양성분이 농축되어 있어 발효숙성 식품 중에서 최고의 영양가 식품으로 손꼽힌다. 또한 단백질 분해효소가 가공하는 과정에서 처리되어 소화 흡수율이 높다. 카세인 중에는 칼슘·인·황이 많이 결합되어 있으므로, 치즈는 이들 무기질의 좋은 급원이 된다. 또한 비타민 A, B 등의 미량영양소도 많으며 어린이 및 성인용 식품으로 매우 적당하다.

2. 치즈의 유래Origin of Cheese

치즈라는 어원은 라틴어의 의미로는 '카세우스Caseus'에서 유래되었으며, 이탈리아어로는 '카초Cacio', 영어로는 '치즈Cheese', 독일어로는 '카제Kase'라고 불린다. '카세우스'라는 단어는 "우유의 응고물을 틀에 넣는다."라는 의미를 가졌다. 또 치즈의 프랑스어인 Fromage(프로마쥬)는 치즈의 제조과정에 버들가지 바구니에 넣어 건조시키는 데서 유래한 그리스어의 Formos(포르모스 : 바구니)에서 나왔다.

미국 농무성에 의한 치즈의 정의는 "박테리아에서 생성된 산이나 효소Rennet에 의해서 우유의 지방과 카제인이 응고하여 얻어진 우유성분의 일부이거나 우유에서 농축된 것"이라 하였다. 즉 유청에서 분리된 응유는 바로 비숙성 치즈로, 응유를 박테리아 이스트공장이 효소 등으로 숙성시키면 숙성 치즈가 된다고 정의하고 있다.

치즈 발견의 전설을 보면, 고대 아라비아의 카나나Kanana라는 상인이 사막을 횡단할 때 양의 위를 건조시켜 만든 주머니에 우유를 넣고 가다가, 오랜 시간이 흐른 뒤에 우유를 먹으려고 주머니를 열어보니, 그 우유는 응유Curd와 유청Whey으로 구분되어 있었다고 한다. 응유는 새콤하고 감칠맛이 나며 향기가 새로워서 그 상인은 사막을 횡단하는 동안 응유로 시장함을 달래고, 유청으로는 갈증을 해소하였는데, 이것이 처음으로 유용하게 사용한 치즈의 시초라고 한다.

이러한 치즈는 우유에 젖산균과 응유효소를 추출한 레닛효소를 가미하여 생긴 커드에서 훼이를 제거한 것이며, 양의 위에 소화 효소인 레닌이 남아서 젖을 응고시킨 것으로 설명된다.

치즈는 아시아에서 발견되어 유럽으로 전해진 것으로, 고대 그리스에서는 호메로스의 시나 히포크라테스도 치즈에 대해서 언급하였으며, 성서에도 기호품으로 기술되어 있다. 그리고 로마제국시대에는 사치품의 하나로 고급 치즈를 스위스로부터 수입하였으며, 당시의 게르만인도 치즈를 알고 있었다고 한다. 영국으로는 로마인이 치즈를 전하였는데, 고대 잉글랜드나 스코틀랜드에서는 다량의 카세인을 함유한 버터를 작은 통에 채워 땅 속에 묻어 수년간 심홍색이 될 때까지 숙성시킨 것을 좋아하였다. 중세에는 교회가 치즈의 제조기술을 잘 보전하였을 뿐만 아니라 더 발전시켜, 유럽 각지의 농민들은 사제로부터 치즈의 제조법을 전수받았다고 한다.

미국에서의 치즈 생산은 1851년 뉴욕주에서 윌리엄스가 소규모의 체더치즈Cheddar Cheese 공장을 시작한 시기부터이다. 한국에서는 8·15광복 후 식생활의 서양화와 더불어 치즈의 소비량이 증가하였으나 전부 수입하였고, 1975년부터 국내에서 차츰 생산되기 시작하였다.

3. 치즈의 보관방법Cheese Method of Keeping

치즈는 자연 치즈와 가공 치즈로 나뉘는데, 자연 치즈의 경우 치즈를 숙성시키는 미생물이 온도 또는 습도에 영향을 받기 때문에 부패되기 쉽고, 오랜 시간 보관하면 겉 표면이 건조하고 단단해지거나 곰팡이가 발생할 수도 있다.

치즈를 한 번 사용하고 난 후에는 밀폐된 용기나 호일 등으로 감싸 냉장고에 보관하는 것이 좋다. 가공 치즈 중에 수분이 50% 이하의 저 수분함량 치즈는 고온에서 잘 견디며, 고 수분함량 치즈는 서늘한 곳에 보관하면 된다. 가공 치즈는 자연 치즈보다는 보존성이 좋아 유통기간이 좀 더 긴 편이다. 하지만, 치즈마다 보관방법이 다르기 때문에 온도를 지키는 것이 중요하고, 치즈에 따라 품질과 유효기간을 길게 하기 위해서는 밀폐시켜 냉장고에 보관하는 것이 가장 바람직하다.

4. 치즈의 분류Classification of the Cheese

치즈는 사용한 우유에 따라 분류하며, 대부분 암소의 젖이지만 양, 물소, 당나귀, 염소, 낙타, 순록 등의 젖으로도 만들어진다. 치즈의 제조과정에서 이용하는 치즈는 크게 18종의 그룹이 있으며, 그 외에도 무수한 타입이 알려져 현재는 400종 이상에 이른다. 치즈의 타입이나 풍미는 숙성시의 세균이나 곰팡이에서 오는 경우가 많으므로, 치즈를 다른 지방에서 모방하려면 이들 미생물을 분리·배양하는 것이 첫걸음이다. 이들 미생물의 차이는 원래 지역적으로 발달된 것이므로, 치즈의 이름은 원산지명으로 부르는 경우가 많다.

치즈의 종류에 따라 풍미가 다른 이유는 발효 미생물의 종류와 환경조건이 다르기 때문이며, 치즈는 제조법의 차이, 숙성기간의 장·단(長短), 보존 조건 등에 따라 같은 종류라도 성분에 큰 차이가 있다. 또한 치즈를 크게 나눌 때는 경도(硬度)를 기준으로 하는 것이 통례이며, 수분함량으로 경도를 4가지로 분류한다. 즉 초경질(超硬質)은 34% 이하, 경질은 39% 이하, 반경질은 50% 이하이고, 연질은 제한이 없다.

1) 연질치즈Soft Cheese

연질치즈는 치즈 중에서 가장 부드러운 촉감을 가졌으며, 숙성과정을 거쳤지만 압착이나 조리를 전혀 하지 않은 비숙성 치즈이다. 수분함량은 40~50% 정도이며, 맛은 부드럽고 순하여 빵이나 음식에 발라서 먹기도 한다. 보관할 때에는 습기가 약간 있으며 건조한 곳에 보관해야 하고, 제조한 후에는 빠른 시일 안에 먹는 것이 좋다.

2) 경질치즈Hard Cheese

경질치즈는 다른 치즈에 비해 수분이 대체로 낮으며, 수분함량이 30~40% 정도로 우유를 가열하여 세균을 첨가하여 3~6개월 정도 숙성시킨 치즈이다. 형태는 둥그런 바퀴 모양으로 단단한 편이다.

3) 반경질치즈Semi-hard Cheese

반경질치즈는 연질치즈와 경질치즈의 중간으로 수분함량은 40~45% 정도이며, 제조과정은 가열하지 않고 압착시켜 만든 숙성치즈이다. 종류로는 세균 숙성치즈와 곰팡이 숙성치즈로 나뉘며, 탄력이 있고 부드러운 맛을 가지고 있다.

[그림 4] 치즈의 제조과정

청 정
원료유 첨가
살 균
75°C 15초
냉 각
29~32°C
스타터 첨가
0.5~2.0%
염화칼슘 첨가
0.01~0.02%
렌넷 첨가
0.002~0.004%
커드 절단
커드의 크기 :
작은 콩~큰 콩 정도
교 반
5~10분
유장 빼기
1/3~1/2 양의 유청
가 온
37~40°C
교 반
유장 빼기
커드층이 보일 때에는
0.11~0.13%
퇴 적
틀에 넣기
예비 압착
반 전
본 압착
끝마무리
가 염
2~4일간(습윤법)
숙 성
일정기간(수주~수년간)

DRESSING

PART 2

드레싱Dressing

1. 드레싱Dressing

드레싱Dressing이란, 식품에 첨가하여 먹는 차가운 종류의 액체 형태의 재료로 주로 차가운 채소에 뿌려서 먹는 것을 말하며, 식품의 특성을 좋게 하고 음식의 향미를 더해주어야 한다. 드레싱의 가장 중요한 목적은 샐러드의 맛을 한층 더 증가시키고 소화를 도와주는 것이며, 반드시 샐러드의 맛과 풍미의 조화가 이루어져야 한다.

드레싱은 신맛을 가지고 있어야 하고, 드레싱이라는 단어는 여성의 옷이 부드럽게 입혀지는 것처럼 채소에 옷을 입힌다는 의미로 사용되어졌으며, 샐러드 위에 뿌리는 소스가 약간 흘러내려야 정상이다. 식품의 가치 및 기능성도 점차 고전적인 영양공급의 개념에서 보다 즐거움을 주는 방향으로 그 역할이 점차적으로 변화되고 있다. 특히 식품의 관능적인 요소를 증가시키고 식품의 풍미를 더해주기 위해서 주목받고 있는 것이 소스Sauce 분야이다. 이 소스는 만드는 방법에 따라 맛, 색, 풍미 등이 달라지며, 그 중에서도 샐러드에 곁들이는 소스를 유럽에서는 '소스', 미국에서는 '드레싱'이라고 부른다.

식품공전에는 '드레싱'을 식품을 제조·가공·조리함에 있어 식품의 풍미를 돋우기 위한 목적으로 사용되는 것이며, 식용유, 식초 등을 주원료로 하여 식염, 당류, 향신료, 알류는 식품첨가물을 가하고 유화시키거나 분리액상으로 제조한 것이고, 또한 이에 채소류, 과일류 등을 첨가한 것으로 '드레싱 마요네즈'라고 부른다.

2. 드레싱의 역사History of the Dressing

드레싱Dressing은 길고 화려한 역사를 가지고 있으며, 그 역사는 고대까지 거슬러 올라간다. 동양에서의 드레싱 역사를 살펴보면, 5000년 전에 중국이 최초로 간장소스를 사용한 것으로 전해져 내려오고 있다.

한편, 바빌로니아인들은 2000여년 전부터 오일과 식초를 녹색 채소에 드레싱으로 사용한 것으로 알려져 있고, 이집트에서는 오일, 식초 그리고 동양의 향신료를 주원료로 한 드레싱을 선호하였다. 우스터스Worcestershire 소스는 로마의 시저시대 이후에 사용한 드레싱을 말하며, 드레싱에 사용하는 마요네즈는 약 200년 전에 프랑스의 노블만테이블에서 최초로 선보여졌다. 실제 로마 초기의 사람들은 소금 등을 주원료로 한 드레싱을 선호한 것으로 알려 있다.

20세기에 이르러서야 북미에서 드레싱의 개발이 활발하게 이루어져 왔으며 주로 오일, 식초, 레몬주스 등의 각종 향료들을 더한 여러 가지 드레싱을 만들어내기 시작하였다. 이 같은 드레싱의 대중 보급으로 도·소매점에서 쉽게 구입할 수 있게 되자, 1920년 전·후로 많은 드레싱 제조사와 라벨 상표의 드레싱 제품이 시장에 나왔다.

미국의 경우, 1896년 조말제티JoeMarzetti가 오하이오주 컬럼버스에서 최초로 다양한 종류의 드레싱을 판매한 것으로 알려져 있으며, 1919년에 그는 자신의 드레싱을 일반 음식점에서 사용하도록 허락하였다고 한다. 1912년 리차드 헬먼Richard Hellmann은 나무상자에 자신이 제조한 마요네즈를 담아 뉴욕에서 최초로 판매한 것으로 알려져 있으며, 그 이후 용기를 유리병에 담아 판매한 기록이 있다.

3. 드레싱의 사용Use of Dressing

드레싱Dressing 사용에는 차가운 드레싱으로 샐러드의 맛을 한층 더 증가시켜 주며 강한 샐러드의 맛을 더욱 부드럽게 해준다. 주로 과일샐러드에는 프렌치 드레싱 등을 많이 사용하고, 고기나 야채에는 프렌치 드레싱이나 마요네즈 드레싱을 많이 사용한다.

샐러드에 많이 사용되는 드레싱을 살펴보면, 주요리와는 독립적인 것으로 준비되는 것이 보통이고, 육류소스나 어패류소스는 그 자체가 가지고 있는 육즙을 이용하는 반면에, 샐러드소스는 따로 준비한다.

샐러드에 드레싱을 사용하는 목적은 음식을 섭취할 때 입가에서 느끼는 향, 풍미, 질감을 높여주며, 신맛의 드레싱은 소화를 돕고, 상큼한 맛은 식욕을 촉진시켜준다. 식초 드레싱은 일반적으로 식초 1 : 오일 3의 비율이 적당하며, 보통 야채의 드레싱에 많이 사용된다고 하지만 드레싱의 용도 외에도 다양하게 사용된다.

드레싱에 사용되는 재료는 산, 오일, 기타 맛과 유화작용을 도와주는 부재료가 있다. 기름은 식물성의 정제되어진 기름을 사용하고, 산은 과일류를 사용한 식초나 레몬을 사용하게 되는데, 드레싱에서 사용되는 기름은 다른 식품성분에 비하여 온도, 빛, 산소, 효소, 미생물, 금속, 재료의 수분이나 종류 등에 의한 영향 때문에 쉽게 산화를 일으켜 맛, 냄새, 영양학적 손실과 독성을 일으킬 수 있다.

4. 드레싱의 종류Kind of Dressing

소스의 일종인 드레싱은 재료를 끓이지 않고 혼합하여 만들며 냉소스로 분류되고, 드레싱은 여러 종류가 있지만 가장 기본적인 2가지 드레싱으로 구분할 수 있다. 그 중 하나로는 달걀노른자, 샐러드오일, 식초를 이용해서 만든 마요네즈와 같은 종류이고, 또 다른 하나는 식초와 샐러드오일을 주재료로 한 프렌치 드레싱과 같은 것이 있다. 첫 번째는 마요네즈와 같은 기름이 항상 유화되어있는 종류이고, 두 번째는 프렌치 드레싱과 같이 기름과 식초가 분리되어있는 것인데, 이것은 사용할 때 섞어서 사용한다. 마요네즈와 같이 비슷한 제품으로 달걀노른자를 쓰지 않고 기름의 사용량도 적은 것을 따로 샐러드 드레싱이라는 이름으로 부르는 것도 있다. 샐러드에 사용되는 드레싱의 종류로는 프렌치 드레싱, 다우전아일랜드 드레싱, 비네그레트 드레싱, 이탈리안 드레싱, 마요네즈를 사용한 드레싱 등 종류가 다양하다.

간장 레몬 드레싱(Soy Lemon Dressing)

간장Soy 100㎖, 다시마 가스오부시 육수Tangle Gasobusi Stock 500㎖, 양파Onion 50g, 사과Apple 30g, 맛술Cooking Wine 20㎖, 레몬주스Lemon Juice 20㎖, 마늘Garlic 20g, 소금Salt 약간, 후추Pepper 약간

1. 다시마는 끓여 식혀놓는다.
2. 사과는 껍질을 벗겨 갈 수 있게 다이스로 잘라놓는다.
3. 양파와 마늘, 사과는 믹서기에 곱게 갈아준다.
4. 믹싱볼(Mixing Bowl)에 1의 다시마물, 2의 양파, 마늘, 사과, 간장, 맛술, 레몬주스를 혼합하여 섞는다.

견과류 드레싱(Nut Fruits Dressing)

아몬드Almond 20g, 잣Pine Nut 20g, 호두Walnut 30g, 타임Thyme 2g, 올리브오일Olive Oil 50㎖, 차이브Chive 5g, 식초Vinegar 20㎖, 레몬주스Lemon Juice 2㎖, 소금Salt 약간, 후추Pepper 약간

1. 아몬드와 호두, 잣은 잘게 다져놓는다.
2. 타임과 차이브는 잘게 다져놓는다.
3. 믹싱볼(Mixing Bowl)에 올리브오일, 식초, 레몬주스를 혼합한 후 1의 다진 아몬드, 호두, 잣, 2의 타임, 차이브를 넣고 섞어준다.

닭육수 겨자 드레싱(Chicken Stock Wasabi Dressing)

닭뼈Chicken Bone 1kg, 소고기살Beef Meat 300g, 겨잣가루Wasabi Powder 30g, 물Water 2㎖, 무Turnip 20g, 대파Leek 20g, 식초Vinegar 35㎖, 마요네즈Mayonnaise 300g, 빙초산Glacial Acetic Acid 약간, 설탕Sugar 약간, 소금Salt 약간

1. 자루냄비(Pot)에 닭뼈와 소고기살, 무, 대파를 넣고 물(2㎖)을 붓고 중간 불에서 물량(200㎖)이 졸여지게 천천히 끓인다.
2. 1의 졸인 닭육수는 고운체에 걸러준다.
3. 겨잣가루는 미지근한 물에 되직하게 섞어서 랩으로 감싸, 따뜻한 곳에서 1시간 정도 보관하여 개운맛을 제거한다.
4. 믹싱볼(Mixing Bowl)에 3의 겨자, 2의 닭육수와 마요네즈, 식초, 빙초산을 넣고 섞어준다.

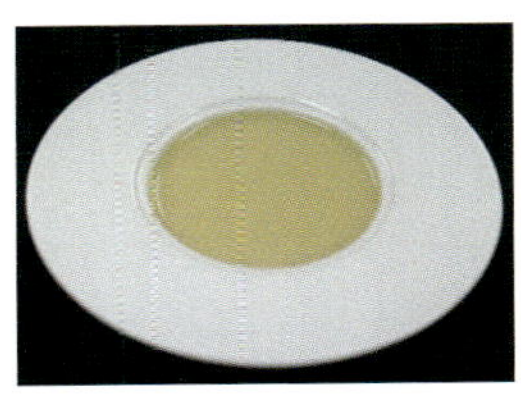

04 Cooking

메론 드레싱(Melon Dressing)

메론Melon 150g, 레몬주스Lemon Juice 25㎖, 식초Vinegar 50㎖, 올리브오일Olive Oil 25㎖, 설탕Sugar 20g, 소금Salt 약간

1. 메론은 껍질을 벗긴 후, 파인 브뤼누아즈(Fine Brunoise)로 썰어놓는다.
2. 믹서기에 1의 메론과 레몬주스, 식초, 올리브오일을 넣고 곱게 갈아준다.
3. 2의 갈은 메론 드레싱에 소금, 설탕으로 간한다.

05 Cooking

날치알 드레싱(Flying Fish Roe Dressing)

날치알Flying Fish Roe 50g, 차이브Chive 5g, 사워크림Sour Cream 20g, 마요네즈Mayonnaise 30g, 레몬주스Lemon Juice 20㎖, 플레인요거트Plain Yogurt 20g, 소금Salt 약간, 후추Pepper 약간

1. 차이브는 깨끗이 씻어 곱게 다져놓는다.
2. 믹싱볼(Mixing Bowl)에 사워크림과 마요네즈, 플레인요거트, 레몬주스를 혼합한다.
3. 2의 내용물에 차이브찹, 날치알을 넣고 섞어준 후 소금, 후추로 간한다.

06 Cooking

고르곤졸라치즈 드레싱(Gorgonzola Cheese Dressing)

고르곤졸라치즈Gorgonzola Cheese 50g, 플레인요거트Plain Yogurt 20g, 생크림Fresh Cream 10㎖, 레몬주스Lemon Juice 20㎖, 설탕Sugar 5g, 소금Salt 약간

1. 고르곤졸라치즈는 고루 섞어준다.
2. 믹싱볼(Mixing Bowl)에 1의 고르곤졸라치즈와 플레인요거트, 생크림, 레몬주스를 넣고 혼합해 준다.
3. 2의 고르곤졸라치즈에 설탕과 소금으로 간한다.

07

부드러운 감자 메시 드레싱(Soft Potato Mesh Dressing)

감자Potato 200g, 우유Milk 100㎖, 생크림Fresh Cream 50㎖, 올리브오일Olive Oil 10㎖, 소금Salt 약간

1. 감자는 깨끗이 씻어 완전히 익도록 삶아준다.
2. 1의 감자는 껍질을 벗긴 후, 고운체에 내려 약한 불에서 수분을 제거한다.
3. 2의 감자에 우유와 생크림을 넣고 혼합하여 올리브오일, 소금으로 간하여 부드럽게 만든다.

08

단호박 무스 드레싱(Sweet Pumpkin Mousse Dressing)

단호박Sweet Pumpkin 100g, 생크림Fresh Cream 10㎖, 설탕Sugar 5g, 소금Salt 약간

1. 단호박은 깨끗이 씻어 껍질을 벗겨 완전히 익도록 삶아준다.
2. 1의 삶은 단호박을 고운체에 내려 약한 불에서 수분을 제거한다.
3. 2의 단호박에 생크림을 넣고 혼합하여 설탕, 소금으로 간하여 부드럽게 완성한다.

09

된장 드레싱(Soy Bean Paste Dressing)

된장Soy Bean Paste 30g, 양파Onion 50g, 마요네즈Mayonnaise 10g, 레몬주스Lemon Juice 20㎖, 백포도주White Wine 20㎖, 올리브오일Olive Oil 30㎖, 설탕Sugar 약간

1. 양파는 껍질을 벗겨 다이스로 자른다.
2. 믹서기에 된장, 양파를 곱게 갈아준다.
3. 믹싱볼(Mixing Bowl)에 2의 갈은 된장, 마요네즈, 레몬주스를 넣고 섞어준다.
4. 3의 된장 드레싱에 올리브오일을 붓고 농도를 맞춘 후 설탕으로 간한다.

10 Cooking

레몬 비네그레트 드레싱(Lemon Vinaigrette Dressing)

레몬Lemon 1개, 꿀Honey 20g, 올리브오일Olive Oil 20㎖, 식초Vinegar 30㎖, 디존머스터드Dijon Mustard 5g, 백포도주White Wine 10㎖, 소금Salt 약간, 후추Pepper 약간

1. 레몬은 깨끗이 씻어 반으로 잘라 즙을 짜준다.
2. 믹싱볼(Mixing Bowl)에 1의 레몬즙과 디존머스터드, 꿀, 식초, 올리브오일을 넣고 섞어준다.
3. 2의 레몬 비네그레트에 소금과 후추로 간한다.

11 Cooking

골드키위 드레싱(Golden Kiwi Dressing)

골드키위Golden Kiwi 2개, 마요네즈Mayonnaise 20g, 플레인요거트Plain Yogurt 1개, 레몬주스Lemon Juice 20㎖, 올리브오일Olive Oil 30㎖, 소금Salt 약간, 설탕Sugar 약간

1. 골드키위는 껍질을 벗긴 후, 다이스로 썰어놓는다.
2. 믹서기에 1의 골드키위를 곱게 갈아준다.
3. 2의 갈은 골드키위에 마요네즈, 플레인요거트, 레몬주스, 올리브오일을 넣고 혼합한다.
4. 3의 골드키위 드레싱에 소금, 설탕으로 간한다.

12 Cooking

망고 살사 드레싱(Mango Salsa Dressing)

망고Mango 1개, 올리브오일Olive Oil 50㎖, 식초Vinegar 10㎖, 오이Cucumber 20g, 붉은 파프리카Red Paprika 20g, 주황 파프리카Orange Paprika 20g, 레몬주스Lemon Juice 20㎖, 소금Salt 약간, 후추Pepper 약간

1. 망고는 껍질을 벗겨 스몰다이스로 썰어놓는다.
2. 붉은 파프리카, 주황 파프리카와 오이는 스몰다이스로 썰어놓는다.
3. 믹싱볼(Mixing Bowl)에 올리브오일, 식초, 레몬주스를 혼합한 후 1의 망고, 2의 채소를 넣고 섞어준다.
4. 3의 망고살사에 소금, 후추로 간한다.

13

카레 파인애플 드레싱(Curry Pineapple Dressing)

카레가루Curry Powder 10g, 파인애플Pineapple 100g, 파인애플 슬라이스Pineapple Slice 100g, 마요네즈Mayonnaise 10g, 플레인요거트Plain Yogurt 1개, 레몬주스Lemon Juice 10㎖, 소금Salt 약간, 설탕Sugar 약간

1. 파인애플은 껍질을 벗긴 후 다이스로 썰어놓는다.
2. 믹서기에 파인애플, 파인애플 슬라이스를 곱게 갈아준다.
3. 믹싱볼(Mixing Bowl)에 마요네즈, 플레인 요거트, 레몬주스를 혼합한 후 카레가루, 2의 갈은 파인애플을 넣고 섞어준다.
4. 3의 카레 파인애플 드레싱에 소금, 설탕으로 간한다.

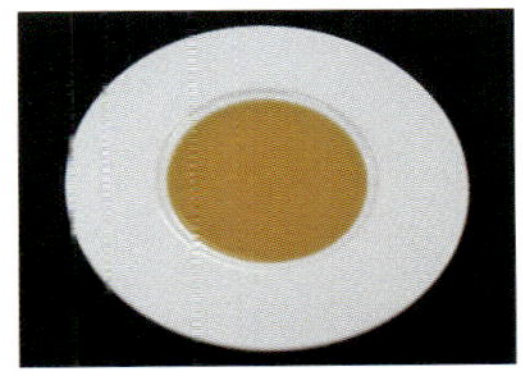

14

머쉬룸 뒥셀 드레싱(Mushroom Duxelles Dressing)

양송이버섯Button Mushroom 200g, 표고버섯Shiitake Mushroom 100g, 양파Onion 20g, 거위간Goose Liver 20g, 올리브오일Olive Oil 30㎖, 소금Salt 약간, 후추Pepper 약간

1. 양파는 껍질을 벗겨 곱게 다져놓는다.
2. 양송이와 표고버섯은 곱게 다져놓는다.
3. 달궈진 팬에 1의 양파와 2의 양송이, 표고버섯 순으로 볶다가 거위간을 넣고 볶아준다.
4. 믹서기에 3의 볶은 버섯을 갈아준 후 소금, 후추로 간한다.

15

페퍼민트 젤리 드레싱(Peppermint Jelly Dressing)

페퍼민트 젤리Peppermint Jelly 30g, 양파Onion, 100g, 디존머스터드Dijon Mustard 5g, 레몬주스Lemon Juice 10㎖

1. 양파는 곱게 갈아놓는다.
2. 믹싱볼(Mixing Bowl)에 레몬주스, 디존 머스터드를 넣고 거품기로 저어준다.
3. 2의 내용물에 1의 갈은 양파를 넣고 섞어준다.

16 바질 페이스트 드레싱(Basil Paste Dressing)

바질Basil 30g, 잣Pine Nut 10g, 파마산 치즈Parmesan Cheese 10g, 마늘Garlic 10g, 올리브오일Olive Oil 30㎖, 소금Salt 약간, 후추Pepper 약간

1. 바질은 줄기 부분을 제거하고 잎 부분을 깨끗이 씻는다.
2. 달궈진 팬에 잣을 약한 불에서 천천히 노릇하게 볶는다.
3. 믹서기에 1의 바질, 2의 볶은 잣을 담아 파마산치즈, 마늘, 올리브오일을 넣고 곱게 갈아준다.
4. 3의 바질 페이스트(Basil Paste)에 소금, 후추로 간한다.

17 발사믹 글레이징 드레싱(Balsamic Grazing Dressing)

발사믹식초Balsamic Vinegar 1L, 올리브오일Olive Oil 50L, 양파즙Onion Juice 20g, 레몬주스Lemon Juice 25㎖, 꿀Honey 5㎖, 소금Salt 약간

1. 자루냄비(Pot)에 발사믹식초를 넣고 약한 불에서 천천히 반으로 졸인다.
2. 믹싱볼(Mixing Bowl)에 꿀을 넣고, 올리브오일을 조금씩 첨가하면서 젓는다.
3. 2의 내용물에 1의 졸인 발사믹식초를 조금씩 부어주면서 젓는다.
4. 3의 발사믹에 다진 양파즙을 넣고 소금으로 간한다.

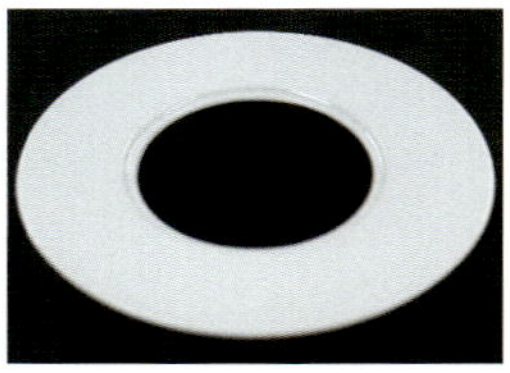

18 발사믹 드레싱(Balsamic Dressing)

발사믹식초Balsamic Vinegar 200㎖, 올리브오일Olive Oil 1L, 꿀Honey 100㎖, 양파Onion 100g, 마늘Garlic 5g, 설탕Sugar 25g

1. 양파, 마늘은 곱게 갈아준다.
2. 믹싱볼(Mixing Bowl)에 1의 갈은 양파와 마늘, 발사믹식초를 넣고 골고루 섞은 후 올리브오일을 조금씩 첨가하면서 섞어준다.
3. 2의 발사믹 드레싱에 설탕, 꿀로 간한다.

19

베너가 오일 드레싱(Vinegar Oil Dressing)

샐러드오일Salad Oil 200㎖, 달걀Egg 1개, 양파Onion 20g, 레몬주스Lemon Juice 20㎖, 환만식초Hwanman Vinegar 20㎖, 머스터드Mustard 10g, 타바스코소스Tabasco Sauce 5㎖, 설탕Sugar 10g, 소금Salt 약간, 후추Pepper 약간

1. 양파는 곱게 갈아준다.
2. 믹싱볼(Mixing Bowl)에 1의 같은 양파와 달걀노른자, 머스터드를 넣고 골고루 저어준 후 샐러드 오일을 조금씩 부으면서 혼합해 준다.
3. 2의 내용물에 식초, 양파즙, 타바스코를 넣고 섞어준다.
4. 3의 베너가 오일에 소금, 설탕, 후추로 간한다.

20

복분자 드레싱(Rubus Coreanus Fruit Dressing)

복분자 원액Rubus Coreanus Fruit Liquor 50㎖, 올리브오일Olive Oil 50㎖, 식초Vinegar 20㎖, 레몬주스Lemon Juice 20㎖, 설탕Sugar 약간, 소금Salt 약간

1. 믹싱볼(Mixing Bowl)에 올리브오일, 식초, 레몬주스를 넣고 저어준다.
2. 1의 내용물에 복분자 원액을 붓고 혼합한다.
3. 2의 복분자 드레싱에 소금과 설탕으로 간한다.

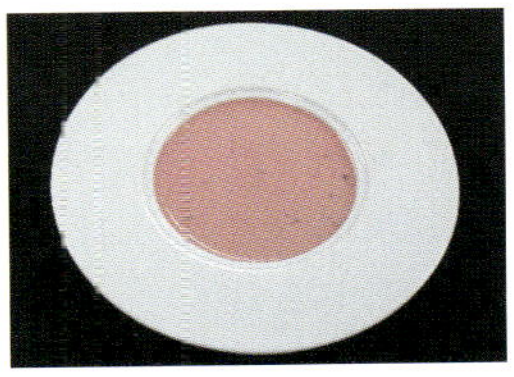

21

블랙올리브 드레싱(Black Olive Dressing)

블랙올리브Black Olive 100g, 토마토Tomato ½개, 양파Onion 30g, 마늘Garlic 10g, 딜Dill 5g, 처빌Chervil 5g, 올리브오일Olive Oil 150㎖, 붉은 파프리카Paprika 20g, 식초Vinegar 20㎖, 레몬주스Lemon Juice 10㎖, 소금Salt 약간, 후추Pepper 약간

1. 블랙올리브는 곱게 다져 면보로 감싸 물기를 제거한다.
2. 딜과 처빌은 잘게 다져놓는다.
3. 붉은 파프리카, 토마토, 양파, 마늘은 다져놓는다.
4. 믹싱볼(Mixing Bowl)에 올리브오일, 식초, 레몬주스를 넣어 거품기로 저어준다.
5. 4의 내용물에 1의 다진 블랙올리브, 2의 다진 허브, 3의 채소를 넣고 섞어준다.
6. 5의 블랙올리브 드레싱에 소금, 후추로 간한다.

22 Cooking

블루베리 드레싱(Blueberry Dressing)

블루베리Blueberry 200g, 올리브오일Olive Oil 50㎖, 식초Vinegar 50㎖, 레몬주스Lemon Juice 20㎖, 꿀Honey 5㎖, 설탕Sugar 약간, 소금Salt 약간

1. 블루베리는 믹서기에 곱게 갈아준다.
2. 믹싱볼(Mixing Bowl)에 올리브오일, 식초, 레몬주스를 넣고 골고루 저어준다.
3. 2의 내용물에 1의 갈은 블루베리를 넣고 골고루 섞어준다.
4. 블루베리 드레싱에 꿀과 설탕, 소금으로 간한다.

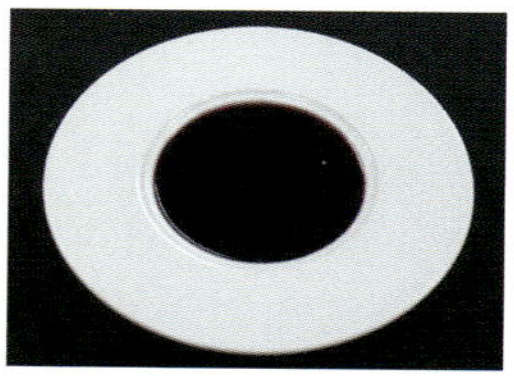

23 Cooking

블루치즈 드레싱(Blue Cheese Dressing)

블루치즈Blue Cheese 50g, 플레인요거트Plain Yogurt 20g, 생크림Fresh Cream 10㎖, 레몬주스Lemon Juice 20㎖, 엑스트라버진 올리브오일Extra Virgin Olive Oil 10㎖, 설탕Sugar 5g

1. 블루치즈는 생크림을 넣고 골고루 섞이게 저어준다.
2. 믹싱볼(Mixing Bowl)에 엑스트라버진 올리브오일, 레몬주스를 넣고 섞어준다.
3. 2의 내용물에 블루치즈, 플레인요거트를 넣고 섞어준 후 설탕으로 간한다.

24 Cooking

토마토 가스파초 드레싱(Tomato Gazpacho Dressing)

토마토Tomato 200g, 양파Onion 30g, 마늘Garlic 10g, 샐러리Celery 20g, 붉은 파프리카Red Paprika 20g, 오이Cucumber 20g, 타임Thyme 2g, 올리브오일Olive Oil 10㎖, 백포도주White Wine 10㎖, 바질Basil 1잎, 타바스코소스Tabasco Sauce 15㎖, 소금Salt 약간, 후추Pepper 약간, 설탕Sugar 약간

1. 양파와 마늘은 곱게 다져놓는다.
2. 토마토는 끓는 물에 데쳐 껍질을 벗겨, 다져놓는다.
3. 샐러리와 붉은 파프리카, 오이는 다이스(Dice)로 썰어놓는다.
4. 믹싱볼(Mixing Bowl)에 1의 양파, 마늘, 1의 토마토, 3의 채소를 넣고 올리브오일, 타바스코, 바질, 타임, 백포도주, 레몬주스, 설탕, 소금, 후추를 넣고 간이 스며들게 재워둔다.
5. 믹서기에 4의 내용물을 곱게 갈아 체에 내린다.

25

비트 드레싱(Beet Dressing)

비트Beet 1개, 식초Vinegar 30㎖, 설탕Sugar 30g, 레몬주스Lemon Juice 20㎖, 올리브오일Olive Oil 30㎖, 백포도주White Wine 10㎖, 소금Salt 약간

1. 비트는 껍질을 벗겨 다이스(Dice)로 썰어놓는다.
2. 자루냄비(Pot)에 1의 비트, 레몬주스, 식초, 설탕을 넣고 완전히 익도록 삶는다.
3. 삶은 2의 비트를 믹서기에 곱게 갈아 체에 내린다.
4. 믹싱볼(Mixing Bowl)에 3의 비트, 올리브오일, 백포도주를 넣고 골고루 섞이게 저어준다.
5. 4의 비트 드레싱에 소금, 설탕으로 간한다.

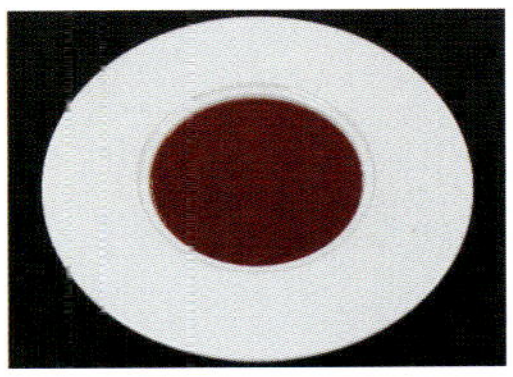

26

사워크림 딥 드레싱(Sour Cream Dip Dressing)

사워크림Shower Cream 100g, 마요네즈Mayonnaise 50g, 크림치즈Cream Cheese 20g, 휘핑크림Whipping Cream 30㎖, 레몬주스Lemon Juice 10㎖, 소금Salt 약간, 설탕Sugar 약간

1. 휘핑크림은 거품기로 저어 되직하게 한다.
2. 믹싱볼(Mixing Bowl)에 사워크림, 마요네즈, 크림치즈, 1의 휘핑크림을 넣고 섞이게 저어준다.
3. 2의 사워크림 딥에 레몬주스, 소금, 설탕으로 양념한다.

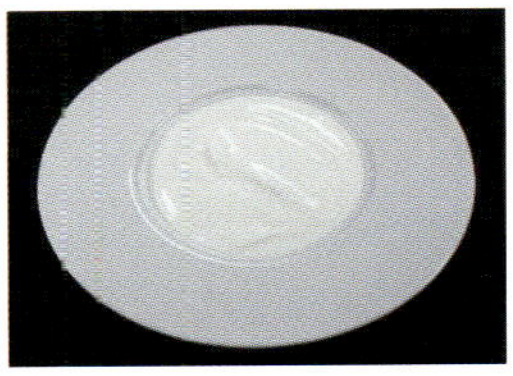

27

머스터드 허니 드레싱(Mustard Honey Dressing)

아메리칸 머스터드American Mustard 50g, 꿀Honey 10g, 디죤 머스터드Dijon Mustard 5g, 마요네즈Mayonnaise 100g, 올리브오일Olive Oil 50㎖, 레몬주스Lemon Juice 20㎖, 설탕Sugar 약간

1. 믹싱볼(Mixing Bowl)에 올리브오일, 레몬주스를 넣고 섞어준다.
2. 1의 내용물에 아메리칸 머스터드, 디죤 머스터드, 마요네즈를 넣고 혼합한다.
3. 2의 머스터드 드레싱에 꿀, 설탕으로 간한다.

28 Cooking

산딸기 드레싱(Raspberry Dressing)

산딸기 퓌레Raspberry Puree 100g, 레몬주스Lemon Juice 20㎖, 백포도주White Wine 20㎖, 올리브오일Olive Oil 30㎖, 설탕Sugar 약간

1. 믹싱볼(Mixing Bowl)에 올리브오일, 레몬주스를 넣고 섞어준다.
2. 1의 내용물에 산딸기 퓌레를 넣고 혼합한다.
3. 2의 산딸기 드레싱에 설탕으로 간한다.

29 Cooking

망고 드레싱(Mango Dressing)

망고Mango 1개, 망고 퓌레Mango Puree 100g, 양파Onion 25g, 레몬주스Lemon Juice 50㎖, 엑스트라버진 올리브오일Extra Virgin Olive Oil 25㎖, 설탕Sugar 25g, 소금Salt 약간

1. 망고는 껍질을 벗겨 다이스로 썰어놓는다.
2. 양파는 껍질을 벗겨 1의 망고와 곱게 갈아준다.
3. 믹싱볼(Mixing Bowl)에 엑스트라버진 올리브오일, 레몬주스를 넣고 섞어준다.
4. 3의 내용물에 2의 갈은 망고와 망고 퓌레를 넣고 골고루 저어준다.
5. 4의 망고 드레싱에 소금, 설탕으로 간한다.

30 Cooking

시저 드레싱(Caesar Dressing)

달걀Egg York 1개, 디존 머스터드Dijon Mustard 5g, 파마산치즈Parmasan Cheese 20g, 마늘Garlic 10g, 케이퍼Caper Chop 10g, 앤초비Anchovy Chop 5g, 레몬주스Lemon Juice 20㎖, 백포도주White Wine 20㎖, 엑스트라버진 올리브오일Extra Virgin Olive Oil 30㎖, 타바스코소스Tabasco Sauce 5㎖, 소금Salt 약간, 후추Pepper 약간

1. 마늘은 곱게 다져준다.
2. 앤초비, 케이퍼는 곱게 다져놓는다.
3. 믹싱볼(Mixing Bowl)에 달걀노른자, 디존 머스터드를 넣고 섞어준 후, 엑스트라버진 올리브오일을 조금씩 부으면서 저어준다.
4. 3의 내용물에 레몬주스, 백포도주, 1의 마늘, 2의 앤초비, 케이퍼, 파마산치즈 순으로 넣고 혼합해준다.
5. 4의 시저드레싱에 타바스코, 소금, 후추로 간한다.

31 Cooking

앤초비 드레싱(Anchovy Dressing)

앤초비Anchovy 50g, 양파Onion 30g, 마늘Garlic 10g, 마요네즈Mayonnaise 10g, 레몬주스Lemon Juice 20㎖, 올리브오일Olive Oil 50㎖, 소금Salt 약간, 후추Pepper 약간

1. 앤초비는 곱게 다져놓는다.
2. 양파, 마늘은 믹서기에 곱게 갈아놓는다.
3. 믹싱볼(Mixing Bowl)에 1의 앤초비, 2의 양파, 마늘, 마요네즈, 올리브오일, 레몬주스를 넣고 골고루 섞이게 저어준다.
4. 3의 앤초비 드레싱에 소금, 후추로 간한다.

32 Cooking

양송이버섯 퓌레 드레싱(Button Mushroom Puree Dressing)

양송이버섯Button Mushroom 200g, 마늘Garlic 10g, 양파Onion 20g, 올리브오일Olive Oil 30㎖, 소금Salt 약간, 후추Pepper 약간

1. 양송이는 깨끗이 씻어 곱게 다져준다.
2. 양파와 마늘은 곱게 다진다.
3. 달궈진 팬에 1의 양송이, 2의 양파, 마늘을 볶아준다.
4. 믹서기에 3의 볶은 양송이, 올리브오일을 넣고 갈아준다.
5. 4의 양송이 퓌레에 소금, 후추로 간한다.

33 Cooking

오렌지 드레싱(Orange Dressing)

오렌지Orange 1개, 오렌지주스Orange Juice 50㎖, 타임Thyme 10g, 레몬주스Lemon Juice 25㎖, 올리브오일Olive Oil 50㎖, 식초Vinegar 25㎖, 소금Salt 약간, 통후추Peppercorn 약간

1. 오렌지는 반으로 잘라, 일부는 즙을 내고 나머지는 외이지로 자른다.
2. 타임은 곱게 다진다.
3. 믹싱볼(Mixing Bowl)에 올리브오일, 식초를 섞어준 후 오렌지주스, 레몬주스를 넣고 저어준다.
4. 3의 오렌지 드레싱에 타임, 소금, 통후추로 간한다.

34 Cooking

오이 살사 드레싱(Cucumber Salsa Dressing)

오이Cucumber 200g, 양파Onion ¼개, 망고Mango ½개, 마늘Garlic 1개, 올리브오일Olive Oil 20㎖, 식초Vinegar 20㎖, 레몬주스Lemon Juice 10㎖, 타임Thyme 5g, 차이브Chive 5g, 소금Salt 약간, 통후추Peppercorn 약간

1. 마늘, 양파는 곱게 다져놓는다.
2. 오이, 망고는 껍질을 벗긴 후 스몰다이스로 썰어준다.
3. 타임, 차이브는 곱게 다져준다.
4. 믹싱볼(Mixing Bowl)에 올리브오일, 식초, 레몬주스를 넣고 섞어준다.
5. 4의 내용물에 1의 양파, 마늘, 2의 오이, 망고 3의 타임, 차이브를 넣고 혼합해준다.
6. 5의 오이 살사에 소금, 통후추로 간한다.

35 Cooking

아보카도 퓌레 드레싱(Avocado Puree Dressing)

아보카도Avocado 2개, 백포도주White Wine 20㎖, 소금Salt 약간, 설탕Sugar 약간

1. 아보카도는 껍질을 벗긴 후, 파인 브뤼누아즈로 썰어 끓는 물에 데친다.
2. 1의 아보카도를 믹서기에 곱게 갈아 채에 내린다.
3. 2의 아보카도에 소금, 설탕으로 간한다.

36 Cooking

와사비 드레싱(Wasabi Dressing)

와사비Wasabi 10g, 마요네즈Mayonnaise 10g, 레몬주스Lemon Juice 20㎖, 백포도주White Wine 20㎖, 올리브오일Olive Oil 10㎖, 소금Salt 약간, 후추Pepper 약간

1. 미지근한 물에 와사비를 섞어 따뜻한 곳에서 발효시켜 식힌다.
2. 믹싱볼(Mixing Bowl)에 1의 와사비와 마요네즈, 레몬주스, 백포도주, 올리브오일을 넣고 거품기로 저어준다.
3. 2의 와사비 드레싱에 소금, 후추를 넣고 간한다.

37 Cooking

요거트 바질 드레싱(Yogurt Basil Dressing)

바질Basil 30g, 플레인요거트Plain Yogurt 1개, 마늘Garlic 10g, 잣Pine Nut 10g, 올리브오일Olive Oil 30㎖, 파마산치즈Parmesan Cheese 5g, 소금Salt 약간, 후추Pepper 약간

1. 바질은 줄기 부분을 제거한 후 깨끗이 씻는다.
2. 믹서기에 마늘, 잣, 올리브오일, 파마산치즈를 넣어 곱게 갈아준다.
3. 2의 갈은 바질은 고운체에 거른다.
4. 믹싱볼(Mixing Bowl)에 3의 바질과 플레인요거트를 섞어 소금, 후추로 간한다.

38 Cooking

유자 드레싱(Citron Dressing)

유자청Citron 50g, 양파Onion 20g, 타임Thyme 5g, 꿀Honey 5㎖, 플레인요거트Plain Yogurt 20g, 레몬주스Lemon Juice 20㎖, 설탕Sugar 약간

1. 양파는 껍질을 벗겨 다이스로 잘라 믹서기에 곱게 갈아준다.
2. 타임은 곱게 다져준다.
3. 믹싱볼(Mixing Bowl)에 유자청, 1의 양파, 꿀, 플레인요거트, 레몬주스를 넣고 섞어준다.
4. 3의 유자 드레싱에 설탕으로 간하고 다진 타임을 곁들인다.

39 Cooking

유자 폰즈 드레싱(Citron Ponjeu Dressing)

유자청Citron 50g, 다시마 가스오부시 육수Tangle Gasobusi Stock 100㎖, 간장Soy 75㎖, 식초Vinegar 50㎖, 레몬주스Lemon Juice 50㎖, 설탕Sugar 25g

1. 다시마 가스오부시는 물을 붓고 끓여 육수를 만든다.
2. 1의 다시마 가스오부시 육수, 간장, 식초, 설탕을 넣고 약한 불에서 반으로 졸여준다.
3. 믹싱볼(Mixing Bowl)에 유자청, 2의 졸인 간장, 레몬주스를 넣고 섞어준다.

40

이탈리안 드레싱(Italian Dressing)

토마토Tomato ½개, 양파Onion 100g, 마늘Garlic 20g, 레몬Lemon ½개, 블랙 올리브Black Olive 30g, 딜Dill 5g, 붉은 고추Red Pepper 50g, 붉은 파프리카Red Paprika 20g, 레몬주스Lemon Juice 20㎖, 올리브오일Olive Oil 50㎖, 식초Vinegar 20㎖, 디존 머스터드Dijon Mustard 5g, 백포도주White Wine 10㎖, 소금Salt 약간, 후추Pepper 약간

1. 양파, 마늘은 곱게 다져놓는다.
2. 토마토는 끓는 물에 데쳐 껍질을 벗겨 씨를 제거한 후, 토마토 콩카세한다.
3. 레몬은 깨끗이 씻어 껍질을 벗겨 흰 부분을 제거하고 잘게 다져놓는다.
4. 붉은 파프리카, 붉은 고추, 블랙 올리브는 잘게 다져놓는다.
5. 믹싱볼(Mixing Bowl)에 올리브오일, 식초, 레몬주스, 디존 머스터드를 넣어 거품기로 저어준다.
6. 5의 내용물에 1의 다진 양파, 마늘, 2의 토마토 콩카세, 3의 레몬, 4의 야채를 넣고 소금, 후추로 양념한다.

41

적포도주 드레싱(Red Wine Dressing)

적포도주 식초Red Wine Vinegar 150㎖, 양파Onion, 30g, 마늘Garlic 20g, 레몬Lemon ½개, 레몬주스Lemon Juice 20㎖, 타임Thyme 5g, 로즈마리Rosemary 5g, 올리브오일Olive Oil 100㎖, 소금Salt 약간, 통후추Peppercorn 약간

1. 마늘, 양파는 잘게 다져놓는다.
2. 로즈마리, 타임은 곱게 다진다.
3. 믹싱볼(Mixing Bowl)에 적포도주 식초, 올리브오일, 레몬주스를 넣어 거품기로 저어준 후 1의 양파, 마늘을 넣고 섞어준다.
4. 3의 내용물에 2의 다진 로즈마리, 타임을 넣고 통후추, 소금으로 간한다.

42

들깨 드레싱(Perilla Seeds Dressing)

들깨Perilla Seed 50g, 들기름Perilla Oil 25㎖, 마요네즈Mayonnaise 30g, 레몬주스Lemon Juice 25㎖, 식초Vinegar 50㎖, 설탕Sugar 25g, 소금Salt 약간

1. 들깨는 믹서기에 곱게 갈아준다.
2. 믹싱볼(Mixing Bowl)에 들기름, 식초, 레몬주스, 마요네즈를 넣고 거품기로 저어 섞어준다.
3. 2의 내용물에 갈은 1의 들깨가루를 넣고 섞어준 후 설탕, 소금으로 간한다.

43 Cooking

채소 오일 드레싱(Vegetable Oil Dressing)

토마토Tomato ½개, 양파Onion 30g, 마늘Garlic 10g, 붉은 파프리카Red Paprika 20g, 노란 파프리카Yellow Paprika 20g, 타임Thyme 5g, 딜Dill 5g, 식초Vinegar 30㎖, 레몬주스Lemon Juice 30㎖, 올리브오일Olive Oil 50㎖, 소금Salt 약간, 후추Pepper 약간, 설탕Sugar 약간

1. 양파, 마늘은 잘게 다져놓는다.
2. 타임, 딜은 곱게 다져준다.
3. 토마토, 붉은 파프리카, 노란 파프리카는 잘게 다져놓는다.
4. 믹싱볼(Mixing Bowl)에 올리브오일, 식초, 레몬주스를 넣어 거품기로 저어준다.
5. 4의 내용물에 1의 다진 양파와 마늘, 2의 허브, 3의 채소를 넣고 소금, 후추로 간한다.

44 Cooking

매운 칠리 드레싱(Spicy Chili Dressing)

스위트 칠리Sweet Chili 20g, 스리라차 칠리소스Three Racha Chili Sauce 20g, 고수Coriander 10g, 백포도주White Wine 10㎖, 마늘Garlic 2g, 양파Onion 30g, 설탕Sugar 25g

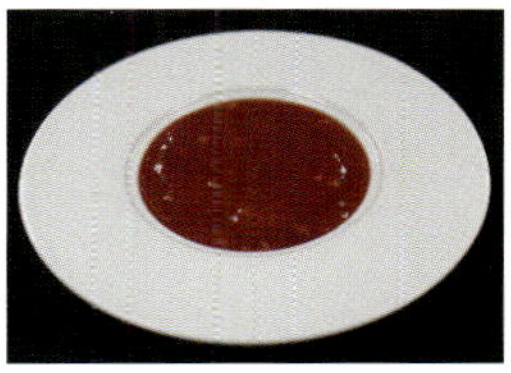

1. 양파, 마늘은 곱게 다져놓는다.
2. 고수는 작게 다져놓는다.
3. 믹싱볼(Mixing Bowl)에 스위트 칠리소스, 스리라차 칠리, 1의 마늘, 양파, 2의 고수를 넣고 섞어준다.
4. 3의 매운칠리 드레싱에 설탕으로 간한다.

45 Cooking

칵테일소스 드레싱(Cocktail Sauce Dressing)

토마토케첩Tomato Ketchup 30g, 홀스래디쉬Horseradish 10g, 젤라페노페퍼Jalapeno the Peppers 10g, 양파Onion 100g, 타바스코Tabasco 5g, 핫소스Hot Sauce 5g, 브랜디Brandy 5㎖, 레몬주스Lemon Juice 20㎖, 올리브오일Olive Oil 20㎖

1. 젤라페노페퍼와 양파는 곱게 다져준다.
2. 믹싱볼(Mixing Bowl)에 토마토케첩, 홀스래디쉬, 1의 젤라페노페퍼, 양파를 넣고 섞어준다.
3. 2의 내용물에 핫소스, 타바스코, 올리브오일, 레몬주스, 브랜디로 간한다.

46 Cooking

크레숑 마요 드레싱(Cresson Mayo Dressing)

크레숑Cresson 100g, 마요네즈Mayonnaise 30g, 백포도주White Wine 20㎖, 레몬주스Lemon Juice 10㎖, 올리브오일Olive Oil 50㎖, 소금Salt 약간, 후추Pepper 약간

1. 크레숑은 손질하여 깨끗이 씻은 후 끓는 물에 데친다.
2. 믹서기에 1의 크레숑을 곱게 갈아 고운체에 내린다.
3. 믹싱볼(Mixing Bowl)에 갈은 2의 크레숑, 마요네즈, 올리브오일을 넣고 섞어준다.
4. 3의 크레숑 마요 드레싱에 레몬주스, 소금, 후추로 간한다.

47 Cooking

시금치 퓌레 드레싱(Spinach Puree Dressing)

시금치Spanish 200g, 백포도주White Wine 20㎖, 소금Salt 약간, 후추Pepper 약간, 파슬리Parsley 5g

1. 시금치는 줄기를 다듬어 깨끗이 씻은 후 끓는 물에 데쳐 식힌다.
2. 믹서기에 1의 시금치와 파슬리를 곱게 갈아 고운체에 내린다.
3. 2의 시금치 퓌레에 소금, 후추로 간한다.

48 Cooking

키위 드레싱(Kiwi Dressing)

키위Kiwi 1개, 양파Onion 40g, 꿀Honey 5㎖, 올리브오일Olive Oil 75㎖, 식초Vinegar 50㎖, 설탕Sugar 25g, 소금Salt 10g

1. 키위는 껍질을 벗겨 다이스로 자른다.
2. 믹서기에 1의 키위, 양파, 꿀, 레몬주스, 올리브오일, 식초를 넣고 곱게 갈아준다.
3. 2의 키위 드레싱에 설탕, 소금으로 간한다.

49 Cooking

토마토 살사 드레싱(Tomato Salsa Dressing)

토마토Tomato 20개, 양파Onion ½개, 마늘Garlic 1개, 붉은 파프리카Red Paprika 20g, 노란 파프리카Yellow Paprika 20g, 올리브오일Olive Oil 20㎖, 식초Vinegar 50㎖, 레몬주스Lemon Juice 50㎖, 바질Basil 5g, 오레가노Oregano 5g, 소금Salt 약간, 후추Pepper 약간, 설탕Sugar 약간

1. 마늘, 양파는 곱게 다져놓는다.
2. 토마토는 끓는 물에 데쳐 껍질을 벗긴 후, 콩카세로 썰어놓는다.
3. 붉은 파프리카, 노란 파프리카는 스몰다이스로 썰어놓는다.
4. 믹싱볼(Mixing Bowl)에 올리브오일, 식초, 레몬주스를 넣고 골고루 섞어지게 저어준다.
5. 4의 내용물에 1의 양파, 마늘, 2의 토마토, 3의 파프리카를 넣고 혼합해준다.
6. 5의 토마토 살사에 소금, 설탕, 후추로 간한다.

50 Cooking

토마토 퓌레 드레싱(Tomato Puree Dressing)

토마토Tomato 20개, 토마토 홀Whole Tomato 100g, 양파Onion ½개, 마늘Garlic 1개, 올리브오일Olive Oil 20㎖, 바질Basil 5g, 오레가노Oregano 5g, 소금Salt 약간, 후추Pepper 약간, 설탕Sugar 약간

1. 양파와 마늘은 곱게 다져놓는다.
2. 토마토는 끓는 물에 데쳐 껍질을 벗긴 후 다이스로 썰어놓는다.
3. 믹서기에 1의 마늘, 양파, 2의 토마토, 토마트 홀을 넣고 혼합한다.
4. 3의 토마토 퓌레에 바질, 올리브오일, 오레가노, 소금, 후추, 설탕으로 간한다.

51 Cooking

매콤한 데리야끼소스 드레싱(Spicy Sauce Causing Derry Dressing)

간장Soy 100㎖, 붉은 청양고추Chungyang Red Pepper 1개, 굵은 고춧가루Thick Red Pepper Powder 5g, 레몬주스Lemon Juice 25㎖, 맛술Cooking Wine 25㎖, 다시마케첩 육수Tangle Gasobusi Stock 25㎖, 설탕Sugar 50g, 후추Pepper 약간

1. 청양고추는 반으로 잘라 씨를 제거한다.
2. 자루냄비(Pot)에 간장, 레몬주스, 맛술, 다시마 육수, 설탕을 넣고 ⅔ 분량으로 중간불에서 끓인다.
3. 2의 졸인 간장을 고운체에 걸러준다.

52 Cooking

파프리카 쿨리 드레싱(Paprika Coolie Dressing)

붉은 파프리카Red Paprika 80g, 주황 파프리카Orange Paprika 60g, 마늘 Garlic 5g, 양파Onion 20g, 백포도주 White Wine 20㎖, 채소 스톡Vegetable Stock 200㎖, 소금Salt 약간, 후추Pepper 약간

1. 양파, 마늘은 잘게 다져놓는다.
2. 붉은 파프리카, 주황 파프리카는 반으로 썰어 씨를 제거한 후, 다이스로 썰어놓는다.
3. 자루냄비(Pot)에 1의 양파, 마늘, 2의 파프리카 순으로 볶은 후, 백포도주를 넣어 졸인다.
4. 3의 내용물에 채소 스톡(Vegetable Stock)을 넣고 충분히 끓인다.
5. 4의 끓인 파프리카를 믹서기에 넣고 곱게 갈아준 후 고운체에 내린다.
6. 자루냄비(Pot)에 5의 파프리카 쿨리(Paprika Coolie)를 넣고 다시 한 번 끓여 소금, 후추로 간한다.

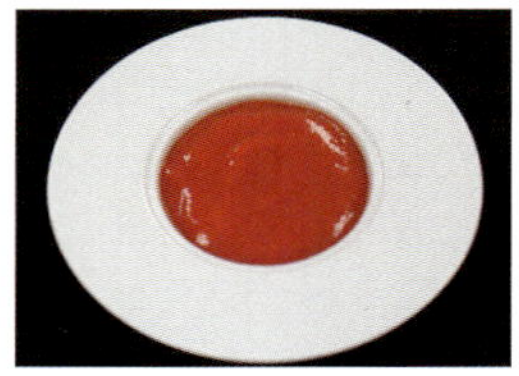

53 Cooking

포메리 머스터드 드레싱(Pommery Mustard Dressing)

포메리 머스터드Pommery Mustard 50g, 마요네즈Mayonnaise 70g, 머스터드Mustard 50g, 허니 머스터드Honey Mustard 30g, 레몬주스Lemon Juice 20㎖, 양파Onion 50g, 후추Pepper 약간

1. 양파는 껍질을 벗긴 후 곱게 갈아준다.
2. 믹싱볼(Mixing Bowl)에 1의 양파, 포메리 머스터드, 마요네즈, 머스터드, 허니 머스터드를 넣고 혼합해준다.
3. 2의 포메리 머스터드 드레싱(Pommery Mustard Dressing)에 소금, 후추로 간한다.

54 Cooking

글라스드 비안드소스 드레싱(Glazed Meat Sauce Dressing)

소고기Beef Meat 1㎏, 양파Onion 100g, 토마토Tomato 200g, 당근Carrot 100g, 샐러리Celery 100g, 소고기뼈Beef Bone 300g, 토마토 페이스트Tomato Paste 20g, 데미글라세Demi Glace 30㎖, 월계수잎Bay Leaf 2잎, 부케가르니Bouquet Garni 1개, 타임Thyme 5g, 타라곤Tarragon 5g, 소금Salt 약간, 후추Pepper 약간

1. 양파, 당근, 샐러리는 줄리엔으로 썰어 볶아준다.
2. 소고기 부분과 소고기뼈는 팬에 갈색이 나게 볶는다.
3. 1의 채소 2의 내용물을 함께 볶아 색을 낸 후, 토마토 페이스트를 넣고 볶아준다.
4. 3의 내용물에 적포도주를 넣어 ½ 정도 졸여준 후 데미글라세, 월계수잎, 타임, 타라곤을 넣어 끓여준다.
5. 4에 소고기 육수를 넣어 졸인 후, 체에 걸러 약한 불에서 끓이면서 거품을 걷어내고 소금, 후추로 간한다.

55

잣, 마늘 드레싱(Pine Nut Dressing)

잣Pine Nut 20g, 파슬리Pasley 5g, 차이브Chive 5g, 올리브오일Olive Oil 50㎖, 식초Vinegar 20㎖, 레몬주스Lemon Juice 20㎖, 소금Salt 약간, 후추Pepper 약간, 설탕Sugar 약간

1. 잣은 잘게 다져놓는다.
2. 파슬리는 잘게 다진 후, 면포에 싸서 물에 씻어 물기를 제거한다.
3. 차이브는 잘게 다져놓는다.
4. 믹싱볼(Mixing Bowl)에 올리브오일, 식초, 레몬주스를 넣어 거품기로 충분히 저어준다.
5. 4의 내용물에 1의 잣, 2의 파슬리, 3의 차이브를 넣고 소금, 후추로 양념한다.

56

프렌치 드레싱(French Dressing)

디존 머스터드Dijon Mustard 10g, 올리브오일Olive Oil 50㎖, 레몬주스Lemon Juice 25㎖, 화이트와인 식초White Wine Vinegar 25㎖, 바질Basil 5g, 설탕Sugar 약간, 소금Salt 약간, 후추Pepper 약간

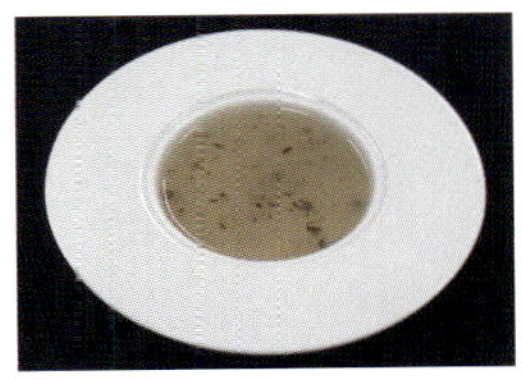

1. 바질은 곱게 슬라이스한다.
2. 믹싱볼(Mixing Bowl)에 디존 머스터드, 올리브오일, 화이트와인 식초, 레몬주스를 넣고 섞어준다.
3. 2의 프렌치 드레싱에 설탕, 소금, 후추로 간한다.

57

타임 요거트 드레싱(Thyme Yogurt Dressing)

플레인요거트Plain Yogurt 120㎖, 사워크림Shower Cream 100g, 타임Thyme 10g, 딜Dill 2g, 올리브오일Olive Oil 30㎖, 레몬주스Lemon Juice 10㎖, 설탕Sugar 약간, 소금Salt 약간

1. 타임과 딜은 깨끗이 씻어 손질하여 곱게 다져준다.
2. 믹싱볼(Mixing Bowl)에 1의 허브와 플레인요거트, 사워크림, 올리브오일을 넣고 섞어준다.
3. 2의 내용물에 설탕, 소금으로 간한다.

58

허브 레몬 드레싱(Herb Lemon Dressing)

타임Thyme 10g, 로즈마리Rosemary 10g, 타라곤Tarragon 5g, 양파Onion 30g, 마늘Garlic 10g, 식초Vinegar 35㎖, 레몬주스Lemon Juice 35㎖, 올리브오일Olive Oil 70㎖, 소금Salt 약간, 흰후추White Pepper 약간

1. 타임, 로즈마리, 타라곤은 잘게 다져놓는다.
2. 양파, 마늘을 잘게 다져놓는다.
3. 믹싱볼(Mixing Bowl)에 올리브오일, 식초, 레몬주스를 넣고 거품기로 천천히 저어준다.
4. 3의 내용물에 1의 다진 허브, 2의 양파, 마늘을 넣고 섞은 후 소금, 후추로 간한다.

59

홀스래디쉬 드레싱(Horseradish Dressing)

홀스래디쉬Horseradish 100g, 사워크림Shower Cream 40g, 양파Onion 30g, 레몬주스Lemon Juice 20㎖, 휘핑크림Whipping Cream 40㎖, 백포도주White Wine 10㎖

1. 양파는 껍질을 벗겨 곱게 갈아준다.
2. 홀스래디쉬는 체에 걸러 물기를 제거한다.
3. 휘핑크림은 거품기로 저어 되직하게 휘핑해 둔다.
4. 믹싱볼(Mixing Bowl)에 1의 갈은 양파, 2의 홀스래디쉬, 3의 휘핑크림을 넣고 섞어준다.
5. 홀스래디쉬 드레싱에 레몬주스, 백포도주로 농도를 맞춘다.

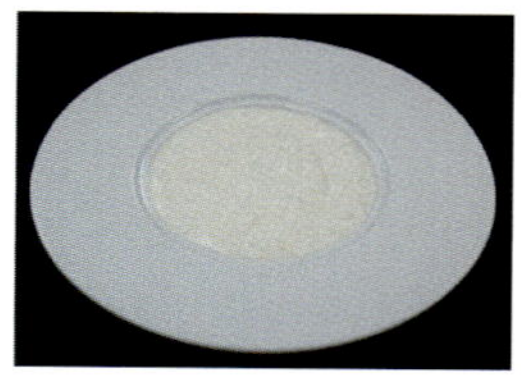

60

홍시 드레싱(Ripe Persimmon Dressing)

홍시Ripe Persimmon 200g, 올리브오일Olive Oil 30㎖, 감식초Persimmon Vinegar 20㎖, 설탕Sugar 25g, 꿀Honey 10g, 소금Salt 약간

1. 홍시는 껍질을 벗긴 후, 믹서기에 곱게 갈아준다.
2. 믹싱볼(Mixing Bowl)에 1의 갈은 홍시에 올리브오일, 감식초를 조금씩 첨가하면서 저어준다.
3. 2의 내용물에 설탕, 꿀, 소금으로 간한다.

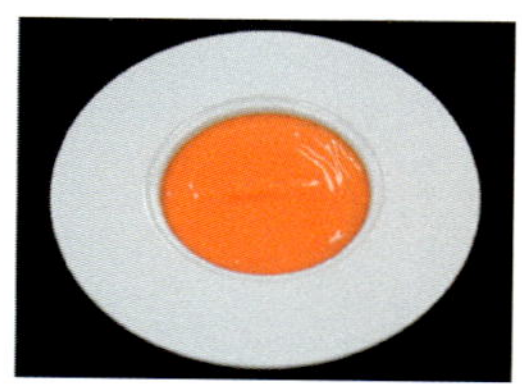

61 비트 사과 드레싱(Beet Apple Dressing)

비트Beet 200g, 식초Vinegar 40㎖, 설탕Sugar 30g, 사과Apple 50g, 레몬주스Lemon Juice 40㎖, 올리브오일Olive Oil 20㎖, 소금Salt 약간

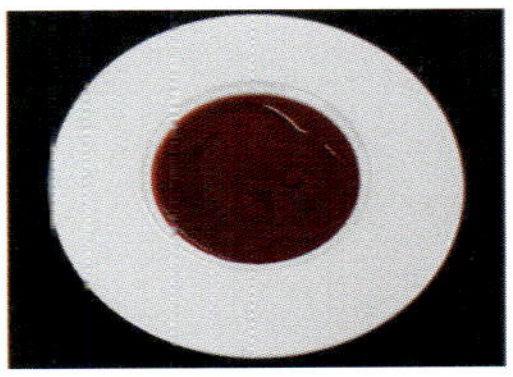

1. 비트는 껍질을 벗겨 다이스로 썰어놓는다.
2. 자루냄비(Pot)에 1의 비트, 레몬주스, 식초, 설탕을 넣고 완전히 익도록 삶아준다.
3. 믹서기에 2의 비트, 사과를 곱게 갈아 체에 내려준다.
4. 믹싱볼에 3의 갈은 비트, 사과에 올리브오일을 넣고 혼합해준다.
5. 4의 비트, 사과 드레싱에 설탕, 소금으로 간한다.

62 채소 토마토 젤리 드레싱(Vegetable Tomato Jelly Dressing)

토마토주스Tomato Juice 200㎖, 토마토Tomato 50g, 오이Cucumber 50g, 망고Mango 50g, 젤라틴Gelatin 10g, 레몬주스Lemon Juice 20㎖, 소금Salt 약간, 설탕Sugar 약간

1. 토마토는 끓는 물에 데쳐 껍질을 벗겨 스몰다이스로 자른다.
2. 오이, 망고는 껍질을 벗겨 토마토 크기로 잘라놓는다.
3. 토마토주스는 소창에 걸러 젤라틴을 녹여 넣고 냉장고에서 식힌다.
4. 3의 토마토 젤리에 1의 토마토, 2의 오이, 망고를 넣고 섞어준다.

GARDE MANGER COOKING

PART 3

New International
GARDE
MANGER
Cooking

Hors D'Oeuvres

오르되브르(Hors D'Oeuvres)

프랑스에서 오르되브르(Hors D'Oeuvres)의 의미는 'Main Work' 또는 'Main Object(본 작품)'이며, 글자 그대로 번역하면 '과외작업(Out Side of Work)'이다. 즉 주식과는 다른 음식이라는 뜻이 내포되어 있다. 사전적 의미인 '식사 전'으로 해석해 보면 식사 전이나 리셉션처럼 식사가 제공되지 않을 때의 식사와 분리되는 음식을 의미하기도 한다. 또한 다양한 색채를 부여하여 예쁘면서도 간단하게 만들어 여러 가지에서 선택할 수 있게 해야 하며, 한 입에 들어갈 수 있게 작은 사이즈로 만들어 포크나 나이프를 사용하지 않아도 되고 손에 묻지 않게 깔끔해야 한다.
이탈리아에서는 오르되브르라는 말이 안티파스토(Antipasto)로 사용된다. 미국에서는 오르되브르가 핫 애피타이저로 사용되며, 카나페는 한 입에 먹을 수 있는 작은 사이즈의 찬 애피타이저라는 의미도 있다. 스페인에서 쓰이는 오르되브르인 타파스(Tapas)란 막대기 음식으로 전통적인 방식으로 파생되었다.
스칸디나비아에서는 뜨겁거나 차가운 요리(청어, 치즈, 피클 등)를 뷔페의 특별한 음식으로 전시하였다. 오늘날 세계의 조리사들은 작은 스푼이나 작은 접시, 뾰족한 목재 등을 이용하기도 하며, 현대의 오르되브르는 사용하는 방법들이 매우 다양하게 변해가고 있다.
영어권에서는 '애피타이저', 북유럽에서는 '스모가스보드', 중국에서는 '랭판', 러시아에서는 '자쿠스키'라고 한다. 육류, 해산물, 채소류, 가금류를 차게 또는 따뜻하게 해서 식사 순서에 처음이나 술 다음에 내놓는 음식으로, 먹기 좋고 주요리에 균형이 잡히게 하며, 짠맛 또는 신맛으로 인해 위액의 분비를 촉진한다. 또한 차가운 요리에 많이 사용되는데, 생으로 먹는 파마햄, 로스트햄, 프레스햄 등이 있다. 더운 요리로는 로스트햄이나 본레스햄 등을 두껍게 썰어 바비큐로 조리하여 스테이크로 만들기도 한다.
가금류를 이용한 오르되브르는 꿩(Pheasant), 오리(Duck), 거위(Goose), 닭(Chicken) 등을 부위별로 이용하여, 허브나 향신료를 첨가해 훈제(Smoked), 로스트(Roasted), 테린(Terrine) 등의 조리법을 이용하여 만들었다. 이 중 대표적인 오르되브르는 푸아그라(Foie-gras)로, 옛날 알자스 지방에 살던 유대인이 오리와 거위 등을 키우다가 만들게 된 요리이다. 푸아그라는 세계 3대 요리로 꼽힐 정도로 고급 식재료에 속하며, 불어로는 '살찐 간 (Fat Liver)'이라는 뜻으로, 일반 오리나 거위를 키우는 것과 달리 거위를 사육하면서 사료를 강제로 먹인 후, 간을 비대하게 만들어 요리한 것이다. 푸아그라 요리법은 향신료를 첨가하여 포도주나 코냑 등에 담갔다가 굽거나 튀기는 조리법이 있다.
어패류를 이용한 오르되브르는 암컷의 알을 이용한 요리가 많은데, 영국에서는 대구알 훈제요리, 그리스의 타라모살라타(Taramosalata)라는 요리로 전통적으로 숭어알을 소금에 절여 향신료를 첨가하여 빵에 얹어서 먹는다.
그 중 대표적인 오르되브르는 캐비아(Caviar)로 세계 3대 요리 중 하나이며 철갑상어의 알로 만든 요리이다. 캐비아는 가공 처리하거나 소금에 절인 알을 뜻하는데, 철갑상어의 알은 벨루가(Beluga), 오세트라(Ossetra), 세브루카(Sevruga)로 크기나 색에 따라 종류가 나뉜다. 주요리에 곁들여 먹기도 하고, 빵에 얹거나 발라 먹는다.
오늘날 세계의 조리사들은 작은 스푼이나 작은 접시, 뾰족한 목재 등을 이용하기도 하며, 현대의 오르되브르는 사용하는 방법들이 매우 다양하게 변해가고 있다.

오르되브르의 역사(History of Hors D'Oeuvres)

오르되브르는 13세기에 마르코폴로(Marcopolo)가 중국을 여행하면서 중국의 냉채요리를 모방한 것이 이탈리아에서 프랑스로 건너가 발전되었다고 한다. 오르되브르(Hors D'Oeuvres)는 식전에 나오는 모든 요리를 총칭한다. Hors는 앞이라는 뜻이고, Oeuvres는 작업, 식사를 의미한다. 그 목적도 역시 식욕촉진에 있으며, 일반적으로 전채요리 정도로 해석되기도 하지만, 본래의 불어사전적 의미로는 주요리 코스 부분에서 제외되는 엑스트라 음식 정도로 직역이 된다. Hors D'Oeuvres란 용어는 주방에서 고정적으로 하나의 의미로 사용된 것으로 보여진다.

또한 영어로 애피타이저(Appetizer)이며 우리말로는 전채라고 하고, 이탈리아에서는 안티파스토(Antipasto)로 사용된다. 뉴욕주의 테리타문의 유명한 조리사인 키르슈는 오르되브르를 한 입 거리의 식사로 정의했다.

'매제(Mezzes)'로 알려져 있는 그리스의 작은 요리는 지중해 지역에서 생산되는 대중적인 올리브와 견과류 등을 사용하여 만든 오르되브르이다. 고기나 생선을 꼬치에 끼운 케밥(Kebab)처럼 풍미 있는 음식을 말한다.

카나페(Canape)

카나페란 '작은 빵'을 의미하며, 프랑스어로 '소파'라는 뜻인데, 이 단어는 정상적으로 빵의 기능을 높이기 위해 빵 위에 다양한 식재료를 자유자재로 사용하여 한 입 크기로 먹을 수 있게 만든 모양새 좋은 요리를 의미한다.

카나페의 원래 뜻은 '작은 빵조각'이지만, 현재는 빵조각 위에 적합한 식재료를 곁들임 하여 하나의 Appetizer 또는 Cocktail Party에서 간단히 즐길 수 있는 음식을 뜻한다.

일반적으로 많이 사용되는 식재료는 생선알, 앤초비, 야채, 살라미, 소시지, 거위간, 치즈, 굴, 캐비아, 훈제연어 등으로 사용하며, 마무리에는 젤라틴으로 발라주어 마르는 것을 방지하고 모양이 흐트러지지 않도록 하는 것이 좋다.

식빵을 작게 잘라서 구워 버터를 바르고 어패류, 육류, 치즈, 달걀 등 여러 가지 풍미 있는 식품을 단독으로 또는 혼합 조리하여 얹는데, 재료나 조리방법에 따라 여러 가지의 맛과 형태가 이루어진 것이 카나페라고 할 수 있다. 또한 카나페는 칵테일 파티나 양주의 안주로도 흔히 쓰이며, 간단한 식사 대용도 할 수 있다. 그러나 주로 오르되브르와 파티용을 전제로 하기 때문에, 맛도 중요하지만 모양이 작고 아름다워야 하며 집어먹기 편하게 만들어야 한다.

카나페는 작은 사이즈의 뜨겁거나 차가운 형태의 오픈 페이스트 샌드위치를 바탕으로 하고 있고, 토스트 한 빵으로부터 다른 종류와 형태로 변화를 줄 수가 있다. 또 장시간 동안 보기 좋고 신선한 상태의 모양을 유지하려면 항상 아스픽 처리를 하는 것도 잊지 말아야 한다.

카나페는 만드는 사람의 창작성과 응용성이 매우 필요한 요리이기 때문에, 다양한 요리방법과 재료의 특성을 알아야 훌륭한 카나페를 만들 수 있다. 그리고 카나페는 다른 음식에 비하여 손이 많이 가기 때문에, 많은 인원의 조리사가 함께 카나페를 준비하여 만들어야 한다.

Assorted Bruschetta Dish

모듬 브루스케타

Assorted Bruschetta Dish

Ingredients

감자Potato 100g
브로콜리Broccoli 50g
우유Milk 30㎖
삼색바게트Baguette 1개
휘핑크림Whipping Cream 20㎖
타임Thyme 2g
사과Apple 80g
망고Mango 50g
아보카도Avocado 20g
마요네즈Mayonnaise 10g
사워크림Sour Cream 5g
표고버섯Shiitake Mushroom 50g
양송이버섯Button Mushroom 50g
올리브오일Olive Oil 30㎖
마늘Garlic 5g
아메리칸치즈American Cheese 10g
양파Onion 20g
블루베리Blueberry 10g
방울토마토Cherry Tomato 1개
프리제Frisee 5g
래디쉬Radish 5g
레드소렐Red Sorrel 5g
플레인요거트Plain Yogurt 10g
딜Dill 2g
레몬주스Lemon Juice 10㎖
소금Salt 약간
후추Pepper 약간
설탕Sugar 약간

Preparation

1 세 가지 바게트(오징어 먹물, 녹차, 달걀)는 5㎜ 두께로 둥글게 자른다
2 1의 세 가지 바게트에 마늘과 오일을 바른 후 예열된 180℃ 오븐에 노릇하게 굽는다.
3 감자는 호일에 감싸 예열된 180℃ 오븐에서 구워 고운체에 내린다.
4 브로콜리는 끓는 물에 데쳐 싹 부분을 손질하여 3의 감자와 소금, 후추로 간하여 섞어준다.
5 구운 오징어 먹물 바게트에 4의 감자를 짤주머니에 넣어 짜준다.
6 사과와 망고는 껍질을 벗겨 스몰다이스로 자른다.
7 6의 다이스한 사과, 망고에 마요네즈, 소금, 설탕으로 간하여 버무린다.
8 구운 녹차 바게트에 7의 버무린 사과, 망고를 둥근 모양으로 올린다.
9 표고버섯과 양송이, 마늘은 곱게 다져 팬에 볶아 소금, 후추로 간한다.
10 구운 바게트 위에 9의 볶은 버섯을 퀸넬 모양으로 담는다.

Cooking Terminology

바게트(Baguette)
겉면은 딱딱하고 안쪽은 부드러우며 가늘고 긴 프랑스의 대표적인 빵이다.

브루스케타(Bruschetta)
바게트빵 위에 과일, 치즈, 야채 등을 소스에 버무려 빵 위에 올려서 먹는 이탈리아 전채요리 중 하나이다.

Ricotta Cheese with Black Sesame

검정깨를 곁들인 리코타치즈

Ricotta Cheese with Black Sesame

Ingredients

리코타치즈Ricotta Cheese 150g
사워크림Sour Cream 20g
노란 파프리카Yellow Paprika 10g
검정깨Black Sesame 2g
시금치Spinach 50g
건살구Apricot Geon 2g
배Pear 30g
페퍼민트Pepper Mint 2g
젤라틴Gelatin 20g
사과Apple 20g
설탕Sugar 약간

Preparation

1 시금치는 끓는 물에 데친 후 찬물에 식혀 물기를 제거한다.
2 자루냄비(Pot)에 우유를 넣고 끓인 후, 끓어오를 때 식초를 넣게 되면 단백질 성분인 카제인(Casein)이 응고되는데, 이것을 치즈 클로스(Cheese Cloth)에 걸러 수분을 제거한다.
3 사과는 껍질을 벗겨 설탕과 레몬주스를 물에 혼합하여 담가두었다가 체에 걸러 수분을 제거한다.
4 노란 파프리카는 씨를 제거한 후 스몰다이스로 자른다.
5 스텐볼(Sten Bowl)에 2의 치즈와 검정깨, 3의 사과, 4의 노란 파프리카를 섞어 소금, 설탕으로 간하여 버무린다.
6 비닐을 잘라 펼쳐 1의 시금치를 가지런히 깔아준 후, 2의 치즈를 채워 둥글게 말아 냉장고에서 60분 정도 굳힌다.
7 6의 둥글게 말아놓은 리코타치즈를 2㎝ 길이로 비스듬하게 자른다.
8 접시에 배를 외이지로 잘라서 담고, 7의 리코타치즈를 얹어 담는다.
9 8의 리코타치즈에 건살구, 페퍼민트를 곁들인다.

Ingredients

리코타치즈(Ricotta Cheese)
유청(Whey)이라 불리는 우유를 가지고 치즈로 가공하는 과정에서 생긴 부산물을 주재료로 만든 비숙성 연질치즈이다. 지방함량은 20~30% 정도이며, 리코타치즈를 만들 때는 온도가 너무 높거나 유지방이 없는 우유는 잘 덩어리가 지지 않으므로 사용을 자제하고, 유지방함량이 높은 우유를 사용하는 것이 좋다.

Soft Polenta Potato Cake

부드러운 감자 폴렌타 케이크

Soft Polenta Potato Cake

Ingredients

폴렌타Polenta 60g
감자Potato 30g
완두콩Pea 20g
우유Milk 100㎖
아스파라거스Asparagus 1개
방울토마토Cherry Tomato 1개
먹물바게트Squid Ink's Baguette 10g
아보카도Avocado 20g
차이브Chive 2g
블랙올리브Black Olive 2g
처빌Chervil 2g
세몰리나Semolina 20g
올리브오일Olive Oil 10㎖
버터Butter 10g
후추Pepper 약간
소금Salt 약간

Preparation

1 감자는 껍질을 벗겨 슬라이스하여 끓는 물에 살짝 삶는다.
2 자루냄비(Pot)에 폴렌타, 우유, 버터를 넣고 끓인 후 1의 삶은 감자, 완두콩, 소금, 후추를 넣어 섞어준다.
3 파이팬에 버터를 바른 후 2의 폴렌타를 담아 예열된 150℃ 오븐에서 노릇하게 굽는다.
4 3의 구운 폴렌타를 한 입 크기로 잘라 데친 차이브로 묶는다.
5 오징어먹물 바게트는 비스듬하게 잘라 오븐에서 바싹하게 구워준다.
6 5의 오징어먹물 바게트 위에 데친 아보카도 슬라이스를 올리고 4의 폴렌타를 담는다.
7 6의 폴렌타에 방울토마토 슬라이스, 블랙올리브, 아스파라거스를 곁들인다.

Cooking Class Ingredients

폴렌타(Polenta)
옥수수가루 또는 보리가 주원료인 이탈리아 북부지방의 식재료이며, 과거에는 밀가루의 일종으로 만들어 먹던 것이 현재까지 남아 변모하고 굳어진 것이라고 한다.

Salmon Roll Spreaded with Mascarpone Cheese

마스카르포네치즈를 발라 말은 연어롤

Salmon Roll Spreaded with Mascarpone Cheese

Ingredients

훈제연어Smoked Salmon 100g
마스카르포네치즈Mascarpone Cheese 40g
애호박Zucchini 50g
단호박Sweet Pumpkin 100g
블랙올리브Black Olive 2g
홀스래디쉬Horseradish 20g
레몬주스Lemon Juice 10㎖
휘핑크림Whipping Cream 10㎖
처빌Chervil 2g
방울토마토Cherry Tomato 1개
크림치즈Cream Cheese 20g
후추Pepper 약간
소금Salt 약간

Preparation

1 애호박은 얇게 슬라이스하여 끓는 물에 데친 후 찬물에 식힌다.
2 훈제연어는 2㎝ 두께로 잘라 딜, 설탕, 통후추, 백포도주로 마리네이드한다.
3 단호박은 삶아 고운체에 내려 설탕으로 간한다.
4 비닐 위에 1의 데친 애호박을 가지런히 펼친 후 마스카르포네치즈를 발라준다.
5 4의 애호박에 2의 마리네이드한 연어를 놓고 둥글게 말아준다.
6 접시에 3의 단호박을 짜준 후 5의 연어를 얹는다.
7 6의 담은 연어 위에 마스카르포네치즈와 방울토마토 슬라이스, 처빌로 가니쉬한다.

Cooking Class Ingredients

훈제연어(Smoked Salmon)
훈제연어는 북유럽의 노르웨이, 스칸디나비아, 알래스카, 일본의 홋카이도 등에 많이 서식하며, 민물에서 태어나 바다로 이동한 다음 산란기에 민물로 돌아오는 회귀성 어종이다. 훈제연어는 소금에 절인 연어를 연기에 익혀 말리면서 그 연기의 성분이 흡수되어 향미나 풍미가 뛰어나며 방부성이 있어 오래 저장할 수 있다는 특징이 있다.

Fresh Relish

신선한 렐리시

Fresh Relish

Ingredients

꼬마당근Baby Carrot 60g
샐러리Celery 60g
오이Cucumber 60g
아스파라거스Asparagus 60g
붉은 파프리카Red Paprika 30g
무Turnip 60g

마요네즈Mayonnaise 10g
레몬주스Lemon Juice 20㎖
사워크림Sour Cream 10g
설탕Sugar 10g
차이브Chive 10g
처빌Chervil 2g

Preparation

1. 꼬마당근은 깨끗이 씻어 껍질을 벗겨 길게 손질한다.
2. 아스파라거스는 껍질을 벗겨 잘라 끓는 물에 데친다.
3. 샐러리와 무, 오이는 껍질을 벗겨 길게 손질한다.
4. 마요네즈와 사워크림, 레몬주스, 백포도주, 설탕을 섞어 소스를 단든다.
5. 붉은 파프리카는 얇게 슬라이스하여 찬물에 담근 후 채소와 함께 곁들인다.
6. 유리볼에 여러 가지 채소를 꽂아준 후, 가니쉬로 붉은 파프리카틑 올리고 딥소스를 따로 담아 곁들인다.

Cooking Terminology

렐리시(Relish)
각종 채소를 식사 전이나 식사 시 제공되는 음식이며, 가니쉬나 주스로 주로 서브된다. 음식의 맛, 풍미, 조미료, 양념 등의 뜻을 가지고 있다.

Three Kinds of Cheese Skewers

세 가지 치즈 꼬치

Three Kinds of Cheese Skewers

Ingredients

마스카르포네치즈Mascarpone Cheese 50g
리코타치즈Ricotta Cheese 50g
크림치즈Cream Cheese 50g
검정깨Black Sesame 10g
파프리카Paprika 10g
아몬드슬라이스Armond Slice 10g
휘핑크림Whipping Cream 10㎖
사워크림Sour Cream 10g
설탕Sugar 약간

Preparation

1 크림치즈는 사워크림과 설탕을 넣고 골고루 섞어 둥근 모양으로 만든다.
2 1의 둥근 크림치즈에 파프리카 파우더를 묻힌다.
3 마스카르포네치즈는 사워크림과 휘핑크림, 설탕을 넣고 섞어 둥글게 만든다.
4 3의 마스카르포네치즈에 검정깨를 거칠게 다져 묻힌다.
5 리코타치즈는 사워크림과 휘핑크림, 설탕을 넣고 섞어 둥글게 만든다.
6 5의 리코타치즈에 볶은 아몬드슬라이스를 묻힌다.
7 꼬치에 크림치즈와 마스카르포네치즈, 리코타치즈 순으로 끼워준다.

Cooking Terminology

알 라 브로쉐(A La Brache)
꼬챙이에 고기와 채소를 끼워 만든 요리의 일종이다.

Prosciutto Ham Served with Melon

메론을 곁들인 프로슈토 햄

Prosciutto Ham Served with Melon

Ingredients

프로슈토 햄Prosciutto Ham 50g
메론Melon 80g
후레쉬 모차렐라치즈Fresh Mozzarella Cheese 20g
포도Grape 10g
크래커Cracker 2개
래디쉬Radish 10g

Preparation

1. 프리제는 깨끗이 씻어 물기를 제거한다.
2. 메론은 껍질을 벗겨 얇게 슬라이스 한다.
3. 프로슈토 햄을 냉동고에서 살짝 얼려서 슬라이스하면 얇게 슬라이스 할 수 있다.
4. 래디쉬는 가늘게 채 썰어 찬물에 담군다.
5. 접시에 1의 프리제를 담고 2의 슬라이스 한 메론과 3의 프로슈토 햄을 담는다.
6. 프레쉬 모차렐라치즈와 포도, 래디쉬를 곁들인다.

Cooking Class Ingredients

프로슈토 햄(Prosciutto Ham)
프로슈토(Prosciutto)는 '완전히 건조된(Dried Thoroughly)'의 뜻을 가진 라틴어 '페렉스숙툼(Perex-suctum)'과 이탈리아어 '프로슈가토(Prosciugato)'에서 유래된 단어로, 돼지 뒷다리를 통째로 절여 바람에 말리는 과정을 걸쳐 생산한 대표적인 햄의 종류이다. 이탈리아 햄은 원산지인 도시나 지역의 명칭에 따라 햄의 이름이 지어지며, 프로슈토 햄은 얇게 썬 상태로 먹는 것이 가장 좋고, 멜론과 같이 첫 번째 코스요리에 제공되면 좋다.

Rolled up Roasted Beef Filled with Winter Mushroom

팽이버섯을 채워 말은 소고기구이

Rolled up Roasted Beef Filled with Winter Mushroom

Ingredients

소고기등심Ribs of Beef 150g
적근대Red Beet 10g
팽이버섯Winter Mushroom 20g
표고버섯Shiitake Mushroom 10g
머스터드Mustard 20g
차이브Chive 5g
올리브오일Olive Oil 10㎖

타임Thyme 2g
로즈마리Rosemary 2g
마늘Garlic 2g
통후추Peppercorn 약간
소금Salt 약간
후추Pepper 약간

Preparation

1 로즈마리, 타임은 깨끗이 씻어 곱게 다져준다.
2 마늘은 곱게 다져놓는다.
3 소고기 등심은 얇게 슬라이스하여 1의 다진 허브, 마늘, 소금, 후추로 양념한다.
4 팽이버섯과 표고버섯은 슬라이스하여 팬에 살짝 볶아 소금, 후추로 간한다.
5 3의 소고기에 머스터드를 바른 후 4의 버섯을 가지런히 놓고 둥글게 말아준다.
6 달궈진 팬에 5의 둥글게 말아놓은 소고기를 굽는다.
7 접시에 6의 구운 소고기를 담고 머스터드를 뿌려준 후 가니쉬로 적근대, 차이브를 곁들인다.

Ingredients

표고버섯(Shiitake Mushroom)
신선한 표고버섯은 순한 흙맛이 나며, 말렸다가 다시 물에 불리면 쫄깃해지고 버섯맛이 더 강하며 향긋하다. 표고버섯은 향미와 영양이 모두 좋기 때문에, 식물성 다시국물을 내는 데에 쓰이기도 한다. 때로는 터져서 흰 살이 보이기도 하며, 처음에는 반구형이나 점차 퍼지면서 평평해진다.

Avocado Mousse on the Scallops

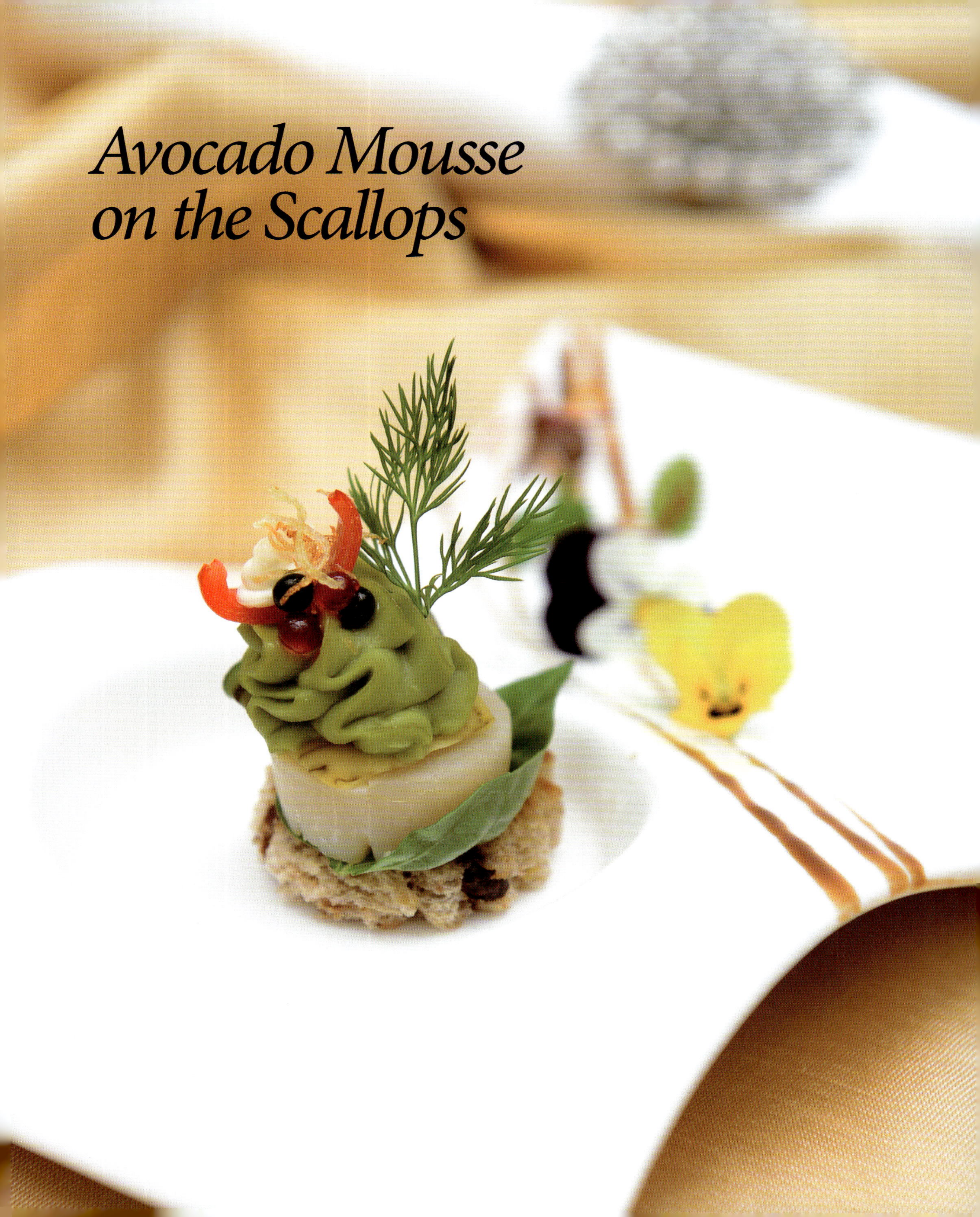

관자에 올린 아보카도 무스

Avocado Mousse on the Scallops

Ingredients

아보카도Avocado 1개
관자Scallop 1개
바질Basil 2g
흑미식빵Stoveblacking Bread 1개
딜Dill 2g
방울토마토Cherry Tomato 1개
크림치즈Cream Cheese 10g
팬지Pansy 1개
후추Pepper 약간
소금Salt 약간

Preparation

1 아보카도는 껍질을 벗겨 다이스로 잘라 끓는 물에 데친다.
2 1의 데친 아보카도를 믹서기에 곱게 갈아 소금, 설탕으로 간한다.
3 관자는 손질하여 끓는 물에 부케가르니를 넣고 데친다.
4 3의 데친 관자는 소금, 후추로 간한다.
5 흑미식빵은 둥근 몰드에 찍어 오븐에서 노릇하게 굽는다.
6 접시에 구운 흑미식빵과 관자를 담고 아보카도 무스를 짜준다.
7 6의 아보카도 무스에 방울토마토를 잘라 올리고 처빌을 곁들인다.

Cooking Terminology

무스(Mousse)
무스란, 프랑스에서 유래된 연한 디저트를 말하며, 부드러운 퓌레상태로 만든 재료에 거품을 낸 생크림 또는 흰자를 첨가하여 가볍게 부풀린 과자라고도 한다. 원래의 단어는 '거품'을 뜻하며 '가벼운'으로 해석된다. 흔히 무스를 가리켜 미르와르(Miroir)라고도 하는데, 그 이유는 무스 표면에 바른 젤리의 광택이 얼굴을 비출 정도이기 때문이다.

Crab Meat and Shrimp Canape Mixed with Herb Sauce

허브소스에 버무린 게살과 새우카나페

Crab Meat and Shrimp Canape Mixed with Herb Sauce

Ingredients

게살Crab Meat 80g
새우Shrimp 1개
바게트Baguette 10g
아보카도Avocado ½개
블랙올리브Black Olive 10g
양파Onion 20g
붉은 파프리카Red Paprika 20g
레몬주스Lemon Juice 20㎖
차이브Chive 5g
마요네즈Mayonnaise 10g
처빌Chervil 2g
딜Dill 2g
타임Thyme 2g
사워크림Sour Cream 10g
팬지Pansy 2개
후추Pepper 약간
소금Salt 약간

Preparation

1 바게트는 둥글게 잘라 오븐에서 노릇하게 구워준다.
2 아보카도는 껍질을 벗겨 잘라 데친 후 믹서기에 곱게 갈아 소금, 설탕으로 간한다.
3 새우는 껍질을 벗긴 후 끓는 물에 데쳐 이탈리안 드레싱에 버무린다.
4 게살은 잘게 손질하여 다진 양파와 허브찹, 사워크림, 마요네즈, 레몬주스, 소금, 후추로 양념하여 버무린다.
5 4의 양념한 게살을 둥근 모양으로 만든다.
6 접시에 1의 구운 바게트를 담고 2의 아보카도 무스와 3의 새우, 4의 거살 순으로 담아 올린다.
7 6의 게살 위에 딜을 올려 곁들인다.

Cooking Terminology

카나페(Canape)
카나페란, 서양요리에서 전채요리 혹은 칵테일에 곁들여 나오는 것으로, 식빵을 작게 잘라 구워 다양한 식재료를 올려 만든 음식을 말한다.

Dill Coated Camembert Cheese

딜을 입힌 까망베르치즈

Dill Coated Camembert Cheese

Ingredients

까망베르치즈Camembert Cheese 100g
딜Dill 5g
처빌Chervil 2g
방울토마토Cherry Tomato 1개
세몰리나Semolina 10g
식빵Toast Bread 1개
설탕Sugar 2g
소금Salt 약간
올리브오일Olive Oil 10㎖

Preparation

1 식빵은 삼각형으로 잘라 오븐에서 노릇하게 굽는다.
2 처빌, 딜은 깨끗이 씻어 거칠게 다져준다.
3 까망베르치즈는 웨지로 잘라 2의 다진 허브에 묻힌다.
4 방울토마토는 끓는 물에 데친 후 껍질을 벗겨 소금, 설탕으로 간하여 오븐에서 굽는다.
5 세몰리나는 올리브오일과 물을 섞어 골고루 저어준 후 팬에 구워 가니쉬로 사용한다.
6 접시에 1의 구운 식빵을 담고, 3의 까망베르치즈를 올린 후 4의 방울토마토, 5의 세몰리나를 곁들인다.

Ingredients

까망베르치즈(Camembert Cheese)
'흰곰팡이치즈'라고 불리며, 외피가 흰곰팡이로 덮여 있고 전유 또는 탈지유로 만들어 흰곰팡이를 이용하여 숙성시키며 곰팡이의 향이 난다.

Wrapped Mascarpone Cheese with Crepes

크레페로 말은 마스카르포네치즈

Wrapped Mascarpone Cheese with Crepes

Ingredients

시금치Spinach 100g
마스카르포네치즈Mascarpone Cheese 50g
밀가루Flour 20g
달걀Egg 1개
붉은 파프리카Red Paprika 20g
당근Carrot 50g
식빵Toast Bread 1개
노란 파프리카Yellow Paprika 20g
바질Basil 2g
세몰리나Semolina 10g
올리브오일Olive Oil 20㎖
타임Thyme 2g
후추Pepper 약간
소금Salt 약간

Preparation

1 시금치는 깨끗이 씻어 믹서기에 곱게 갈아 체에 내린다.
2 밀가루에 시금치즙을 넣고 반죽한다.
3 팬에 2의 시금치반죽을 얇게 부쳐 둥글게 크레페를 만든다.
4 3의 시금치 크레페를 깔고 마스카르포네치즈를 잘라놓고 둥글게 갈아준다.
5 삼색 파프리카를 구워 껍질을 벗긴 후 가늘게 슬라이스 한다.
6 밀가루반죽에 달걀 머랭과 버터, 설탕으로 반죽하여 오븐에서 굽는다.
7 접시에 6의 구운 퍼페스도우를 놓고 4의 시금치 크레페를 담는다.
8 7의 크레페 위에 5의 구운 파프리카를 올려 준다.

Ingredients

마스카르포네치즈(Mascarpone Cheese)
우유에서 분리한 크림을 원료로 하여 생크림 또는 휘핑크림으로 만든 치즈이다. 지방함유량이 80% 이상이고, 맛은 부드럽고 단맛이 나며 부드러운 크림 형태이다.

Cherry Tomatoes Filled with Various Seafood

여러 가지 해산물을 채운 방울토마토

Cherry Tomatoes Filled with Various Seafood

Ingredients

새우Shrimp 2개
관자Scallop 1개
베이비오징어Baby Squid 50g
양파Onion 50g
차이브Chive 2g
감자Potato 1개
레몬주스Lemon Juice 10㎖
올리브오일Olive Oil 20㎖
방울토마토Cherry Tomato 1개
크림치즈Cream Cheese 20g
마요네즈Mayonnaise 10g
식초Vinegar 10㎖
후추Pepper 약간
타임Thyme 2g
붉은 파프리카Red Paprika 20g
마늘Garlic 5g
통후추Peppercorn 약간
소금Salt 약간
설탕Sugar 약간

Preparation

1 방울토마토는 깨끗이 씻어 반으로 잘라 씨를 제거한다.
2 관자와 새우, 베이비오징어는 끓는 물에 데친다.
3 2의 데친 해산물은 채소 비네그레트로 버무려준다.
4 1의 방울토마토에 3의 양념한 해산물을 채운다.
5 감자는 강판에 갈아 물기를 제거한 후 둥근 모양으로 굽는다.
6 접시에 5의 구운 감자를 놓고, 4의 해산물을 채운 방울토마토를 올린다.

Cooking Terminology

부케가르니(Bouquet Garni)
허브들을 묶어 만든 작은 향초다발로, 육수나 브레이즈 또는 다른 음식들의 향미를 내는데 사용되며, 일반적으로 월계수잎, 통후추, 파슬리, 대파, 타임 등으로 감싸 사용한다.

Chicken and Duck Breast Filled with Jujube

대추로 속을 채운 닭고기와 오리가슴살

Chicken and Duck Breast Filled with Jujube

Ingredients

오리가슴살Duck Breast 50g
닭가슴살Chicken Breast 50g
호박씨Pumpkin Seed 5g
생크림Fresh Cream 10mℓ
백포도주White Wine 5mℓ
적포도주Red Wine 5mℓ
대추Jujube 1개

오렌지Orange 10g
타임Thyme 2g
올리브오일Olive Oil 10mℓ
통후추Whole Pepper 약간
소금Salt 약간
후추Pepper 약간

Preparation

1 닭가슴살은 곱게 다져 소금, 후추로 양념한다.
2 오리가슴살은 곱게 다져 적포도주, 소금, 후추로 양념한다.
3 대추는 씨를 제거한 후 둥글게 말아준다.
4 1의 닭가슴살과 2의 오리가슴살을 반죽하여 3의 대추와 호박씨를 채워 둥근 모양으로 만든다.
5 달궈진 팬에 4의 닭가슴살과 오리가슴살 볼을 노릇하게 굽는다.
6 5의 구운 오리가슴살과 닭가슴살을 잘라 접시에 담고 오렌지와 타임으로 가니쉬한다.

Cooking Class Ingredients

오리가슴살(Duck Breast)
오리는 육류 중 유일한 알칼리성 식품으로, 수용성의 불포화지방산을 다량으로 함유하고 있다. 단백질, 칼슘, 철분, 나트륨, 인 등을 많이 함유하고 있어 비타민 B_1, B_2, B_3, C, 리놀레산, 리놀레인산 등 무기질이 풍부하여 콜레스테롤 형성의 억제 및 원활한 혈액순환 촉진에 매우 효과적이다.

New International
GARDE
MANGER
Cooking

Appetizer

애피타이저(Appetizer)

애피타이저(Appetizer)는 서양요리에서 첫 번째 코스에 제공되는 적은 양의 요리로 신맛, 짠맛, 단맛을 느끼게 하여 식사를 하기 전에 식욕을 돋우는 음식이나 음료를 말한다.
애피타이저의 기원에 대해서는 학자들에 따라 서로의 생각 차이가 있지만, 러시아에서 연회행사를 하기 전에 참석자들에게 주류와 함께 간단한 요리를 제공하면서부터 시작되었다. 러시아의 요리장인 위브뱅 디브아(Dubois Urbain)가 프랑스요리에 러시아식 요리 방법인 코스별 요리를 접합시키면서 애피타이저 요리를 세계적으로 발전시키는 계기를 마련하였다.
애피타이저는 영어 표현이며, 불어로는 '오르되브르'라고 하고 우리말로는 '전채(前菜)'라 한다. 전채요리라는 말은 우리나라로 치면 식전에 먹는 나물류의 일종이며, 전통적인 의미에서 전채요리의 의미는 단순하고 습관적인 식사 형태였으나, 현대의 전채요리는 보다 과학적이며 코스요리의 첫 번째로 등장하는 서양요리에서는 빼놓을 수 없는 음식이다.
애피타이저 요리는 기본적인 조건들을 충족시키기 위해 신선한 재료를 사용하고 한 접시 안에 담은 음식으로 입맛을 자극할 수 있어야 하며 한 입 크기로 시각, 미각, 후각으로도 보기 좋아야 한다. 주 요리에 사용되는 음식과의 반복을 피하고 영양적으로 균형을 이루어야 하며 미관상 예술적이어야 한다.
애피타이저 요리에 사용하는 재료는 신선한 채소류, 해산물, 미니파이 등으로 만든 음식으로 식욕을 촉진시켜야 한다. 과거에는 칵테일, 술, 와인, 셰리, 버무스, 마데이라나, 보드카 등을 사용하거나 토마토, 오렌지, 자몽 등의 과일 주스와 미네랄워터로 대체하는 경우도 있었다. 또한 잘 만들어진 애피타이저는 위장에 부담을 덜어주며 미식가의 기분을 좋게 하고 다음 제공될 음식에 대한 기대를 하게 만드는 촉매 역할을 한다.
서양요리의 메뉴 코스 중 가장 첫 번째로 제공되는 애피타이저 요리는 식사 전 미각을 자극하여 입맛을 돋우고, 그날 식사의 전체적인 분위기와 요리의 수준을 가늠하게 하는 아주 중요한 부분으로써 차가운 요리나 드라이한 맛이 대부분이다.

애피타이저의 종류(Kind of Appetizer)

정식 메뉴의 코스로 정착된 애피타이저는 찬 애피타이저(Cold Appetizer)와 더운 애피타이저(Hot Appetizer)로 분류되며, 형태에 따라 플레인(Plain)과 드레스드(Dressed)로 나뉜다. 플레인(Plain)은 형태와 모양, 맛 등이 그대로 유지되는 훈제연어, 생굴 등을 말하고, 드레스드(Dressed)는 조리사의 아이디어와 기술로 조리되어 원래의 맛은 유지하나 모양과 형태가 변형된 각종 테린(Terrine) 등이 포함된다.
차가운 애피타이저로는 연어, 서양식 소고기육회, 거위 간, 캐비아, 카프레제 등의 차가운 요리가 있으며, 차가운 샐러드나 쌉쌀한 술 한 잔은 입맛을 돋우는 역할을 하고, 수프는 속을 덥히고 안정을 시키는 역할을 한다.
더운 애피타이저로는 에스카르고, 파이, 라비올리 등의 요리가 있으며, 에스카르고는 프랑스어로 달팽이 또는 나사 모양을 뜻하고 고대 로마시대부터 미식의 하나로 여겨졌으며, B.C. 50년경에 이미 양식되었다는 기록이 있다. 이것이 전해져 프랑스의 에스카르고 요리가 되었다.

① 차가운 애피타이저(Cold Appetizer)

캐비아(Caviar)는 흑해와 카스피해에 서식하는 철갑상어의 알을 소금에 절인 식품으로, 철갑상어 알은 상어를 잡자마자 알을 꺼내어 알 가장자리의 막을 제거하고 소금에 절여 냉동하거나 병조림한다. 캐비아는 알의 크기가 크고 은회색 빛깔이 연할수록 질이 좋은 것이며, 등급으로는 벨루가(Beluga 1등급), 오시트라(Osstetra 2등급), 세르부가(Sevruga 3등급) 순으로 구분되고, 짠맛과 쓴맛이 없이 연하고 순한 맛을 가져야 제대로 된 상품이다. 고열량 식품으로, 씹으면 고소하고 독특한 풍미를 가지고 있어 탄산을 가지고 있는 샴페인과 함께 먹으면 더욱 입맛을 돋운다.

푸아그라(Foie gras)는 프랑스어로 '살찐 거위간(Fat Liver)'이라는 뜻으로, 먹이를 주고 운동을 시키지 않아 비대해진 거위의 간을 뜻한다. 프랑스에서는 가격이 매우 비싸 보통 오르되브르에 사용하거나 크리스마스 등의 명절에 사용한다. 보통 붉은색이나 베이지색을 띠며 지방함량이 높아서 맛이 풍부하고 매우 부드럽다. 푸아그라의 요리법은 우유에 넣었다가 힘줄을 제거하여 틀에 넣어 오븐에서 구워 식혀 만든 조리법이나 테린으로 조리하여 많이 사용한다.

트러플(Truffle)을 우리말로 옮기면 '송로버섯'으로 라틴어 '파생(Tuber)'에서 유래되었다. 떡갈나무 아래 흙속에서 자라는 트러플은 일반 버섯과 달리 땅 밑의 깊은 곳에서 자생한다. 육안으로는 발견이 힘들기 때문에 특별히 훈련된 개나 돼지를 이용해 채취하며 인공재배가 되지 않는 종으로, 땅 속에서 자라나기 때문에 채취하기도 어렵다. 그래서 유럽에서는 '땅 속의 다이아몬드'라고 불리기도 한다. 트러플은 강하면서도 독특한 향을 가지고 있어 음식 전체의 맛을 좌우하기 때문에 많은 양을 넣지 않고 소량만 사용한다. 트러플은 애피타이저 요리에도 많이 사용되지만 수프, 소스, 육류요리, 드레싱 등에도 다양하게 사용된다. 일반적으로 요리해서 사용할 때는 얇게 슬라이스해서 사용하며, 특유의 농후하고 깊은 향을 없애지 않기 위해서 오래 가열하거나 조리하지 않는다.

② 더운 애피타이저(Hot Appetizer)

에스카르고(Escargot)는 프랑스어로 '달팽이' 또는 '나사' 모양을 뜻하며, 고대 로마시대부터 미식(美食)의 하나로 여겨졌고, B.C. 50년경에 이미 양식되었다는 기록이 있으며, 이것이 전해져 프랑스의 에스카르고 요리가 되었다. 식용달팽이로 껍질을 벗기고 살만 손질하여 채소와 함께 육수를 넣어 끓여 스튜로 만들거나, 껍질을 이용해 살을 물에 데쳐 향신료와 버터, 레몬즙, 파슬리 다진 것을 뿌려 오븐에 익혀 구워 오르되브르로 이용하기도 한다

파이(Pie)는 밀가루, 달걀, 버터, 소금 등을 이용해 반죽하여 파이용 그릇에 담아 과일이나 고기 등의 다양한 재료를 채워 오븐에 구워 애피타이저 또는 디저트로 먹기도 하는 따뜻한 음식이다.

라비올리(Ravioil) 요리는 밀가루, 달걀, 식용유, 소금 등으로 반죽하여 얇게 밀어 네모 또는 반달 모양으로 잘라 안에 다양한 식재료를 넣어 만든 이탈리아식 만두요리이다.

Fish Timbal Garnished with Spinach Sauce

시금치소스를 곁들인 생선 팀발

Fish Timbal Garnished with Spinach Sauce

Ingredients

- 혀넙치Flatfish 150g
- 밀가루Flour 20g
- 관자Scallop 3개
- 버터Butter 20g
- 브랜디Brandy 10mℓ
- 시금치Spinach 100g
- 감자Potato 50g
- 당근Carrot 50g
- 달걀Egg 1개
- 레몬Lemon ½개
- 생크림Fresh Cream 100mℓ
- 백포도주White Wine 50mℓ
- 양파Onion 100g
- 파슬리Parsley 20g
- 월계수잎Bay Leaf 1잎
- 처빌Chervil 2g
- 느타리버섯Oyster Mushroom 50g
- 올리브오일Olive Oil 20mℓ
- 우유Milk 50mℓ
- 소금Salt 약간
- 흰후추White Pepper 약간

Preparation

1. 혀넙치는 내장과 머리를 제거한 후, 4등분으로 필렛하여 껍질을 벗긴다.
2. 믹서기에 1의 혀넙치와 관자, 달걀흰자, 백포도주를 넣고 곱게 갈아준다.
3. 2의 갈은 생선은 고운체에 내려 브랜디와 소금, 후추로 간하여 고루 섞어준다.
4. 시금치는 깨끗이 씻어 끓는 물에 데쳐 소금, 후추로 간하여 볶는다.
5. 둥근 볼에 버터를 발라 3의 갈은 생선무스를 반만 채운 후, 4의 볶은 시금치를 넣고 남은 생선무스를 채워 기포가 생기지 않도록 가볍게 두드린 후 호일로 감싼다.
6. 자루냄비(Pot)의 5의 생선을 넣고, 약한 불에 약 20분간 스티밍하여 익힌다.
7. 느타리버섯은 곱게 슬라이스하여 소금, 후추로 간하여 노릇하게 볶는다.
8. 감자와 당근은 파르지안으로 자른 후 끓는 물에 데쳐 버터에 볶는다.
9. 접시에 시금치소스를 뿌린 후 볶은 느타리버섯, 생선무스를 담고 처빌을 올려준다.

Cooking Terminology

생선 팀발(Fish Timbal)

생선은 믹서기에 곱게 갈아 체에 내린 후, 무스의 반죽이 고루 혼합되어야 팀발의 완성품 면이 매끄럽게 응집이 잘되고, 익힐 때는 생선의 내부가 완전히 익었는지 확인해야 한다.

Salmon Tartare Garnished with Tomato Salsa

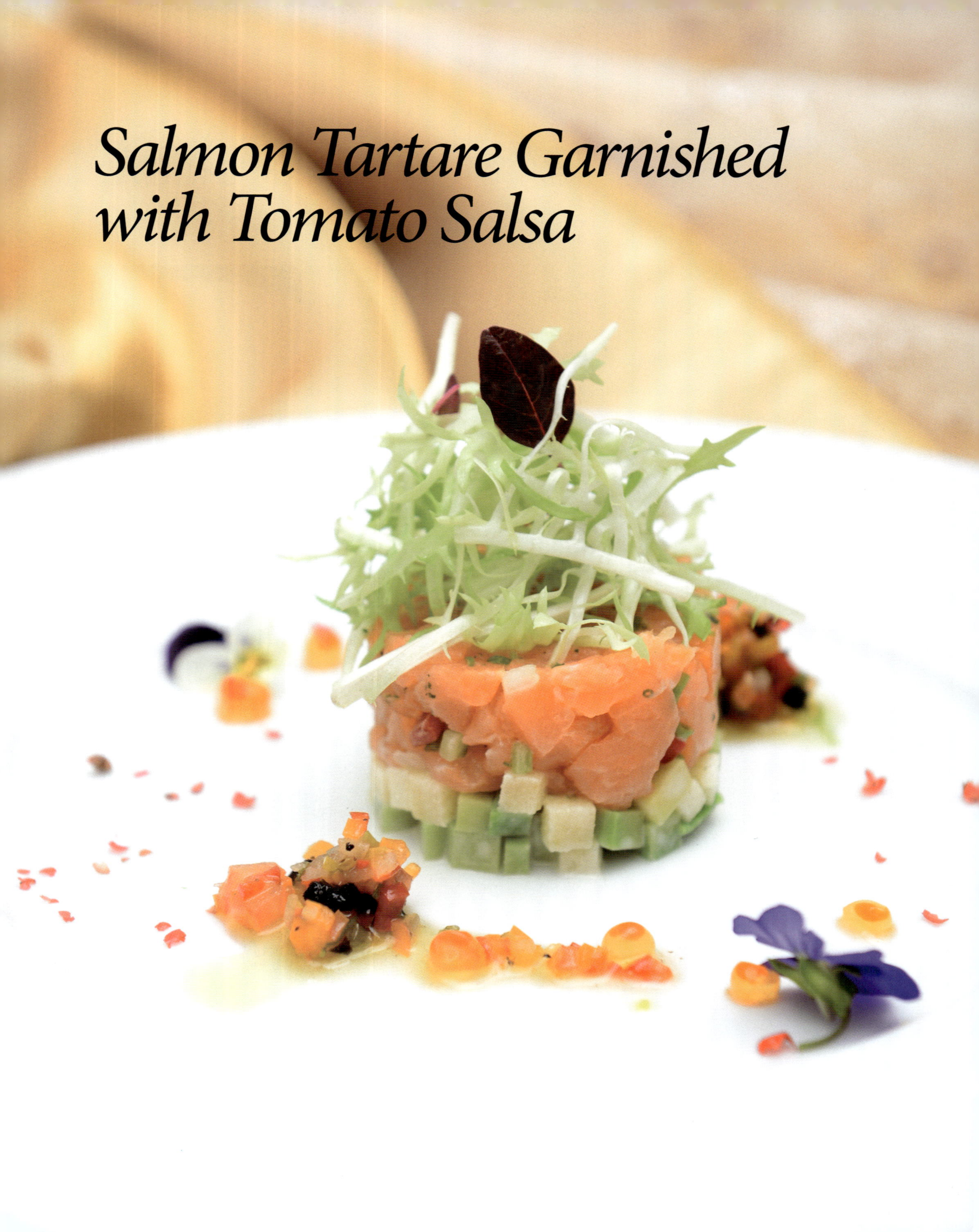

토마토 살사를 곁들인 연어 타르타르

Salmon Tartare Garnished with Tomato Salsa

Ingredients

훈제연어Smoked Salmon 150g
케이퍼Caper 5g
마요네즈Mayonnaise 10㎖
양파Onion ¼개
복분자와인Raspberry Wine 20㎖
젤라틴Gelatin 5g
레몬주스Lemon Juice 10㎖
차이브Chive 2g
레몬Lemon ¼개
사워크림Sour Cream 10㎖
처빌Chervil 2g
프리제Frisee 5g
노란 파프리카Yellow Paprika 50g
붉은 파프리카Red Paprika 1개
연어알Salmon Roe 2g
레드와인식초Red Wine Vinegar 30㎖
핑크페퍼Pink Pepper 2g
팬지Pansy 1개
홀스래디쉬Horseradish 30g
올리브오일Olive Oil 50㎖
아보카도Avocado ½개
사과Apple ¼개
후추Pepper 약간
소금Salt 약간
통후추Peppercorn 약간

Preparation

1 훈제연어는 껍질을 제거한 후 스몰다이스로 자른다.
2 1의 다이스로 자른 훈제연어를 사워크림, 마요네즈, 레몬주스, 차0 브, 홀스래디쉬, 소금, 후추로 양념한다.
3 아보카도와 사과는 껍질을 벗겨서 스몰다이스로 자른다.
4 3의 다이스한 아보카도, 사과에 마요네즈, 소금, 설탕으로 간하여 버무린다.
5 프리제는 깨끗이 씻어서 물기를 제거한다.
6 핑크페퍼는 체에 내려 껍질을 분리한다.
7 접시에 둥근 몰드를 놓고, 4의 아보카도, 사과를 채우고 2의 양념한 연어를 채운다.
8 7의 연어에 프리제를 소복이 올리고, 양쪽으로 토마토 살사를 곁들인다.
9 8의 연어 타르타르 주위에 핑크페퍼를 뿌려주고 연어알, 팬지로 가니쉬한다.

Cooking Class

Cooking Terminology

살사(Salsa)
멕시코요리에 많이 사용되는 요리로, 매운맛이나 순한 맛의 소스를 뜻하며, 이 소스는 익히거나 익히지 않은 재료를 혼합한 것이다.

Various Seafood on Black Sesame Jelly

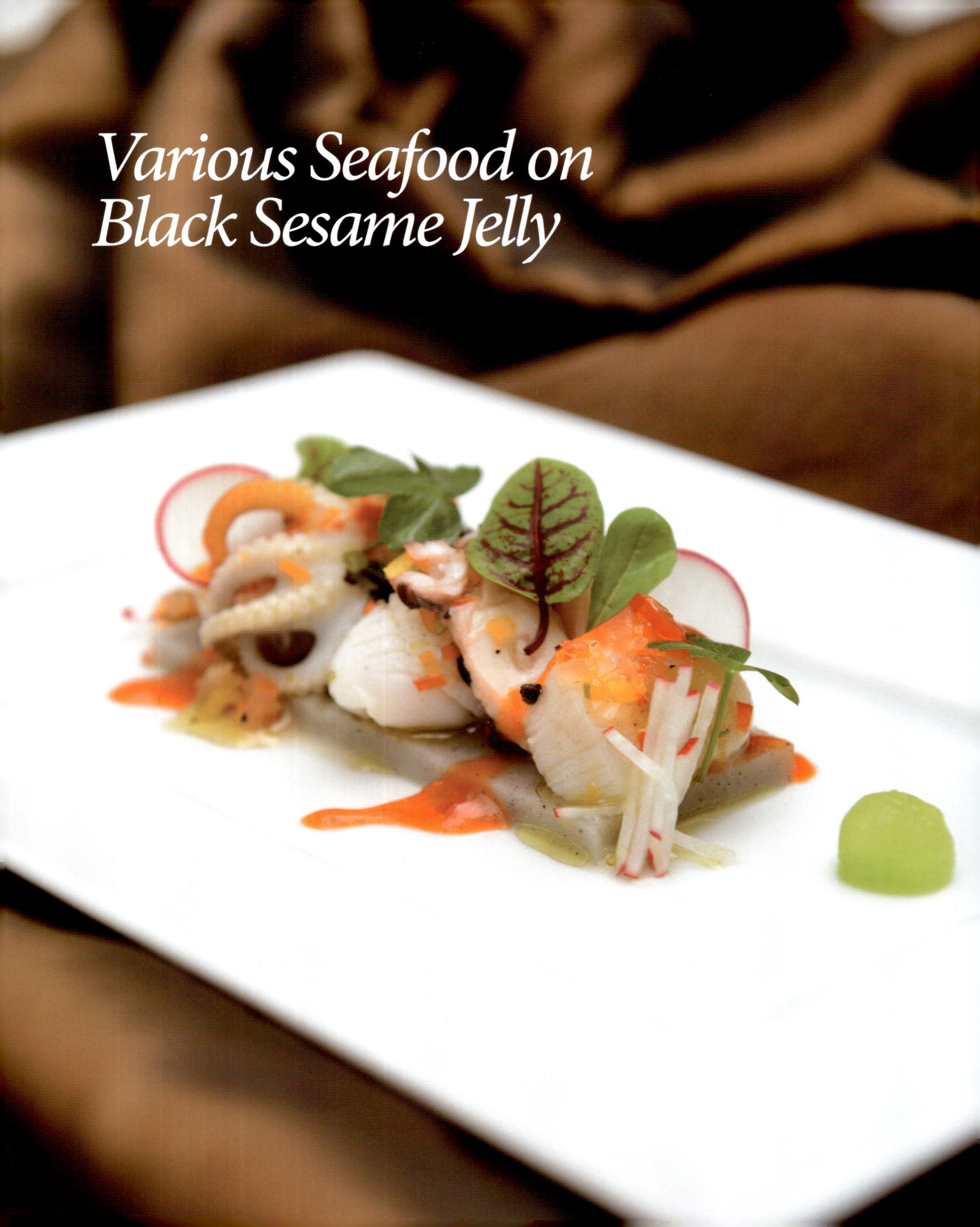

흑임자 젤리 위에 올린 각종 해산물

Various Seafood on Black Sesame Jelly

Ingredients

관자Scallop 3개
마Yam 50g
새우Shrimp 2개
주꾸미Webfoot Octopus 50g
흑임자Black Sesame 10g
레몬주스Lemon Juice 20㎖
래디쉬Radish 30g
식초Vinegar 5㎖
올리브오일Olive Oil 30㎖
젤라틴Gelatin 2g
백포도주White Wine 20㎖
노란 파프리카Yellow Paprika 50g
붉은 파프리카Red Paprika 50g
블랙올리브Black Olive 20g
칠리드레싱Chili Dressing 20㎖
방풍싹Sprout Shoot 2g
토마토Tomato 50g
메론Melon 20g
소렐레드Sorrel Red 5g
후추Pepper 약간
소금Salt 약간
통후추Peppercorn 약간

Preparation

1 마는 껍질을 벗겨 다이스로 잘라 완전히 익혀 삶는다.
2 삶은 마를 믹서기에 곱게 갈아 소금, 후추로 간한다.
3 파이 팬에 비닐을 깔아준 후 2의 마를 부어 냉장고에서 굳힌다.
4 관자와 새우, 주꾸미는 끓는 물에 데쳐 칠리 드레싱에 버무린다.
5 래디쉬는 가늘게 채 썰어서 찬물에 씻어 물기를 제거한다.
6 3의 굳힌 마 젤리를 해산물을 올릴 수 있게 잘라준다.
7 접시에 6의 마 젤리를 놓고 4의 양념한 해산물을 가지런히 담는다.
8 7의 해산물 위에 소렐레드와 방풍싹, 래디쉬를 곁들인다.

Cooking Class Ingredients

마(Yam)
한방에서는 자양·익정(益精)·보비·보폐·지사(止瀉) 등의 효능이 있다고 하여 신체허약·폐결핵·정수고갈(精水枯渴)·유정·야뇨증·당뇨병 등에 많이 사용한다. 마를 갈아놓으면 티로신의 작용으로 갈색으로 변하게 되는데, 껍질을 벗긴 후에 식초에 담가놓으면 방지할 수 있다.

Tortelloni Added with Cauliflower Veloute

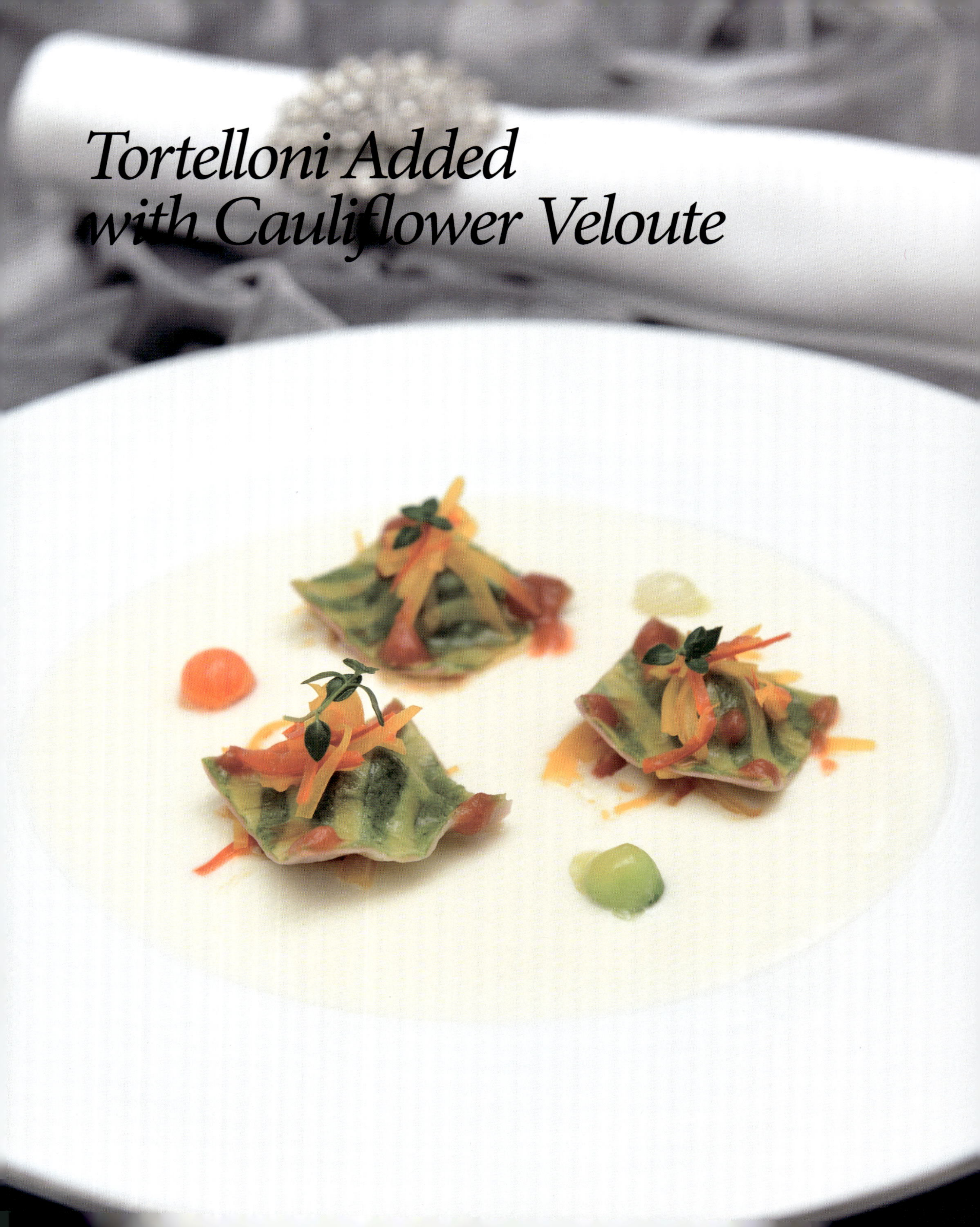

콜리플라워 벨루테를 곁들인 토르텔로니

Tortelloni Added with Cauliflower Veloute

Ingredients

관자Scallop 100g
새우Shrimp 2개
콜리플라워Cauliflower 150g
양파Onion 50g
마늘Garlic 5g
붉은 파프리카Red Paprika 50g
노란 파프리카Yellow Paprika 50g
시금치Spinach 100g
버터Butter 10g
달걀Egg 1개
우유Milk 60㎖
생크림Fresh Cream 20㎖

백포도주White Wine 10㎖
레몬주스Lemon Juice 5㎖
타임Thyme 2g
당근Carrot 20g
애호박Zucchini 20g
감자Potato 20g
밀가루Flour 10g
생크림Fresh Cream 80㎖
통후추Red Pepper 약간
후추Pepper 약간
소금Salt 약간

Preparation

1 시금치는 깨끗이 씻어 믹서기에 갈아 체에 내려 즙을 만든다.
2 밀가루반죽을 하여 시금치와 달걀을 각각 넣어 도우반죽을 만든다.
3 2의 도우반죽을 비닐에 감싸 냉장고에서 1시간 정도 휴지시킨다.
4 관자와 새우는 다이스로 잘라 다진 양파와 마늘과 함께 볶아 소금, 후추로 간한다
5 3의 도우를 얇게 밀어 4의 볶은 관자새우를 채워 토르텔로니를 만들어 삶는다
6 콜리플라워는 우유와 버터에 삶아 곱게 갈아 소금, 후추로 간한다.
7 당근과 애호박, 감자는 빠리지엥 나이프로 잘라 삶아 볶아준다.
8 삼색 파프리카는 슬라이스해서 소금, 후추로 간하여 볶는다.
9 접시에 콜리플라워 벨루테를 뿌려준 후, 삶은 토르텔로니를 담고, 8의 볶은 파프리카를 곁들인다.

Cooking Class
Ingredients

콜리플라워(Cauliflower)
꽃은 4월에 보라색이나 흰색에서 노란색으로 변하고, 꽃자루에 두툼한 꽃이 빽빽이 달려 하나의 덩어리를 이룬다. 아삭한 맛이 일품이며 샐러드나 수프, 퓌레 등에 사용되며 데치거나 볶아 곁들임채소로 많이 사용한다.

Potato and Saffron Flavored Fennel on Grilled Sea Breams

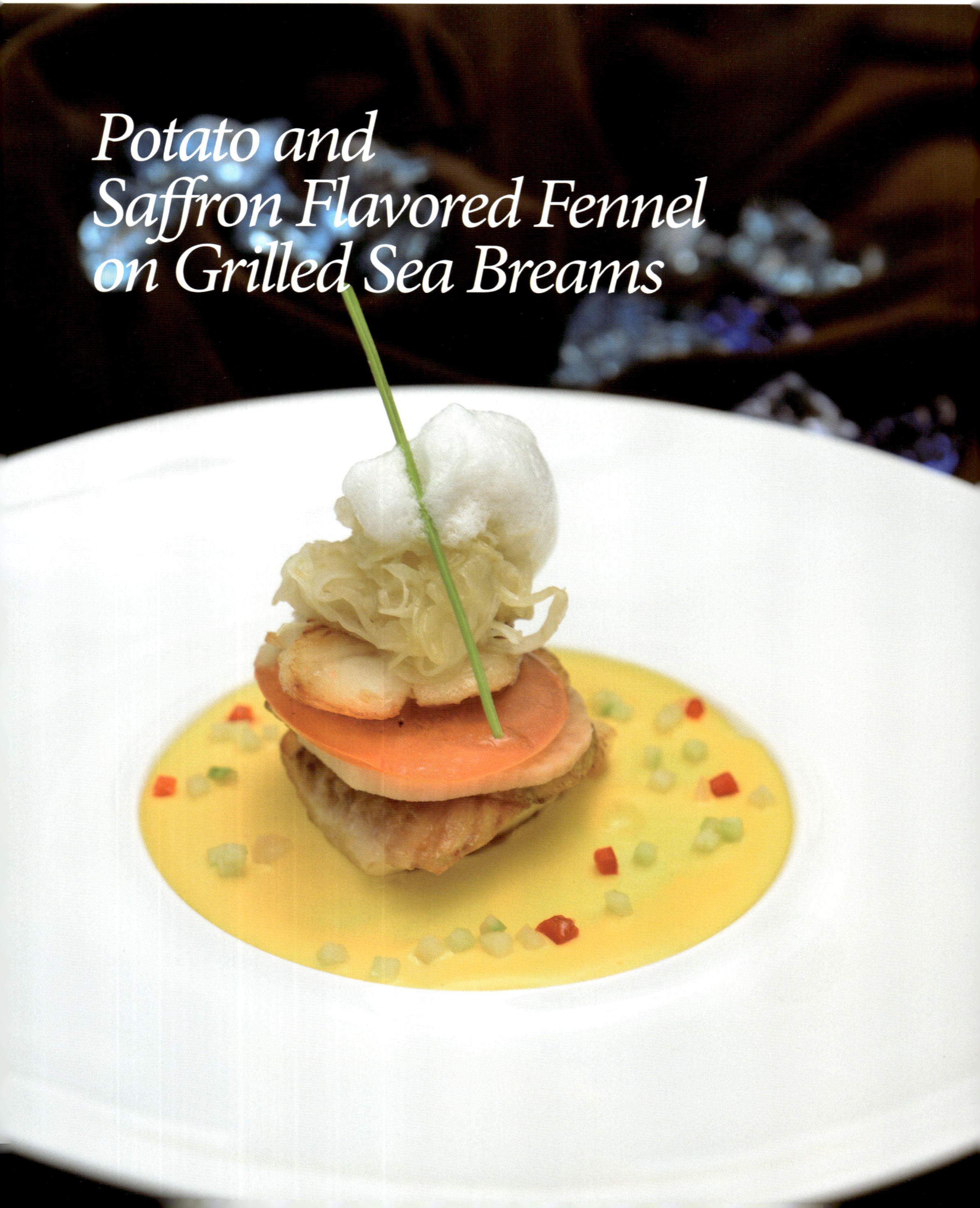

구운 도미살 위에 올린 감자와 사프란향의 펜넬

Potato and Saffron Flavored Fennel on Grilled Sea Breams

Ingredients

적도미Red Snapper 200g
사프란Saffron 5g
펜넬Fennel 50g
감자Potato 1개
밀가루Flour 20g
버터Butter 20g
레몬주스Lemon Juice 50ml
백포도주White Wine 100ml
방울토마토Cherry Tomato 1개
우유Milk 150ml
생크림Fresh Cream 80ml
붉은 파프리카Red Paprika 50g
차이브Chive 2g
당근Carrot 50g
브로콜리Broccoli 50g
후추Pepper 약간
소금Salt 약간

Preparation

1 도미는 머리와 내장을 제거한 후 두 쪽으로 필렛하여 껍질을 벗긴다.
2 1의 도미살을 잘라 백포도주, 레몬주스, 소금, 후추로 간하여 마르네이드한다.
3 달궈진 팬에 2의 도미살을 노릇하게 굽는다.
4 감자는 껍질을 벗겨 슬라이스하여 삶아 팬에서 노릇하게 굽는다.
5 당근은 껍질을 벗겨 슬라이스하여 데친 후 팬에서 볶는다.
6 펜넬은 얇게 슬라이스하여 사프란 스톡에 볶아 소금, 후추로 간한다.
7 샐러리와 붉은 파프리카는 스몰다이스로 잘라 볶은 후 소금, 후추로 간한다.
8 접시에 사프란소스를 뿌린 후 구운 도미살과 감자, 당근, 도미살 순서대로 담아 올린다.
9 8의 도미살 위에 6의 볶은 펜넬을 담고 머랭을 올려준다.

Ingredients

펜넬(Fennel)
이탈리아에서 피노키오(Finoccchio)라고 불리는 플로렌스 펜넬과, 주로 잎과 씨를 허브로 사용하는 펜넬 두 종류가 있다. 서양요리에는 뿌리가 사용되며, 해산물요리와 최고의 궁합을 자랑한다.

Bourgogne Style Snails

부르고뉴식 달팽이요리 Bourgogne Style Snails

Ingredients

달팽이Snail Escargot 150g
양파Onion 100g
미니 파프리카Mini Paprika 50g
시금치Spinach 100g
마늘Garlic 10g
생크림Fresh Cream 150㎖
통후추Whole Pepper 2g
백포도주White Wine 100㎖
레몬주스Lemon Juice 50㎖
데미글라세Demiglace 50㎖
타임Thyme 2g
올리브오일Olive Oil 50㎖
프리제Frisee 2g
적포도주Red Wine 50㎖
샬롯Shallot 1개
검포도Black Berry 5g
후추Pepper 약간
소금Salt 약간

Preparation

1 달팽이는 이물질을 제거한 후 깨끗이 손질한다.
2 시금치는 깨끗이 씻어 끓는 물에 데쳐 식힌다.
3 양파와 마늘은 곱게 다진다.
4 샬롯은 껍질을 벗겨 자른 후, 볶아 적포도주에 졸인다.
5 미니 파프리카는 둥글게 슬라이스하여 팬에 볶아 소금, 후추로 간한다.
6 자루냄비(Pot)에 건포도, 적포도주, 설탕을 넣고 천천히 졸여준다.
7 달궈진 팬에 양파와 달팽이, 시금치를 볶은 후 데미글라세소스, 생크림을 넣어 졸여준다.
8 6의 졸인 달팽이에 소금, 후추로 간한다.
9 접시에 7의 볶은 달팽이를 담고 샬롯과 검포도, 미니 파프리카를 곁들인다.

Cooking Class
Ingredients

달팽이(Snail)
달팽이의 몸은 끈적거리는 점액질인 뮤신으로 덮여 있는데, 이 주성분은 그리스어로 '연골'이라는 뜻을 가진 콘드로이친이며, 따라서 인체의 관절과 연골, 피부미용에 매우 좋다고 알려져 있다. 기타 무기질 또한 다량으로 함유하고 있어 서양인들이 좋아하는 식재료 중 하나이다.

Herb Dipping Sauce and Fried Three-colored Shrimp

바삭하게 튀긴 삼색 새우튀김과 허브딥소스

Herb Dipping Sauce and Fried Three-colored Shrimp

Ingredients

새우Shrimp 4개
관자Scallop 3개
빵가루Bread Crumbs 20g
밀가루Flour 10g
달걀Egg 1개
식용유Cooking Oil 200㎖
마요네즈Mayonnaise 30㎖
사워크림Sour Cream 20㎖
레몬주스Lemon Juice 20㎖
딜Dill 2g
파슬리Parsley 10g
검정깨Black Sesame 5g
피스타치오Pistachio 5g
백포도주White Wine 10㎖
레몬Lemon ¼개
방울토마토Cherry Tomato 1개
방풍싹Sprout Shoot 2g
소금Salt 약간
통후추Peppercorn 5g

Preparation

1 새우는 껍질을 벗겨 곱게 다져준다.
2 1의 다진 새우에 다진 마늘, 소금, 후추로 양념하여 둥근 모양으로 간든다.
3 검정깨와 피스타치오, 빵가루에 2의 둥근 새우를 각각 묻혀 튀긴다.
4 관자는 손질하여 레몬주스, 백포도주, 소금, 후추에 간하여 빵가루에 묻힌다.
5 4의 빵가루에 묻힌 관자를 노릇하게 튀긴다.
6 마요네즈와 사워크림, 레몬주스, 딜, 소금, 설탕으로 간하여 섞어준다.
7 접시에 5의 튀긴 관자살과 3의 삼색 새우살을 올려 담는다.

Cooking Terminology

튀김(Fried)
튀김은 알맞은 농도의 반죽과 가장 적절한 온도의 기름으로 튀겨야, 칼로리는 낮고 맛은 뛰어난 요리를 만들 수 있다.

Shrimp Wrapped in Parma Ham and Asparagus

파마햄으로 감싼 새우와 아스파라거스

Shrimp Wrapped in Parma Ham and Asparagus

Ingredients

아스파라거스Asparagus 200g
발사믹 글레이징Balsamic Glazing 20㎖
파마햄Parma Ham 100g
방울토마토Cherry Tomato 1개
꼬마양배추Brussels Sprouts 1개
양파Onion 50g
올리브오일Olive Oil 20㎖
느타리버섯Oyster Mushroom ½개
후추Pepper 약간
소금Salt 약간

Preparation

1 아스파라거스는 껍질을 벗겨 끓는 물에 데친 후, 찬물에 식힌다.
2 달궈진 석쇠에 1의 아스파라거스를 소금, 후추로 간하여 굽는다.
3 파마햄은 얇게 슬라이스 한다.
4 2의 구운 아스파라거스는 3의 슬라이스 한 파마햄으로 감싼다.
5 방울토마토는 끓는 물에 데쳐 껍질을 벗긴 후 예열된 80℃ 오븐에 굳는다.
6 꼬마양배추는 끓는 물에 데친 후 팬에 볶아 소금, 후추로 간한다.
7 접시에 4의 파마햄으로 감싼 아스파라거스를 가지런히 담는다.
8 7의 아스파라거스 위에 발사믹 글레이징을 뿌려준다.

Ingredients

꼬마양배추(Brussels Sprouts)
단단하게 뭉쳐 있는 잎사귀 때문에 아주 작은 양배추처럼 보인다. 벨기에에서 재배되어 온 양배추의 변종으로, 브뤼셀(Brussels)이란 지명과 관련되어 생긴 이름이며, 유럽에서 많이 재배한다. 비타민 C가 많이 함유되어 있고, 풍미는 양배추와 조금 다르고 고미가 강하다.

Cod Brandade Quenelle with Tomato Coulis

대구 브랑다드 퀸넬과 토마토쿨리

Cod Brandade Quenelle with Tomato Coulis

Ingredients

대구Cod 150g
생크림Fresh Cream 100㎖
레몬주스Lemon Juice 10㎖
백포도주White Wine 50㎖
양파Onion 50g
달걀Egg 1개
붉은 파프리카Red Paprika 1개
주황 파프리카Orange Paprika 1개
블랙올리브Black Olive 2개
타임Thyme 2g

토마토Tomato 1개
레몬Lemon ¼개
딜Dill 5g
채소스톡Vegetable Stock 200㎖
마늘Garlic 5g
통후추Whole Pepper 약간
월계수잎Bay Leaf 1잎
후추Pepper 약간
소금Salt 약간

Preparation

1 대구는 머리와 내장을 제거한 후, 두 쪽으로 필렛하여 껍질을 벗긴다.
2 1의 대구살은 백포도주와 레몬주스, 소금, 후추로 간한다.
3 찜통에 물을 붓고 샐러리, 양파, 대파, 파슬리줄기, 월계수잎, 통후추, 백포도주, 레몬, 소금을 넣고 중불에 은근하게 끓여 쿠르부용(Court-bouillon)을 만든다.
4 3의 찜기에 대구살을 넣고 약한 불에서 천천히 익힌다.
5 4의 익힌 대구살을 믹서기에 넣고 달걀흰자, 백포도주, 생크림, 레몬주스, 소금, 후추로 간하여 갈아준다.
6 5의 갈은 생선살은 고운체에 내려 스푼으로 퀸넬 모양을 만든다.
7 블랙올리브는 곱게 다져 소창에 감싸 물기를 제거한다.
8 접시에 파프리카소스를 둥글게 깔아준 후 6의 생선 퀸넬을 담고, 블랙올리브를 뿌려준다.

Cooking Terminology

퀸넬(Quenelle)
고기나 생선을 곱게 갈아 달걀, 휘핑크림으로 양념하여 작은 타원체로 만들어 스톡에서 살짝 익혀낸다.

Chicken Cannelloni and Tomato Sauce

닭고기 카넬로니와 토마토소스

Chicken Cannelloni and Tomato Sauce

Ingredients

밀가루Flour 50g
달걀Egg 2개
버터Butter 20g
시금치Spinach 200g
토마토 페이스트Tomato Paste 20g
토마토Tomato 100g
양파Onion ½개
마늘Garlic 10g
닭가슴살Chicken Breast 100g
토마토 홀Tomato Whole 50g
백포도주White Wine 50㎖
파슬리Parsley 5g
모차렐라치즈Mozzarella Cheese 20g
바질Basil 5g
오레가노Oregano 5g
닭육수Chicken Stock 1L
샐러리Celery 20g
타임Thyme 2개
정향Clove 2개
월계수잎Bay Leaf 1잎
올리브오일Olive Oil 10㎖
설탕Sugar 약간
소금Salt 약간

Preparation

1 밀가루에 달걀과 올리브오일, 소금을 넣고 반죽하여 비닐로 감싸 실온에 1시간 정도 휴지시킨다.
2 닭가슴살은 슬라이스하여 다진 마늘, 소금, 후추로 간한다.
3 달궈진 팬에 2의 양념한 닭가슴살을 볶는다.
4 시금치는 깨끗이 씻어 끓는 물에 데친 후 볶아서 소금, 후추로 간한다
5 1의 밀가루 도우를 얇게 밀어 5~7㎝ 길이로 잘라 끓는 물에 소금, 올리브오일을 넣고 삶는다.
6 5의 삶은 도우에 3의 볶은 닭가슴살, 4의 시금치를 넣고 둥글게 말아준다.
7 접시에 토마토소스를 충분히 뿌리고, 6의 닭고기 카넬로니를 담아 모차렐라치즈를 뿌려준다.
8 예열된 180℃ 오븐에서 7의 닭고기 카넬로니를 노릇하게 구워낸다.

Cooking Class
Ingredients

카넬로니(Cannelloni)
카넬로니는 이탈리아의 전통적인 파스타요리 중 하나로, 고기나 생선 또는 시금치, 치즈로 속을 채워 오븐에서 굽는 음식이다. 또한 원통 모양의 파스타로 튜브 안에 고기나 치즈로 속을 채워서 소스를 끼얹어 그라탱으로 구워낸다.

Grilled Shrimp on Fettuccine Noodles

페투치네 누들에 올린 새우구이

Grilled Shrimp on Fettuccine Noodles

Ingredients

페투치네Fettuccine 80g
새우Shrimp 4개
올리브오일Olive Oil 30㎖
베이컨Bacon 1개
양파Onion ½개
이태리파슬리Italy Parsley 5g
토마토 페이스트Tomato Paste 50g
로즈마리Rosemary 2g
월계수잎Bay Leaf 1잎
타임Thyme 2g
백포도주White Wine 20㎖
아스파라거스Asparagus 1개
꽃게Crab 1개
당근Carrot 30g
샐러리Celery 30g
마늘Garlic 5g
버터Butter 10g
통후추Peppercorn 약간
후추Pepper 약간
소금Salt 약간

Preparation

1 새우는 껍질을 벗겨 내장을 제거한다.
2 1의 새우에 소금, 후추로 간하여 베이컨으로 말아준다.
3 끓는 물에 올리브오일과 소금을 넣고 페투치네를 13분 동안 삶아준다.
4 이태리파슬리는 곱게 다져 면보에 감싸 흐르는 물에 씻어 물기를 제거한다.
5 달궈진 팬에 2의 베이컨으로 말은 새우를 노릇하게 구운 뒤 오븐에서 익힌다.
6 삶은 페투치네는 팬에서 소금, 후추로 간하여 볶는다.
7 접시에 6의 볶은 페투치네를 담고, 5의 베이컨으로 말아 구운 새우를 올린다.
8 7의 베이컨으로 말아 구운 새우에 아스파라거스를 볶아 곁들이고 소스를 뿌려준다.

Cooking Class
Ingredients

페투치네(Fettuccine)
리본 형태의 파스타로 탈리아텔레보다 조금 넓고, 로마에서는 탈리아텔레를 페투치네라 부를 정도로 모양이 유사하며 크기는 큰 차이가 없다.

Tenderloin Carpaccio with Balsamic Glazing

안심 카르파치오와 발사믹 글레이징

Tenderloin Carpaccio with Balsamic Glazing

Ingredients

소고기안심Beef Tenderloin 200g
발사믹 글레이징Balsamic Glazing 20㎖
이태리파슬리Italy Parsley 5g
로즈마리Rosemary 2g
타임Thyme 2g
세이지Sage 2g
붉은 파프리카Red Paprika 20g
올리브오일Olive Oil 20㎖
파마산치즈Parmesan Cheese 10g
머스터드Mustard 10g
로메인레터스Romaine Lettuce 20g
적양파Red Onion 20g
차이브Chive 5g
소금Salt 약간
후추Pepper 약간
통후추Peppercorn 약간

Preparation

1 로즈마리와 타임, 이태리파슬리는 깨끗이 손질하여 곱게 다져준다.
2 소고기안심은 둥글게 손질하여 1의 허브와 소금, 후추로 간하여 마르네이드한다.
3 달궈진 팬에 2의 마르네이드한 소고기안심을 갈색이 나게 굽는다.
4 3의 구운 소고기에 머스터드를 골고루 바른 후 다진 허브, 통후추에 묻혀 비닐로 둥글게 말아준다
5 4의 둥글게 말은 안심은 냉동고에서 살짝 얼려 슬라이스 기기로 얇게 슬라이스한다.
6 로메인레터스는 깨끗이 씻어서 물기를 제거한다.
7 적양파와 붉은 파프리카는 곱게 채 썰어준다.
8 파마산치즈는 얇게 슬라이스한다.
9 접시에 로메인레터스를 깔고, 5의 슬라이스한 소고기를 얹어 발사믹 글레이징를 뿌려준다.
10 9의 내용물에 7의 채소와 8의 슬라이스한 파마산치즈를 골고루 뿌려준다.

Cooking Class
Cooking Terminology

카르파치오(Carpaccio)
이탈리아가 기원인 카르파치오는 신선한 날 소고기나 생선을 절여 얇게 썰어 올리브오일, 레몬즙을 뿌리기도 하며 발사믹드레싱, 겨자소스 등이 잘 어울리는 재료이다. 주로 전채요리로 채소와 함께 곁들이면 좋다.

Several Grilled Vegetables Placed on Apple Comfort

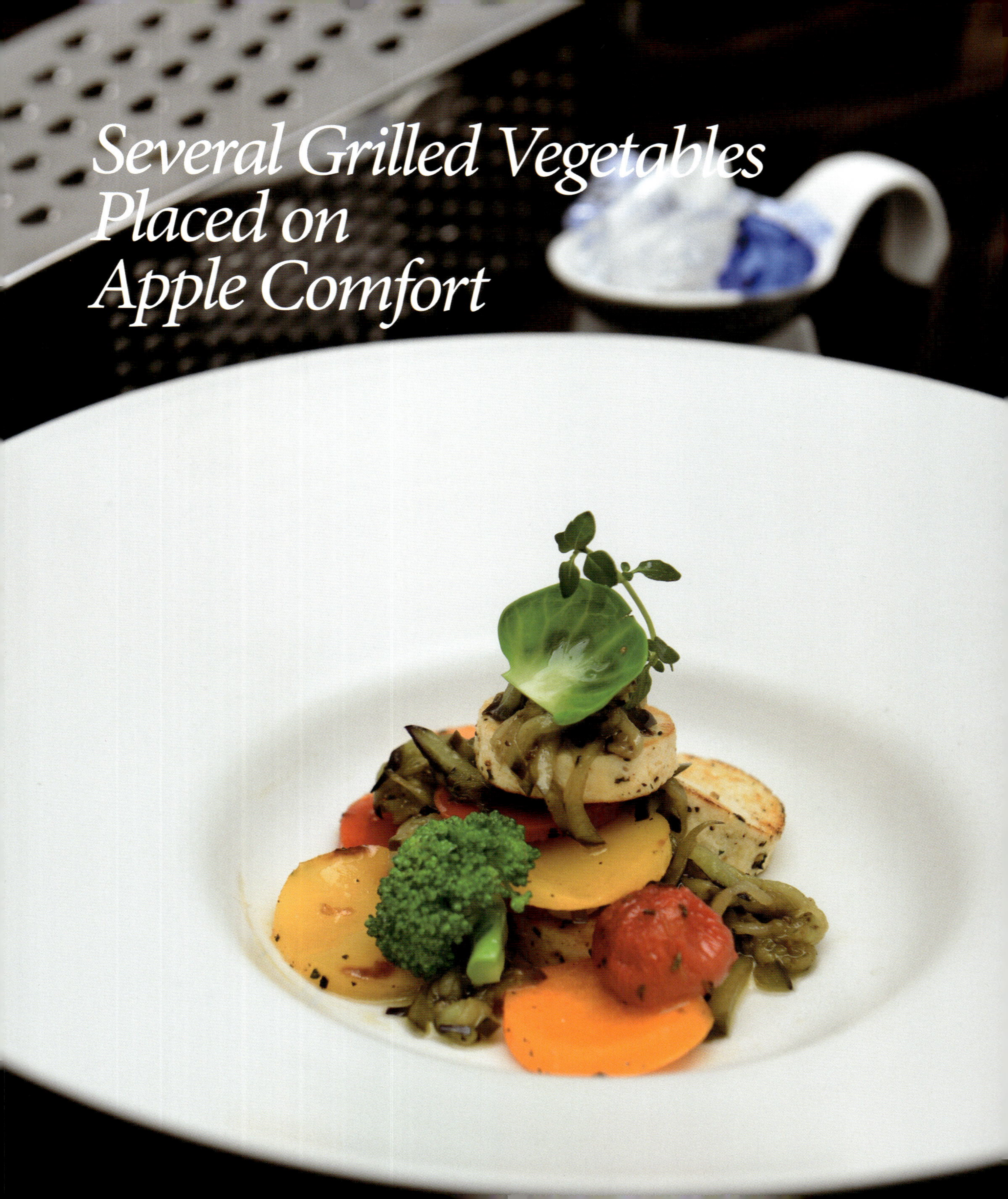

사과 콤퍼트에 올린 여러 가지 채소구이

Several Grilled Vegetables Placed on Apple Comfort

Ingredients

사과Apple 1개
적포도주Red Wine 150㎖
방울토마토Cherry Tomato 1개
붉은 파프리카Red Paprika 1개
가지Eggplant 80g
노란 파프리카Yellow Paprika 80g
아스파라거스Asparagus 1개
주황 파프리카Orange Paprika 80g
마늘Garlic 10g
꼬마양배추Baby Cabbage 1개
타임Thyme 2g
파슬리Parsley 10g
감자Potato ½개
차이브Chive 5g
올리브오일Olive Oil 50㎖
브로콜리Broccoli 50g
후추Pepper 약간
소금Salt 약간
통후추Peppercorn 약간

Preparation

1 사과는 껍질을 벗겨 웨지로 자른다.
2 1의 사과는 팬에서 볶아 적포도주, 설탕에 졸인다.
3 삼색 파프리카는 불에 태워 껍질을 벗긴 후 둥글게 몰드로 자른다.
4 가지는 가늘게 채 썰어 소금, 후추로 간하여 볶는다.
5 감자는 껍질을 벗겨 둥글게 잘라 삶은 후 팬에서 볶는다.
6 브로콜리와 아스파라거스는 끓는 물에 데쳐 소금, 후추로 양념하여 볶는다.
7 방울토마토는 끓는 물에 데쳐 껍질을 벗긴 후 예열된 80℃ 오븐에 굽는다.
8 꼬마양배추는 끓는 물에 데친 후 소금, 후추로 양념하여 볶는다.
9 접시에 2의 졸인 사과를 담고 파프리카와 가지, 감자, 브로콜리, 아스파라거스, 꼬마양배추를 순서대로 올린다.

Cooking Terminology

콤퍼트(Comfort)
과일을 설탕에 졸여 뭉근한 형태로 만든 요리이다.

Seafood Placed on the Marinades Salmon

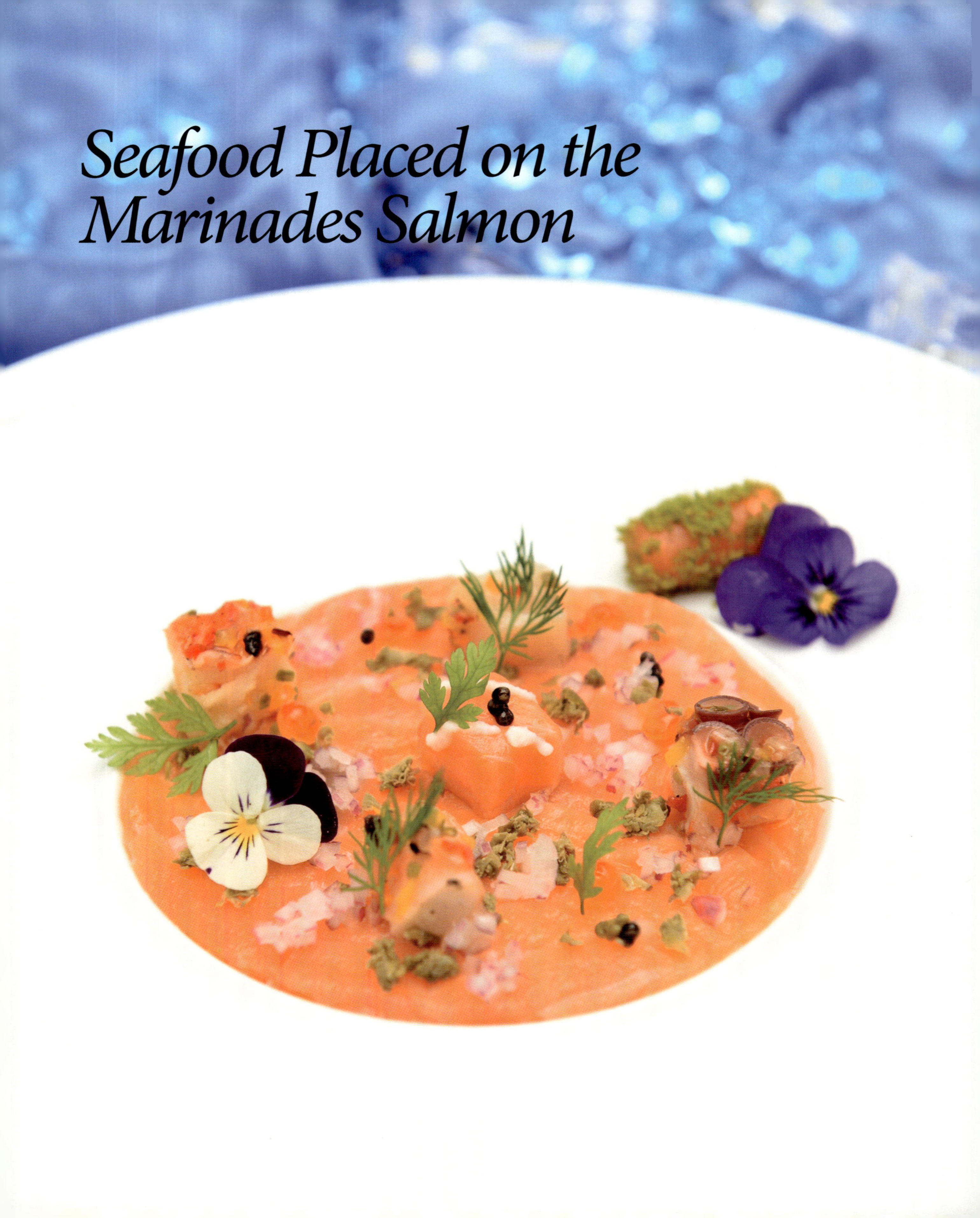

절인 연어 위에 올린 해산물

Seafood Placed on the Marinades Salmon

Ingredients

연어Salmon 200g
케이퍼Caper 10g
적양파Red Onion ¼개
연어알Salmon Roe 2g
피스타치오Pistachio 5g
레몬Lemon 20g
블랙올리브Black Olive 30g
캐비아Caviar 2g
팬지Pansy 1개
레몬주스Lemon Juice 10㎖
처빌Chervil 2g
사워크림Sour Cream 10g
홀스래디쉬Horseradish 10g
올리브오일Olive Oil 50㎖
딜Dill 2g
소금Salt 약간
통후추Whole Pepper 약간

Preparation

1 연어는 비닐과 내장을 제거한 후 필렛하여 준비한다.
2 1의 연어에 소금, 후추, 설탕 타임찹, 처빌찹, 백포도주, 레몬주스로 마리네이드한다.
3 2의 마리네이드한 연어는 얇게 포를 뜬다.
4 문어와 관자, 새우는 끓는 물에 데쳐 사각 모양의 다이스로 자른다.
5 4의 준비한 해산물은 레몬 비네그레트에 골고루 버무려 양념한다.
6 둥근 접시 크기에 맞게 3의 연어를 얇게 펼쳐 접시에 담는다.
7 6의 연어 위에 5의 양념한 해산물을 담고 다진 적양파, 케이퍼, 캐비아, 연어알을 골고루 뿌려준다.
8 7의 연어와 해산물 위에 처빌과 딜, 펜지를 가니쉬로 곁들여 놓는다.

Cooking Terminology

멜바토스트(Melba Toast)
멜바토스트는 오스트레일리아의 콜로라투라 소프라노 가수 멜바가 좋아했다고 해서 붙여진 이름으로, 식빵을 슬라이스하여 일정한 크기의 사각이나 둥근 모양으로 잘라 갈색이 나도록 구운 것을 말한다. 주로 전채요리나 수프에 가니쉬로 곁들여 먹기도 하고, 캐비아를 올려 먹기도 한다.

Tomato Jelly on the Added Seafood

토마토젤리 위에 올린 여러 가지 해산물

Tomato Jelly on the Added Seafood

Ingredients

토마토주스Tomato Juice 100㎖
새우Shrimp 2개
문어Octopus 50g
관자Scallop 1개
훈제연어Smoked Salmon 50g
젤라틴Gelatin 5g
망고Mango 20g
레몬Lemon 20g
백포도주White Wine 10㎖
레몬주스Lemon Juice 10㎖
양파Onion 30g
머스터드Mustard 20g
식초Vinegar 5㎖
올리브오일Olive Oil 50㎖
달걀Egg 1개
타바스코Tabasco 5㎖
마늘Garlic 10g
방풍싹Sprout Shoot 2g
소렐레드Sorrel Red 2g
차이브Chive 5g
래디쉬Radish 1개
통후추Whole Pepper 약간
소금Salt 약간

Preparation

1 토마토주스는 소창에 걸러 중탕하여 젤라틴을 녹인다.
2 젤라틴을 녹인 1의 토마토주스에 설탕, 소금으로 간하여 냉장고에서 굳힌다.
3 문어와 관자, 새우는 끓는 물에 데쳐 사각 모양으로 일정하게 자른다.
4 3의 해산물은 백포도주, 레몬주스, 소금, 후추로 간하여 오일 베네가로 버무린다.
5 훈제연어는 다이스로 잘라 소금, 후추로 간하여 오일 베네가로 버므린다.
6 망고와 오이는 스몰다이스로 잘라 2의 토마토젤리에 섞어준다.
7 둥근 접시에 6의 토마토젤리를 소복이 담는다.
8 7의 토마토젤리 위에 4의 양념한 해산물과 5의 연어를 담고 차이브 찹을 뿌려준다.

Cooking Class

Cooking Terminology

그라브락스(Gravadlox)
그라브락스는 연어를 익히지 않고 소금, 설탕, 후추, 딜, 브랜디로 일정한 시간동안 마리네이드 하여 얇게 썰어 애피타이저로 제공되는 찬 연어요리이다.

New International

GARDE MANGER

Cooking

Cold Soup

수프(Soup)

수프(Soup)는 끓는 물에 야채와 육류나 생선 등을 삶아서 육수가 우러나올 때까지 만드는 국물요리이다. 전통적으로 수프는 맑은 수프, 걸쭉한 수프로 분류되는데, 프랑스에서는 맑은 수프를 부용, 콩소메로 나누며, 걸쭉한 수프는 퓌레 등으로, 야채나 전분을 어느 정도 넣느냐에 따라 걸쭉한 정도가 달라진다.

크림수프는 크림이나 달걀, 버터를 넣어서 끓이는 수프이며, 다른 재료로는 쌀이나 밀가루, 곡물류를 많이 사용한다. 스튜와 수프는 재료의 크기에서부터 차이가 있으며, 수프는 스튜에 비해서 썰어 넣는 재료의 크기가 작고 물의 양이 더 많기 때문에 스튜보다 더 걸쭉한 정도는 아니다.

수프라고 하면 우리가 우선적으로 떠올리는 것은 양식의 정찬에서 제공되는 수프로 생각하기 쉽지만, 이제는 이러한 고정관념을 떠나서 수프의 다양함을 알아야 한다. 수프는 사람에 따라 한 끼 식사대용으로 만들어 먹을 수 있으며, 수프의 형태는 매우 다양하여 국수류나 샌드위치 등 다른 여러 가지 요리들과도 조화가 쉽게 이루어지므로 메뉴에 대한 신경을 쓰면 훌륭한 메뉴를 만들어 낼 수 있다.

수프(Soup)는 프랑스어로 포타주(Potage)라고 불리며, 어원적으로 봤을 때 포트(Pot)에 익혀 먹는 요리라고 한다. 18세기 이후에 포타주(Potage)는 영어의 수프(Soup)와 불어의 수페(Soupe)로 불리게 된다. 원래 수페(Soupe)는 포타주나 부이용에 빵조각을 적셔 먹는 것을 의미했다고 한다. 이 당시에는 빵 만드는 기술이 현대와 같이 발전되지 못한 관계로, 조금만 시간이 흘러도 단단해지기 때문에 단단해진 빵을 와인이나 육즙에 담가 부드러워진 다음에 먹은 것으로 보인다. 요리의 양이 많고 장시간 동안 요리가 제공되던 프랑스에서는 수프 먹는 시간을 충분하게 주어 수프를 매우 천천히 먹었고, 수프를 먹는 동안 서로 간에 대화를 나누는 것도 바로 수프의 특징 중 하나였다.

현대에 와서 수프는 포타주가 동의어로 사용되는 경우가 있지만, 예전에는 야채나 생선, 육류를 이용하여 만든 맑은 수프에는 빵이나 파스타, 잡곡류를 곁들여 내는 것이 일반화되어 있었다. 뿐만 아니라, 지역적으로 상류층 계급에서 항상 수프에 빵을 함께 제공하는 것이 현대에 전해져 오는 전통적인 프랑스식 양파수프인 것이다. 또한 식사의 두 번째 코스 음식으로 제공되는 액체의 음식으로 영양가가 높은 요리이며, 수프의 역할은 소화흡수를 도울 수 있는 음식으로 식욕을 충족시키기보다는 본격적인 식사를 위해 위에 미세한 자극을 주는 것이다.

수프의 종류(Kind of Soup)

수프(Soup)는 기본적으로 농도에 따라서 맑은 수프(Clear Soup)와 걸쭉한 수프(Thick Soup)로 나눠고, 온도에 따라서는 뜨거운 수프(Hot Soup)와 차가운 수프(Cold Soup)로 분류된다.

① 맑은 수프(Clear Soup)

맑은 수프(Clear Soup)는 국물로 하여금 맛을 느낄 수 있어야 하며, 색깔도 깔끔하고 투명한 색이 나야 한다. 수프를 마무리할 때는 채소나 신선한 허브 종류를 장식해주는 것이 좋다. 맑은 수프는 포만감을 느끼기보다는 고급스러운 분위기를 이끌어주며, 종류로는 콩소메 수프(Consomme Soup)와 브로스 수프(Broth Soup) 등이 있다.

② 걸쭉한 수프(Thick Soup)

걸쭉한 수프(Thick Soup)는 맛이 부드럽고 감촉이 좋은 크림수프(Cream Soup)의 하나로, 주재료를 이용해 농도를 내거나 리에종(Liaison)을 이용해 농도를 내어 걸쭉한 상태가 되게 한다. 종류로는 크림 수프(Cream Soup)와 퓌레 수프(Puree Soup), 비스크 수프(Bisque Soup) 등이 있다.

③ 차가운 수프(Cold Soup)

차가운 수프(Cold Soup)는 유럽이나 미주에서 더운 여름뿐만 아니라 다른 계절에도 식탁에 자주 나오는 수프의 하나이다. 따뜻한 수프는 재료를 넣고 끓여 만든 후 바로 손님의 식탁에 제공되어야 최고의 맛을 느낄 수 있고, 차가운 수프는 끓인 후 일정한 시간이 지나야 향미와 맛을 최상으로 느낄 수 있다. 종류로는 가스파초(Gazpacho)와 비쉬주와즈(Vichyassoise) 등이 있다.

맛있는 수프 끓이기

- 수프에 사용하는 육수의 질이 수프의 맛을 좌우한다.
- 수프에 사용하는 부재료는 작게 잘라 사용하는 것이 좋다.
- 육수는 두 시간 이상 끓여야 하며, 천천히 모든 재료가 완전히 익도록 끓여야 한다.
- 수프에 사용하는 가니쉬 채소는 살짝 데쳐야 맛이 유지된다.
- 채소는 완전히 볶아서 사용해야 풋내가 나지 않는다.
- 고기의 피는 흐르는 물에 완전히 제거한 후 사용한다.
- 채소의 종류는 양파, 당근, 샐러리, 파, 파슬리 등 향미가 높은 것이 좋다.
- 거품은 거두어내면서 천천히 끓여야 하고, 기름기가 많을 경우 육수가 탁해지므로 걸러낸다.
- 부용은 수프를 끓이기 위한 과정으로, 좋은 재료로 질 좋은 육수를 끓여야 제 맛을 낼 수 있다.
- 육수로 사용하는 고기는 운동을 많이 한 부위를 사용하는 것이 좋다.
- 차가운 수프와 뜨거운 수프는 구별하여 기물을 선택하고 서비스할 때도 구분해서 제공해야 한다.

Cold Potato Soup

차가운 감자 수프

Cold Potato Soup

Ingredients

- 감자Potato 300g
- 소금Salt 약간
- 바질Basil 2g
- 닭육수Chicken Stock 300㎖
- 대파Leek 50g
- 버터Butter 20g
- 이태리파슬리Italy Parsley 5g
- 양파Onion 50g
- 올리브오일Olive Oil 5㎖
- 휘핑크림Whipping Cream 50㎖
- 처빌Chervil 2g
- 후추Pepper 약간

Preparation

1. 양파, 대파는 잘게 다져놓는다.
2. 감자는 껍질을 벗겨 얇게 슬라이스한다.
3. 자루냄비(Pot)에 버터를 녹여 1의 다진 양파, 대파를 색이 나지 않게 볶다가, 2의 감자를 넣고 볶아 준 후 닭육수, 월계수 잎을 넣고 끓인다.
4. 3의 끓인 감자를 고운체에 으깨면서 걸러준다.
5. 4의 거른 감자수프에 생크림을 넣고 농도가 되직하도록 다시 한 번 끓이면서 소금, 후추로 간한다.
6. 믹싱볼에 휘핑크림을 넣고 저어 거품을 낸다.
7. 수프볼에 5의 감자수프를 담고, 6의 휘핑한 생크림을 올리고 처빌을 곁들인다.

Cooking Terminology

수프(Soup)

수프는 주요리와 궁합이 잘 맞아야 하며, 주요리가 무거우면 수프가 가벼워야 하고, 주요리가 생선이면 수프는 생선이 아닌 다른 식재료를 사용해야 한다. 수프는 우리나라에서는 국, 탕, 미음, 죽 등이며, 서양요리로 보면 수프로 볼 수 있다.

Tomato Gazpacho Added with Tapenade

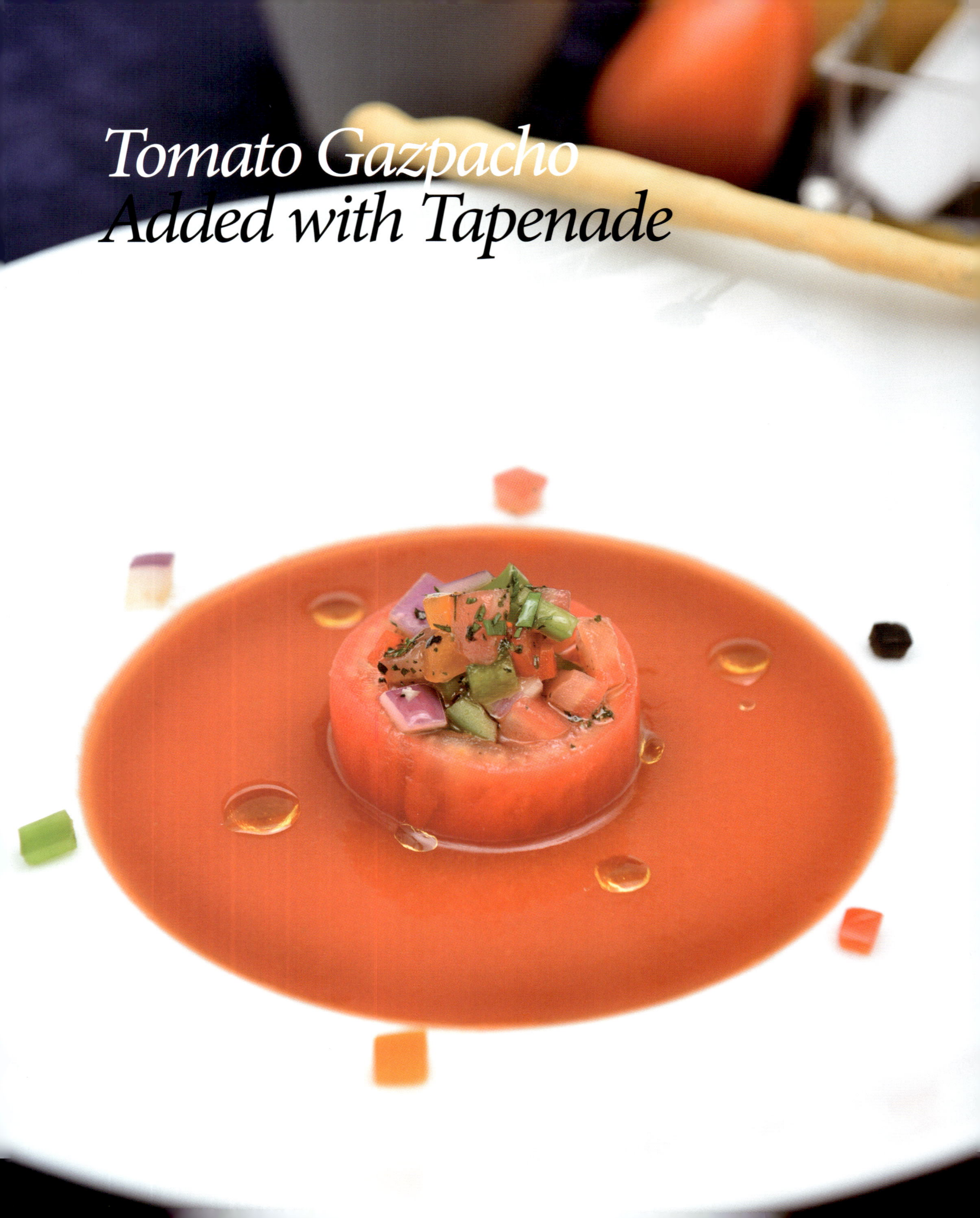

타프나드를 곁들인 토마토 가스파초

Tomato Gazpacho Added with Tapenade

Ingredients

토마토Tomato 2개
양파Onion 50g
오이Cucumber 50g
피망Green Pepper 50g
붉은 파프리카Red Paprika ½개
샐러리Celery 50g
마늘Garlic 10g
적양파Red Onion 20g
할라피뇨Jalapeno 10g
바질Basil 10g
타라곤Tarragon 5g
토마토주스Tomato Juice 200mℓ
타바스코Tabasco 5mℓ
백포도주White Wine 20mℓ
적포도주 식초Red Wine Vinegar 10mℓ
올리브오일Olive Oil 20mℓ
블랙올리브Black Olive 2개
주황 파프리카Orange Paprika ½개
소금Salt 약간
설탕Sugar 약간

Preparation

1. 토마토는 칼집을 작게 내어 끓는 물에 데쳐서 껍질을 벗겨낸다.
2. 1의 껍질을 벗긴 토마토 윗부분을 자른 후 씨를 모두 제거한다.
3. 믹서기에 2의 토마토 씨 부분과 토마토주스, 양파, 마늘, 적포도주, 식초, 타바스코, 올리브오일을 넣어 곱게 갈아 고운체에 걸러준다.
4. 3의 수프에 설탕과 소금으로 간한다.
5. 적양파와 오이, 붉은 파프리카, 샐러리는 브루노아즈로 썰어놓는다.
6. 수프볼에 4의 가스파초 수프를 부어주고, 2의 속을 빼낸 토마토에 5의 채소를 양념하여 담고 가운데에 올려준다.
7. 이태리파슬리를 곱게 다져 뿌려준다.

Cooking Class

Cooking Terminology

타프나드(Tapenade)
프랑스의 남동부 프로방스 지역에서 유래된 소스의 일종으로, 케이퍼, 앤초비, 올리브오일, 레몬주스, 참치조각 등을 넣고 양념하여 만들어 빵에 발라먹거나 양념으로 많이 사용한다.

가스파초(Gazpacho)
스페인 남부의 안달루시아 지역에서 유래된 신선하고 찬 여름 수프이다.

Sweet Strawberry Soup

달콤한 딸기 수프

Sweet Strawberry Soup

Ingredients

딸기Strawberry 10개
양파Onion 50g
방울토마토Cherry Tomato 1개
블랙올리브Black Olive 2개
백포도주White Wine 20㎖
미니치커리Mini Chicory 10g

오이Cucumber 50g
딸기주스Strawberry Juice 100㎖
자몽Grapefruit ¼개
오렌지Orange ¼개
설탕Sugar 5g

Preparation

1 딸기는 깨끗이 씻어 꼭지를 제거하고 슬라이스로 썰어준다.
2 양파는 슬라이스하고, 오이는 파란 겉 부분을 완전히 제거한다.
3 믹서기에 1의 딸기와 2의 채소, 백포도주를 넣고 곱게 갈아준다.
4 3의 갈은 딸기 수프는 고운체에 걸러 낸 후, 소량의 우유를 넣고 농도를 맞춘다.
5 4의 딸기 수프에 설탕으로 간한다.

Cooking Class
Ingredients

딸기(Strawberry)
장미과에 속하는 8종의 열매식물로, 다년생 숙근성 초본으로 수명이 짧고 25℃ 이하의 선선한 기후를 좋아하는 열매채소이다.

Fresh Cucumber Soup

신선한 오이 수프

Fresh Cucumber Soup

Ingredients

오이Cucumber 200g
크레송Cresson 50g
대파Leek 20g
버터Butter 10g
감자Potato ½개

양파Onion 20g
올리브오일Olive Oil 10㎖
우유Milk 10㎖
생크림Fresh Cream 10㎖
소금Salt 약간

Preparation

1 양파와 대파 흰 부분을 얇게 슬라이스한다.
2 감자는 껍질을 벗겨 얇게 슬라이스한다.
3 오이는 깨끗이 씻어 슬라이스로 썰어놓는다.
4 달궈진 팬에 1의 양파, 대파를 넣어 볶은 후, 2의 감자를 넣고 색이 나지 않게 익을 때까지 볶아준 후 오이, 크레송을 넣고 한 번 더 볶아준다.
5 4의 볶은 오이에 스톡을 붓고 오이의 푸른색이 변색되지 않게 끓여 준 후 고운체에 거른다.
6 5의 오이 수프에 생크림, 소금으로 양념하여 완성한다.

Ingredients

오이(Cucumber)
박과에 속하는 식물로 어릴 때에는 가시 같은 돌기가 있고 녹색에서 짙은 황갈색으로 익는다. 오이는 중요한 식용작물 중 하나이며, 즙액은 뜨거운 물에 화상을 입었을 때 바르면 열을 식혀 주는 기능도 한다.

Pure Vegetable Soup

맑은 채소 수프

Pure Vegetable Soup

Ingredients

당근Carrot 40g
토마토Tomato 150g
양파Onion 50g
붉은 파프리카Red Paprika 40g
샐러리Celery 40g
월계수잎Bay Leaf 1잎
오이Cucumber 40g
버터Butter 20g
야채육수Vegetable Stock 300㎖
타임Thyme 5g
마늘Garlic 5g
블랙올리브Black Olive 1개
후추Pepper 약간
소금Salt 약간

Preparation

1 오이와 양파, 당근은 껍질을 벗겨 얇게 슬라이스로 썰어놓는다.
2 마늘은 곱게 다져놓는다.
3 블랙올리브는 곱게 다져놓는다.
4 토마토는 씨를 제거한 후 줄리엔으로 썰어놓는다.
5 달궈진 팬에 버터를 녹여 2의 다진 마늘을 볶다가 양파, 오이, 당근, 토마토를 넣고 치킨스톡을 붓고 끓여준다.
6 5의 끓인 수프는 기름기나 거품을 제거하고 수프볼에 담아 완성한다.

Cooking Terminology

스톡(Stock)
스톡은 프랑스어로 퐁(Fond)이라 한다. 여러 가지 소스의 모체가 되는 기초소스이며, 육수를 뽑아내는 것과 같은 것이다. 채소 및 부케가르니 등으로 함께 끓여 만든다.

Broccoli Soup

브로콜리 수프

Broccoli Soup

Ingredients

브로콜리Broccoli 300g
샐러리Celery 60g
양파Onion 20g
레몬Lemon 20g
마늘Garlic 5g
바게트Baguette 20g
올리브오일Olive Oil 20㎖
이태리파슬리Italian Parsley 20g
닭육수Chicken Stock 300㎖
버터Butter 10g
후추Pepper 약간
소금Salt 약간

Preparation

1 양파, 마늘, 대파는 손질 후 다져놓는다.
2 브로콜리는 줄기 부분을 제거한 후, 다이스로 썰어놓는다.
3 자루냄비(Pot)에 버터를 녹여 1의 다진 마늘, 양파, 대파, 브로콜리 순으로 볶아준다.
4 3의 볶은 브로콜리에 닭육수를 붓고 끓여준다.
5 믹서기에 4의 내용물을 넣고 곱게 갈아준다.
6 5의 갈은 브로콜리 수프에 생크림을 넣어 농도를 맞춘 후 소금, 후추로 간한다.
7 수프볼에 6의 수프를 담고, 브로콜리 순을 뿌리고 구운 바게트를 곁들인다.

Cooking Terminology

차가운 수프(Cold Soup)
차가운 수프를 만들 때에는 더운 수프보다 농도를 묽게 하여야 하며, 식으면서 농도가 더 걸쭉하게 된다는 것을 생각해야 한다.

Cool Watermelon Soup

시원한 수박 수프

Cool Watermelon Soup

Ingredients

수박Watermelon 200g
양파Onion 20g
마늘Garlic 5g
레몬Lemon 10g
셰리와인Sherry Wine 20㎖
올리브오일Olive Oil 10㎖

키위Kiwi ¼개
우유Milk 10㎖
소금Salt 약간
후추Pepper 약간
설탕Sugar 약간

Preparation

1 수박은 껍질을 벗겨 다이스로 잘라 씨를 제거한다.
2 양파와 마늘은 손질하여 슬라이스한다.
3 믹서기에 1의 수박, 2의 양파, 마늘, 셰리와인을 넣고 곱게 갈아준다
4 3의 갈은 수박 수프는 소량의 우유를 넣고 농도를 맞춘다.
5 4의 수박 수프에 소금과 후추, 설탕으로 간한다.

Ingredients

수박(Watermelon)
수박의 줄기는 길게 자라면서 부분별로 가지가 갈라진다. 잎은 잎자루가 있고 달걀 모양으로 긴 타원형이며, 길이는 10~18㎝이고 깃꼴로 깊게 갈라진다. 꽃은 5~6월에 연한 노란색으로 피고 잎겨드랑이 쪽에 1개씩 달리며, 화관은 5개로 갈래지며 열매는 5~6㎏까지 비대하는 것이 브통이다.

Smooth Asparagus Soup

부드러운 아스파라거스 수프

Smooth Asparagus Soup

Ingredients

아스파라거스Asparagus 5개
크레송Cresson 50g
감자Potato 20g
대파Leek 10g
버터Butter 10g
생크림Fresh Cream 50㎖
닭육수Chicken Stock 300㎖
양파Onion 20g
페퍼민트Peppe Mint 2g
우유Milk 20㎖
마늘Garlic 1개
아몬드슬라이스Almond Slice 5g
후추Pepper 약간
소금Salt 약간

Preparation

1 양파와 마늘은 잘게 다져놓는다.
1 감자는 껍질을 벗겨 얇게 슬라이스한다.
3 아스파라거스는 깨끗이 씻어 껍질을 벗겨 슬라이스로 썰어놓는다.
4 자루냄비(Pot)에 버터를 녹여 1의 다진 양파, 마늘을 볶다가 2의 감자, 3의 아스파라거스를 넣고 볶아준다.
5 4의 볶은 아스파라거스는 닭육수를 붓고 끓여 준 후 믹서기에 곱게 갈아준다.
6 5의 갈은 아스파라거스에 생크림과 우유를 넣고 농도를 조절하여 소금, 후추로 간한다.

Ingredients

아스파라거스(Asparagus)
백합과 식물로 기원전부터 먹기 시작한 고급 채소이며 아스파라긴산이 많고 영양성분이 우수하다. 흰색, 자색, 녹색의 세 가지 종류가 있으며 오래되면 질겨진다. 한 번 열을 가한 아스파라거스는 오랫동안 보관하지 않고 되도록 빨리 사용하는 것이 좋다.

Cauliflower Soup

콜리플라워 수프

Cauliflower Soup

Ingredients

콜리플라워Cauliflower 200g
감자Potato ½개
토마토Tomato ½개
양파Onion 20g
마늘Garlic 1개
닭육수Chicken Stock 200㎖
대파Leek 10g

우유Milk 50㎖
생크림Fresh Cream 50㎖
밀가루Flour 10g
식빵Bread 1개
올리브오일Olive Oil 20㎖
소금Salt 약간
후추Pepper 약간

Preparation

1 양파, 마늘은 손질한 후 다져놓는다.
2 콜리플라워는 줄기 부분을 제거한 후, 다이스로 썰어놓는다.
3 자루냄비(Pot)에 버터를 녹여 1의 다진 마늘, 양파, 콜리플라워 순으로 볶아준다.
4 3의 볶은 콜리플라워에 닭육수를 붓고 천천히 끓여준다.
5 믹서기에 4의 내용물을 넣어 곱게 갈아준다.
6 5의 갈은 콜리플라워 수프에 생크림을 넣어 농도를 맞춘 후 소금, 후추로 간한다.
7 토마토 토르텔리니는 끓는 물에 삶아 5의 콜리플라워 수프에 곁들인다.

Cooking Method

토마토 토르텔리니(Tomato Tortellini)

❶ 토마토는 끓는 물에 데쳐 껍질을 벗겨 믹서기에 갈아 고운체에 내린다.
❷ 다진 양송이, 양파는 팬에 볶아 소금, 후추로 양념한다.
❸ 팬에 다진 마늘, 잘게 썰은 닭고기를 함께 볶아 소금, 후추로 양념한다.
❹ 스텐볼(Sten Bowl)에 ❶의 토마토주스, 밀가루, 달걀, 우유, 소금을 넣어 반죽을 만든다.
❺ ❹의 반죽을 비닐봉지에 싸서 30분간 냉장고에 숙성시킨 후, 두께 0.2㎜로 밀어 지름 3~4㎝로 잘라놓는다.
❻ ❺의 도우(Dough)에 ❸의 내용물을 속에 채워 토마토 토르텔리니를 만든다

Tomato Broth Added with Herb

허브를 곁들인 토마토 브로스

Tomato Broth Added with Herb

Ingredients

닭육수Chicken Stock 300㎖
토마토Tomato ½개
양파Onion 30g
블랙올리브Black Olive 2개
샐러리Celery 30g
무Turnip 30g
페퍼민트Pepper Mint 2g
바질Basil 2g

타임Thyme 5g
당근Carrot 30g
백포도주White Wine 20㎖
월계수잎Bay Leaf 1잎
올리브오일Olive Oil 10㎖
소금Salt 약간
후추Pepper 약간

Preparation

1 양파와 당근, 샐러리, 애호박은 얇게 슬라이스하여 스톡에 데쳐 준비한다.
2 토마토는 씨를 제거한 후 줄리엔으로 썰어놓는다.
3 페퍼민트는 깨끗이 씻어 물기를 제거한다.
4 달궈진 팬에 버터를 녹여 1의 양파와 당근, 샐러리를 넣고 치킨스톡을 붓고 끓여준다.
5 4의 끓인 수프는 기름기나 거품을 제거하고 수프볼에 담아 완성한다.

Cooking Terminology

브로스(Broth)
고기, 생선, 야채, 향신료 등을 넣고 끓여서 만든 육수이며, 부용(Bouillon)과 같은 용어로 사용되기도 한다.

Avocado Soup

아보카도 수프

Avocado Soup

Ingredients

아보카도Avocado 2개
감자Potato ½개
샐러리Celery 10g
마늘Garlic 1개
양파Onion 10g
올리브오일Olive Oil 10㎖
닭육수Chicken Stock 300㎖
소금Salt 약간
후추Pepper 약간
설탕Sugar 약간

Preparation

1 양파, 마늘은 손질하여 곱게 슬라이스한다.
2 감자는 껍질을 벗겨 얇게 슬라이스한다.
3 아보카도는 껍질을 벗겨 슬라이스로 썰어놓는다.
4 자루냄비(Pot)에 버터를 녹여 1의 다진 양파, 마늘을 볶다가 2의 감자, 3의 아보카도를 넣고 볶아준다.
5 4의 볶은 아보카도에 닭육수를 부어 끓여준 후, 믹서기에 곱게 갈아준다.
6 5의 갈은 아보카도에 생크림과 우유를 넣어 농도를 조절하고 소금, 후추로 간한다.

Ingredients

아보카도(Avocado)
열대기후에 잘 자라는 아보카도는, 속살은 부드러우며 당븐함량이 낮고 비타민, 미네랄함량이 높으며 칼륨이 풍부하여 체내의 나트륨 배출에 도움이 된다.

New International
GARDE
MANGER
Cooking

Salad

샐러드(Salad)

샐러드는 채소나 과일을 주재료로 하여 소스나 드레싱을 곁들여 만든 것이다. 샐러드의 어원은 라틴어의 'Herba Salate' 즉 소금을 뿌린 Herb라는 뜻이 있는데, 신선한 채소나 향초 등에 소금만으로 간을 맞추어 먹었던 것에서 유래했다.

원래 샐러드는 로마·그리스 시대에 샐러드에 소금을 뿌려서 먹던 습관에서 생긴 것이다. 이러한 샐러드는 애피타이저의 한 종류로서 소화·흡수를 도와주는 역할을 하며 파슬리, 크레송, 샐러리와 같은 약초에 해당하는 허브 및 채소 등을 이용하여 육류요리와 함께 먹음으로써 우리 몸에 필요한 비타민을 섭취할 수 있어 건강을 유지하는데 큰 역할을 한다. 샐러드에 주로 제공되는 재료라 하면 신선한 채소나 과일 정도로 생각하겠지만 육류, 가금류, 파스타, 라이스, 생선 등의 다양한 재료의 조리법이 생겨나면서 발전되었다.

오늘날 현대인들의 과다한 육류 섭취로 인한 비만이나 성인병 발생 위험의 대안으로 샐러드 섭취가 점차적으로 증가하고 있으며, 샐러드는 인체의 필요한 모든 필수영양소를 포함하고 있다. 일반적으로 육류의 섭취 빈도가 높은 서양에서는 메인요리를 먹기 전이나 후에 샐러드를 내어오는데, 유럽이나 프랑스에서는 메인요리를 먹은 후에 제공되며, 미국식 스타일은 메인음식을 먹기 전에 제공한다. 대체적으로 샐러드의 재료는 국가나 지방에 따라 다르게 나타난다. 그 모양새와 생김새도 다르며 맛도 차이가 있다.

영국식 샐러드는 워터 클래스와 샐러드 오일로 구성되며, 프랑스 샐러드의 근본이 되는 것은 시골의 녹색 식물이고, 미국식 샐러드는 지역이 어디냐에 따라 여러 가지 스타일을 보여주고 있다. 시저 샐러드는 서부 해안지역에서 생겨났고, 미국의 중심부에 유행하는 감자 샐러드는 노동력이 많이 소요되는 농부들의 욕구를 충족시키기에 좋은 음식으로 충분하였다. 요리사들은 보다 더 쉽고 다양한 방법으로 재료를 구입하고, 샐러드를 만드는 방법을 다양하게 변화시키고 있다.

샐러드의 기본 구성(Basic Composition Salad)

샐러드의 기본 요소는 바탕, 본체, 소스, 곁들임으로 구성되어 있다. 본체는 샐러드를 구성하는 중심 재료가 되며 양상추, 로메인 상추처럼 그릇을 채워주는 역할을 한다. 바탕은 본체와 색 대비를 이루는 것으로 바닥에 까는 신선한 그린 채소가 이용되며, 가장 중요한 부분으로 샐러드 재료의 종류에 따라 달라지고 신선한 재료와 균형이 맞아야 한다. 드레싱은 샐러드 본체나 곁들임에 사용하지 않는 재료를 주로 써서 만든다. 드레싱은 샐러드의 맛을 결정하는 중요한 요소이며, 여기에 첨가된 여러 가지 식재료는 곁들임의 역할을 함으로써 맛과 향을 보완해 줄 뿐만 아니라 시각적 효과도 증진시켜준다.

샐러드에 사용하는 채소는 수분이 없이 잘 건조되어야 드레싱에 잘 버무려지며 깨끗한 통이나 용기에 넣어 냉장고에 보관하여야 한다. 그리고 채소를 접시에 담을 때는 채소의 무게에 의해 잎이 손상되므로 너무 많이 담지 않도록 해야 한다.

샐러드의 종류(Kind of Salad)

샐러드는 기본 재료에 따라 종류가 바뀌기 때문에 분류하기는 어렵지만, 내용과 형식에 따라 순수하게 채소로만 된 '단순 샐러드(Simple Salad)'와 두 가지 이상의 재료가 들어간 '복합 샐러드(Compound Salad)'로 구분할 수 있다. 단순 샐러드는 허브를 이용하거나 다양한 채소들로 구성된 샐러드이다. 복합 샐러드는 채소뿐만 아니라 과일, 육류, 가금류와 야채 등 각종 식재료를 섞어서 드레싱을 곁들여 만든 샐러드이다. 또한 샐러드에는 다양한 소스가 사용되는데, 대표적으로 비네그레트소스와 마요네즈소스가 많이 사용된다.

① 단순 샐러드(Simple Salad)

단순 샐러드(Simple Salad)는 한 가지의 채소만으로 만들며, 순수한 그린색으로만 만든 그린 샐러드(Green Salad)와 먹을 수 있는 잎으로 구성된 잎 샐러드(Leaf Salad)가 있다. 한 가지의 채소만으로 만들기보다는 현대에 이르러서는 여러 가지 채소를 배합하여 색, 맛, 영양의 조화를 이루었고, 드레싱을 곁들여 먹기 좋게 만들었다. 그리고 샐러드용 채소는 칼로 썰어 사용하는 것보다는 손으로 찢어서 사용하는 게 좋다.

② 복합 샐러드(Compound Salad)

복합 샐러드(Compound Salad)는 여러 가지 재료를 혼합하여 만든 샐러드로, 식재료를 다듬어 소스와 드레싱을 묻혀낸 샐러드이다. 종류로는 다양한데, 과일 샐러드(Fruit Salad)와 생선 샐러드(Fish Salad) 등이 있다. 과일 샐러드(Fruit Salad)는 채소에 과일이 혼합된 샐러드이고, 생선 샐러드(Fish Salad)는 채소에 생선이 혼합된 샐러드이다.

Seafood Salad Placed in a Fried Rice Paper Basket

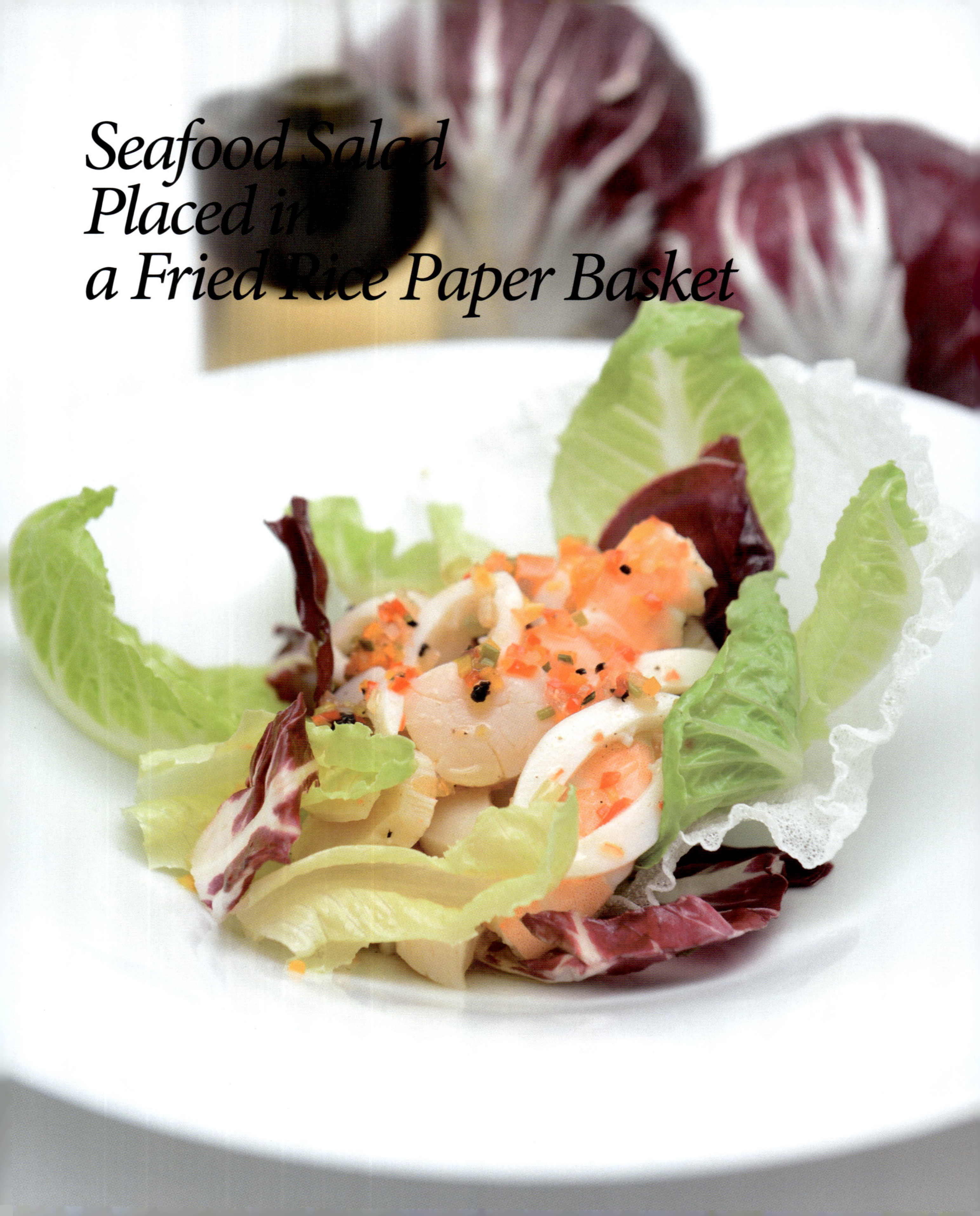

튀긴 라이스페이퍼 바스켓에 담은 해산물 샐러드

Seafood Salad Placed in a Fried Rice Paper Basket

Ingredients

관자Scallop 80g
오징어Squid 60g
새우Shrimp 80g
마늘Garlic 1개
블랙올리브Black Olive 3개
레몬주스Lemon Juice 5㎖
양파Onion 50g
레몬Lemon ¼개
로메인레터스Romaine Lettuce 50g
붉은 파프리카Red Paprika ½개
주황 파프리카Orange Paprika ½개
라디치오Radicchio 50g

백포도주White Wine 30㎖
딜Dill 5g
붉은 고추Red Pepper 50g
월남쌈Spring Roll 1개
식용유Oil 200㎖
디존 머스터드Dijon Mustard 5g
올리브오일Olive Oil 20㎖
식초Vinegar 20㎖
토마토Tomato ½개
소금Salt 약간
통후추Peppercorn 약간
후추Pepper 약간

Preparation

1 오징어는 머리와 내장을 제거한 후, 끓는 물에 데쳐 둥근 모양으로 슬라이스한다.
2 새우는 머리 부분을 제거한 후, 껍질을 벗겨 내장을 제거한다.
3 관자는 질긴 막을 제거하여 깨끗이 손질한다.
4 자루냄비(Pot)에 양파와 마늘, 레몬, 샐러리를 넣어 끓인 후 2의 새우와 3의 관자를 데친다.
5 로메인레터스와 라디치오는 깨끗이 씻어 한 입 크기로 손질한다.
6 월남쌈은 튀김기름에 바스켓 모양으로 튀긴다.
7 믹싱볼에 일부의 1의 오징어와 4의 관자, 새우를 담고 이탈리안 드레싱에 버무린다.
8 접시에 튀긴 월남쌈 바스켓을 놓고, 로메인레터스와 라디치오, 양념한 해산물을 담는다.

Ingredients

라이스페이퍼(Rice Paper)
월남쌈에 주로 이용되는 식재료이며, 춘권피처럼 재료들을 싸는 데에 많이 사용된다.

Red Wine Pickled Pear and Beet Salad

적포도주에 졸인 배와 비트 샐러드

Red Wine Pickled Pear and Beet Salad

Ingredients

비트Beet ½개
배Pear ½개
식초Vinegar 20㎖
레몬주스Lemon Juice 20㎖
블루베리Blueberry 20g
적포도주Red Wine 200㎖
오렌지Orange ¼개

산딸기퓨레Raspberry Puree 20㎖
올리브오일Olive Oil 10㎖
페퍼민트Pepper Mint 2g
식용유Oil 50㎖
건포도Raisin 30g
설탕Sugar 20g
플레인 요구르트Plain Yogurt 50㎖

Preparation

1 비트는 깨끗이 씻어 껍질을 벗긴 후 웨이지(Wage)로 썰어준다.
2 자루냄비(Pot)에 1의 썰은 비트와 설탕, 식초, 레몬주스를 넣고 비트가 완전히 익도록 삶는다.
3 배는 웨이지로 썰어 갈색이 나도록 볶아 적포도주에 졸인다.
4 달궈진 팬에 올리브오일을 두르고 건포도를 볶다가 적포도주를 붓고 졸여준다.
5 오렌지는 껍질을 벗겨 웨이지로 잘라놓는다.
6 믹싱볼(Mixing Bowl)에 1의 삶은 비트와 3의 졸인 배, 4의 졸인 건포도, 산딸기 퓨레를 넣고 비트 드레싱에 버무린다.
7 접시에 6의 비트 샐러드를 담고, 5의 오렌지와 블루베리, 페퍼민트를 가니쉬로 담는다.
8 7의 비트 샐러드에 플레인 요구르트를 골고루 뿌려준다.

Cooking Class Ingredients

비트(Beet)
명아주과에 속하는 식물이며, 무의 일종으로 뿌리 부분만을 사용하고, 원산지는 유럽과 아메리카 지역이다. 비트의 빨간 색소는 베타시아닌이라고 하는 물질인데, 이것을 추출하여 비트 레드라는 식용색소로 이용하기도 한다. 비트는 식초와 설탕을 넣어 끓인 후 단맛과 신맛이 배어들게 해서 샐러드로 조리하여 사용하는데, 색의 번짐이 심해 다른 음식을 만들 때나 장식을 할 경우 항상 이 점을 염두에 두어야 한다.

Quinoa Salad with Dried Fruits

건과류와 퀴노아 샐러드

Quinoa Salad with Dried Fruits

Ingredients

퀴노아Quinoa 80g
잣Pine Nut 10g
건포도Dry Grape 10g
호두Walnut 10g
주황 파프리카Orange Paprika 30g
붉은 파프리카Red Paprika 30g
치킨스톡Chicken Stock 30㎖
애호박Zucchini 30g
적양파Red Onion 30g
올리브오일Olive Oil 20㎖
치킨베이스Chicken Base 5g
렌틸Lentil 20g
치커리Chicory 10g
비타민Vitamin 10g
사워크림Sour Cream 10㎖
마요네즈Mayonnaise 10g
소금Salt 약간
설탕Sugar 약간
후추Pepper 약간

Preparation

1 퀴노아와 렌틸은 치킨스톡에 데쳐 식힌다.
2 주황 파프리카와 붉은 파프리카, 애호박, 적양파는 스몰다이스로 자른다.
3 건포도와 호두는 2의 채소 크기로 썰어놓는다.
4 치커리와 비타민은 깨끗이 씻어 물기를 제거한다.
5 믹싱볼에 1의 퀴노아, 렌틸과 2의 채소, 3의 견과류를 넣고 섞어준다
6 5의 건과류에 올리브오일, 사워크림, 마요네즈, 레몬주스, 소금, 후추를 넣고 골고루 버무려준다.
7 접시에 치커리와 비타민을 깔아준 후, 6의 퀴노아 샐러드를 소복이 담고 치커리와 비타민을 곁들인다.

Cooking Class Ingredients

퀴노아(Quinoa)
'퀴노아'의 어원은 '모든 곡식의 어머니'를 뜻하는 고대 잉카제국에서 유래된 것으로, 약 4,000년 전부터 안데스산맥 일대에서 주요작물로 재배해 왔다. 잉카제국의 '슈퍼곡물'로 불리던 퀴노아는 지난 수천 년 동안 에콰도르·페루·볼리비아 등 안데스지역의 중요 농산물이었으나, 근세에 와서 일부 농가에서 자급자족으로 명맥을 유지하고 있다.

Grilled Endive and Paprika Salad

구운 엔다이브와 파프리카 샐러드

Grilled Endive and Paprika Salad

Ingredients

엔다이브Endive 200g
발사믹 글레이징Balsamic Glazing 10㎖
방울토마토Cherry Tomato 3개
레몬주스Lemon Juice 20㎖
적양파Red Onion 80g
미니붉은 파프리카Mini Red Paprika 50g
미니주황 파프리카Mini Orange Paprika 50g
크레송Cresson 20g
샐러리Celery 80g
식초Vinegar 10㎖
마늘Garlic 1개
식빵Bread ½개
버터Butter 20g
파마산치즈Parmesan Cheese 10g
미니노랑 파프리카Mini Yellow Paprika 50g
처빌Chervil 5g
백포도주White Wine 50㎖
닭육수Chicken Stock 200㎖
통후추Peppercorn 약간
소금Salt 약간

Preparation

1 엔다이브는 손질하여 길게 4등분으로 잘라놓는다.
2 달궈진 팬에 1의 엔다이브를 볶은 후 닭육수, 백포도주를 넣고 졸인다.
3 미니 파프리카는 슬라이스하여 소금, 후추로 간하여 볶는다.
4 방울토마토는 반으로 잘라 올리브오일, 소금, 설탕으로 간하여 버무른다.
5 식빵은 다이스로 썰어 팬에 노릇하게 볶아 크루통을 만든다.
6 라디치오, 비타민은 깨끗이 씻어 물기를 제거한다.
7 접시에 라디치오, 비타민을 깔아준 후 2의 졸인 엔다이브를 가지런히 담는다.
8 7의 엔다이브 샐러드에 발사믹 글레이징을 뿌려준 후, 적양파 슬라이스와 3의 미니 파프리카, 4의 방울토마토, 5의 크루통을 곁들인다.

Cooking Class Ingredients

엔다이브(Endive)
쓴맛과 산뜻한 맛을 동시에 가지고 있는 고급 채소이며, 배추 속처럼 치커리 뿌리에서 새로 돋아난 싹이며 쌉싸름한 맛으로 입맛을 돋우고 당분이 풍부하며 인체에 잘 흡수되므로 다이어트에 효과적이다. 소화제와 이뇨제, 완화제로도 쓰이고 류머티즘과 관절염, 중풍을 예방하는 효과가 있다. 빛에 노출되면 갈색으로 변색되므로 검은색 비닐박스에 포장해야 한다.

Caesar Salad

시저 샐러드 Caesar Salad

Ingredients

로메인레터스Romaine Lettuce 100g
베이컨Bacon 50g
양파Onion 50g
마늘Garlic 10g
라디치오Radicchio 100g
파슬리Parsley 10g
앤초비Anchovy 10g
식빵Bread 1개
달걀노른자Egg Yolk 1개
파마산치즈Parmesan Cheese 10g
디존머스터드Dijon Mustard 10g
적포도주 식초Red Wine Vinegar 30㎖
레몬주스Lemon Juice 20㎖
우스터소스Worcester Sauce 5㎖
타바스코Tabasco 5㎖
올리브오일Olive Oil 50㎖
래디쉬Radish 1개
후추Pepper 약간
소금Salt 약간

Preparation

1 로메인레터스, 라디치오는 깨끗이 씻어 한 입 크기로 손질한다.
2 양파, 앤초비, 마늘, 파슬리는 곱게 다져놓는다.
3 베이컨은 크리스피(Crispy)하게 구워 곱게 다져놓는다.
4 식빵은 스몰다이스로 썰어 노릇하게 구워 크루통(Croutons)을 만든다.
5 믹싱볼(Mixing Bowl)에 달걀노른자, 머스터드를 넣고 저어준 후, 올리브오일을 조금씩 첨가하면서 유화시킨다.
6 5의 내용물에 적포도주, 식초, 레몬주스, 타바스코, 우스터소스, 파마산치즈, 소금, 후추로 간한다.
7 6의 소스에 1, 2, 3의 내용물을 모두 넣고 버무린다.
8 자루냄비(Pot)에 물을 끓여 달걀을 삶아 흰자, 노른자를 분리하고 그운체에 내린다.
9 샐러드볼(Salad Bowl)에 7의 버무린 채소를 담고, 4의 크루통, 8의 노른자를 뿌려준다.
10 9의 샐러드에 파마산치즈와 래디쉬를 얇게 슬라이스하여 뿌려준다.

Cooking Terminology

크루통(Croutons)
식빵을 작게 잘라 기름에 바삭하게 튀기거나, 오븐이나 딥 팻 프라이어에서 갈색으로 구운 사각형의 작은 빵조각이다.

Chicken Breast Salad Garnished with Asparagus

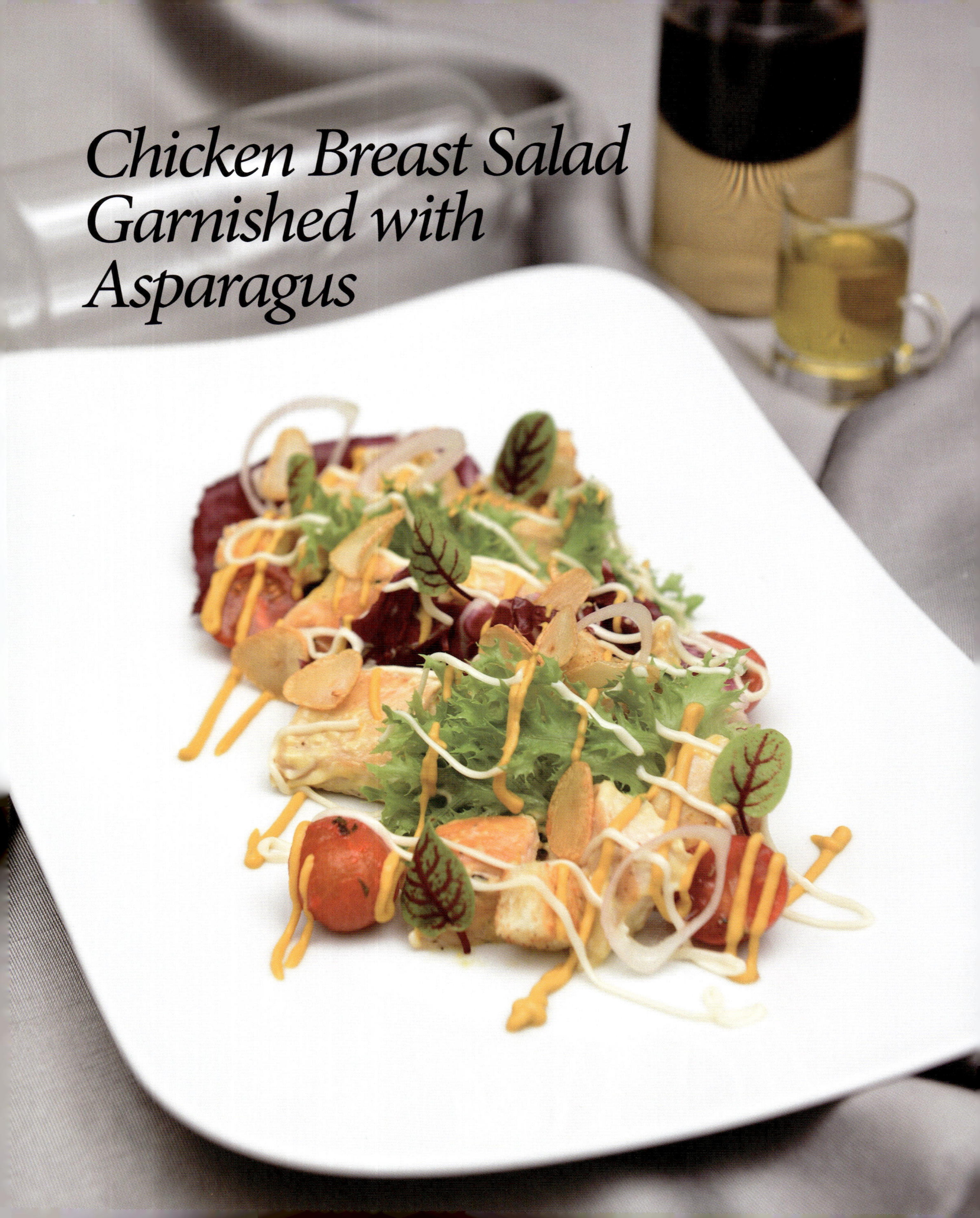

아스파라거스를 곁들인 닭가슴살 샐러드

Chicken Breast Salad Garnished with Asparagus

Ingredients

닭가슴살Chicken Breast 200g
케이준 시즈닝Cajun Seasoning 20g
치커리Chicory 20g
라디치오Radicchio 40g
체리토마토Cherry Tomato 2개
아스파라거스Asparagus 2개
소렐레드Sorrel Red 5g
로즈마리Rosemary 2g
샐러리Celery 50g
양파Onion 50g
적양파Red Onion 50g
올리브오일Olive Oil 50㎖
머스터드Mustard 10g
사워크림Sour Cream 10g
타임Thyme 2g
마늘Garlic 5g
오일Oil 20㎖
그린올리브Green Olive 2개
소금Salt 약간
후추Pepper 약간

Preparation

1 닭가슴살은 케이준 시즈닝, 다진 타임, 다진 마늘, 올리브오일, 소금 후추로 양념한다.
2 아스파라거스는 껍질을 벗긴 후, 끓는 물에 데쳐 소금, 후추로 간하여 볶는다.
3 방울토마토는 끓는 물에 데친 후, 다진 타임, 로즈마리, 설탕, 소금, 후추로 양념한다.
4 3의 양념한 방울토마토는 끓는 물에 데쳐 껍질을 벗긴 후, 예열된 80℃ 오븐에서 굽는다.
5 치커리, 라디치오, 소렐레드는 깨끗이 씻어 물기를 제거한다.
6 마늘은 얇게 슬라이스하여 노릇하게 튀긴다.
7 달궈진 팬에 1의 양념한 닭가슴살을 노릇하게 굽는다.
8 7의 구운 닭가슴살은 다이스로 잘라 다진 올리브, 파슬리찹, 올리브오일, 소금, 후추에 버무린다.
9 적양파는 얇게 슬라이스한다.
10 접시에 2의 볶은 아스파라거스를 담고 5의 채소, 8의 양념한 닭가슴살을 담아준다.
11 10의 닭가슴살에 머스터드, 사워크림을 뿌려주고 4의 구운 토마토, 6의 튀긴 마늘을 곁들인다.

Cooking Class
Ingredients

닭가슴살(Chicken Breast)
닭의 부위 중 지방이 가장 적은 부위로, 단백질이 풍부하고 저지방 고단백 재료로 다이어트에 좋은 식품이다. 닭가슴살은 닭의 날개와 부리 쪽에서 가슴을 뒤덮고 있는 근육이며, 닭고기 부위 중 가장 살코기의 양이 많고 뼈를 포함하지 않는 특징이 있다.

Three-colored Pasta Salad

삼색 파스타 샐러드

Three-colored Pasta Salad

Ingredients

삼색 파스타Tricolor Pasta 100g
올리브오일Olive Oil 20㎖
오이Cucumber 50g
붉은 파프리카Red Paprika 50g
주황 파프리카Orange Paprika ½개
적양파Red Onion 100g
마늘Garlic 1개
바질Basil 5g
방울토마토Cherry Tomato 2개
이태리파슬리Italy Parsley 10g
잣Pine Nut 10g
파마산치즈Parmesan Cheese 10g
마요네즈Mayonnaise 10g
소금Salt 약간
후추Pepper 약간

Preparation

1 삼색 펜네는 끓는 물에 올리브오일, 소금을 넣고 12~13분간 삶는다.
2 붉은 파프리카, 주황 파프리카, 적양파는 5~6㎝로 자른다.
3 달궈진 팬에 2의 야채를 소금, 후추로 간하여 볶는다.
4 오이는 껍질을 벗긴 후 일정한 크기로 4등분으로 자른다.
5 방울토마토는 깨끗이 씻어 4등분으로 자른다.
5 믹싱볼에 1의 삶은 펜넬, 3의 볶은 야채, 4의 오이, 5의 방울토다토를 넣고 버무린다.
6 6의 펜네에 파마산치즈, 올리브오일, 다진 이태리파슬리, 소금, 후추로 양념하여 버무린다.
7 접시에 7의 양념한 펜네를 담고, 바질 슬라이스와 잣을 다져 뿌려준다.

Ingredients

펜네(Penne)
펜네는 원통형으로 된 튜브 모양의 파스타이며, 이탈리아어로는 깃털이나 깃펜을 의미하는 라틴어 penna에서 유래했다. 또한 모양에 따라 종류가 다양한데, 면의 도양이 더 넓은 펜노니, 표면이 매끈하게 된 리셰, 끝부분이 날카로운 대각선으로 된 얇은 펜네 리가테 등이 있다.

Seafood Seviche Salad

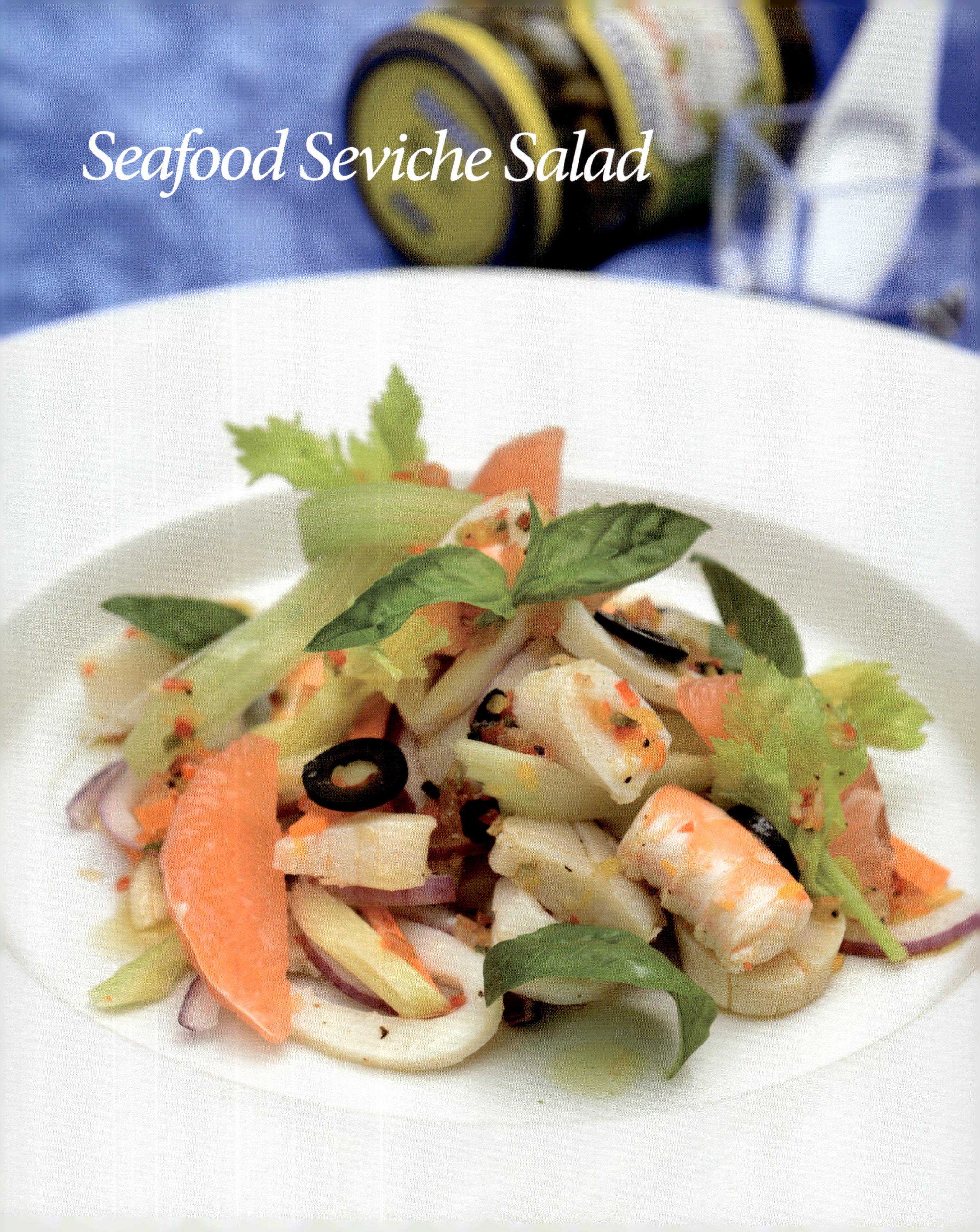

해산물 세비체 샐러드

Seafood Seviche Salad

Ingredients

도미살Sea Bream 80g
오징어Squid 80g
새우Shrimp 80g
관자Scallop 80g
샐러리Celery 50g
레몬주스Lemon Juice 5㎖
적양파Red Onion 50g
레몬Lemon ¼개
바질Basil 5g
붉은 파프리카Red Paprika ½개
주황 파프리카Orange Paprika ½개
당근Carrot 50g
올리브오일Olive Oil 30㎖
백포도주White Wine 10㎖
자몽Grapefruit 50g
블랙올리브Black Olive 2개
토마토Tomato 50g
월계수잎Bay Leaf 1잎
식초Vinegar 30㎖
후추Pepper 약간
통후추Peppercorn 약간
소금Salt 약간

Preparation

1 도미살은 껍질을 벗긴 후 다이스로 잘라 끓는 물에 데친다.
2 오징어는 머리와 내장을 제거한 후 깨끗이 씻어 끓는 물에 데친다.
3 2의 데친 오징어는 둥글게 슬라이스한다.
3 관자는 질긴 막을 제거하여 끓은 물에 데친 후 다이스로 자른다.
4 새우는 껍질과 내장을 제거하여 끓는 물에 데친 후 다이스로 자른다.
5 샐러리와 블랙올리브, 적양파는 슬라이스한다.
6 믹싱볼에 1의 도미살, 3의 오징어, 4의 관자, 5의 새우, 6의 채소를 넣고 섞어준다.
7 7의 해산물에 소금과 후추로 간하여 이탈리안 드레싱으로 골고루 버무린다.
8 접시에 7의 버무린 해산물을 담고 바질과 샐러리잎을 곁들인다.

Cooking Class
Cooking Terminology

세비체(Seviche)
생선이나 해산물에 채소와 다진 양파, 마늘, 허브 등을 넣고 레몬주스, 소금, 후추로 간하여 버무려 만든 요리의 일종이다.

Grilled Eggplant Salad Mixed with Balsamic Gl

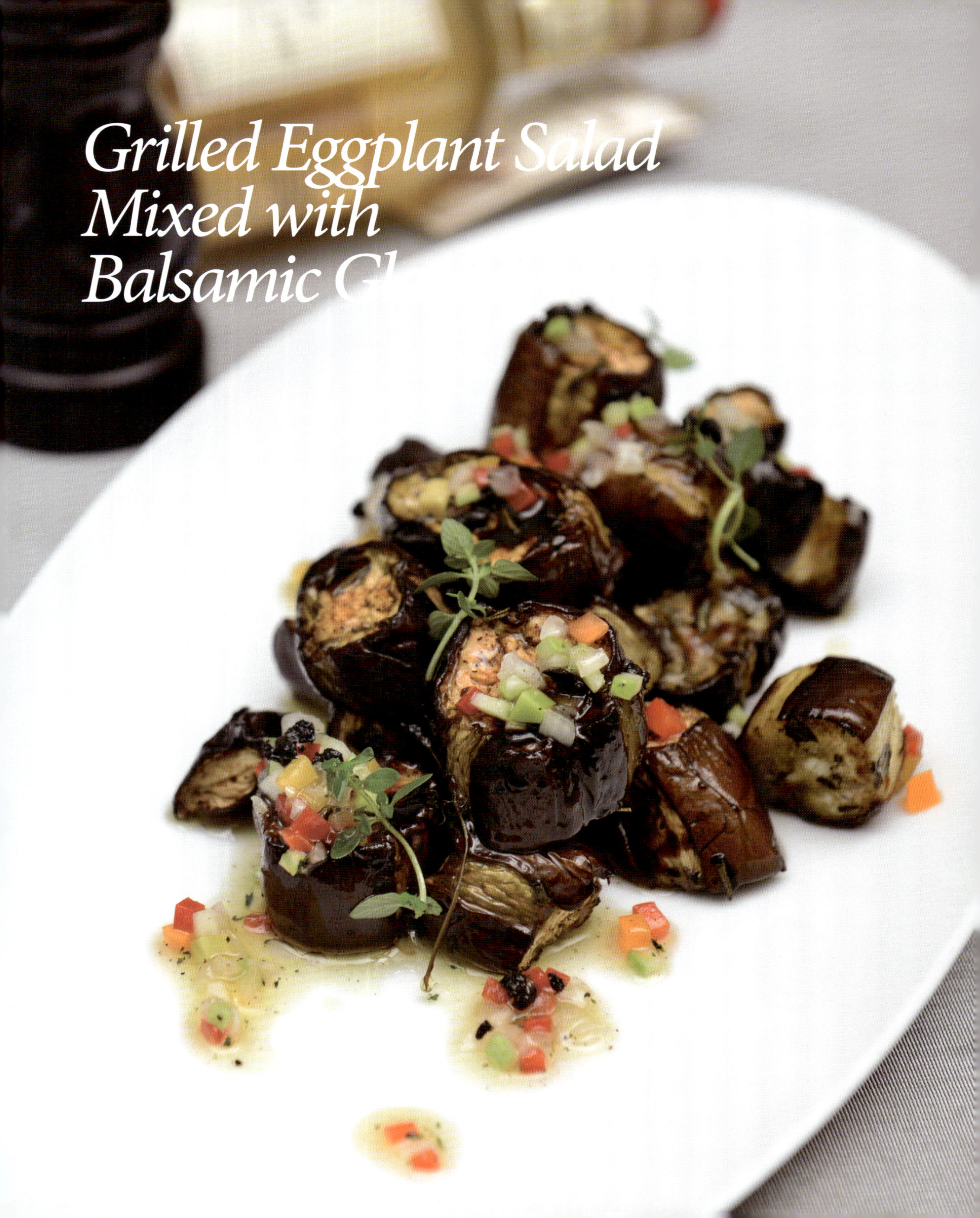

발사믹 글레이징에 버무린 구운 가지 샐러드

Grilled Eggplant Salad Mixed with Balsamic Glazing

Ingredients

가지Eggplant 2개
설탕Sugar 20g
올리브오일Olive Oil 10㎖
블랙올리브Black Olive 2개
이태리파슬리Italy Parsley 10g
애호박Zucchini 30g
샐러리Celery 30g
로즈마리Rosemary 2g
발사믹 글레이징Balsamic Glazing 20㎖
타임Thyme 2g
붉은 파프리카Red Paprika ½개
주황 파프리카Orange Paprika ½개
그린올리브Green Olive 2개
후추Pepper 약간
소금Salt 약간
통후추Peppercorn 약간

Preparation

1 가지는 깨끗이 씻어 껍질을 부분적으로 벗긴 후 2~3㎝ 길이로 자른다.
2 1의 가지는 다진 로즈마리, 타임, 통후추, 소금으로 양념하여 버무린다.
3 예열된 150℃ 오븐에 40분간 2의 양념한 가지를 굽는다.
4 붉은 파프리카와 주황 파프리카, 애호박, 양파는 스몰다이스로 잘라 소금, 후추로 간하여 볶는다.
5 블랙올리브와 그린올리브는 곱게 다진다.
6 이태리파슬리는 곱게 다져 면보에 싸 흐르는 물에 씻어 물기를 제거한다.
7 믹싱볼에 3의 구운 가지와 4의 볶은 채소, 5의 다진 올리브, 6의 다진 이태리파슬리를 넣고 섞어준다.
8 7의 내용물에 발사믹 글레이징과 소금, 후추로 간하여 골고루 버두린다.
9 접시에 8의 버무린 가지를 담고 타임과 발사믹 글레이징을 뿌려준다.

Cooking Class
Ingredients

가지(Egg Plant)
가지과의 식물로 검은 빛이 도는 짙은 보라색이고, 형태는 품종에 따라 차이가 있으며, 열매 모양은 달걀 모양, 공 모양, 긴 모양 등 품종에 따라 다양하고, 우리나라에서는 주로 긴 모양의 긴 가지를 많이 재배한다.

Red Onion and Cucumber Salad

붉은 양파와 오이 샐러드

Red Onion and Cucumber Salad

Ingredients

오이Cucumber 150g
샬롯Shallot 1개
사워크림Sour Cream 50g
레몬주스Lemon Juice 10㎖
양파Red Onion ½개
딜Dill 5g
마요네즈Mayonnaise 10㎖
샐러리Celery 50g
차이브Chive 5g
아몬드Almond 20g
래디쉬Radish 1개
팬지Pansy 1개
소금Salt 약간
후추Pepper 약간
설탕Sugar 약간

Preparation

1 오이는 깨끗이 씻어 껍질을 일부 벗긴 후 둥근 모양으로 슬라이스한다.
2 1의 슬라이스한 오이는 소금으로 간하여 절여둔다.
3 샬롯과 적양파는 껍질을 벗긴 후 얇게 슬라이스한다.
4 래디쉬는 둥근 모양으로 얇게 슬라이스한다.
5 사워크림과 플레인요거트, 레몬주스, 설탕을 혼합하여 섞어준다.
6 믹싱볼에 2의 절인 오이와 3의 샬롯, 4의 래디쉬를 넣고 5의 플리인요거트 드리싱으로 버무린다.
7 6의 오이 샐러드에 딜을 다져 뿌려주고 팬지로 가니쉬한다.

Cooking Class Ingredients

샬롯(Shallot)
주로 향신료로 사용하며, 특히 프랑스요리의 소스를 만들 때 주로 사용한다. 비늘줄기는 향신료로, 잎은 파처럼 식용으로 사용하고, 풍미는 양파와 비슷하며 향기가 나고 팬에 구우면 향내가 난다. 비늘줄기 여러 개가 모여 달리며, 양파껍질 같은 막질의 껍질로 싸여있다.

Fresh Vegetables and Feta Cheese Salad

신선한 야채와 페타치즈 샐러드

Fresh Vegetables and Feta Cheese Salad

Ingredients

페타치즈Feta Cheese 80g
로메인레터스Romaine Lettuce 40g
코스상추Cos Lettuce 40g
라디치오Radicchio 40g
바질Basil 5g
잣Pine Nut 10g
올리브오일Olive Oil 20㎖
마늘Garlic 5g
파마산치즈Parmesan Cheese 10g
방울토마토Cherry Tomato 2개
통후추Peppercorn 약간
소금Salt 약간

Preparation

1 라디치오와 코스상추, 로메인레터스는 깨끗이 씻어 물기를 제거한다.
2 페타치즈는 다이스로 자른다.
3 이태리파슬리는 곱게 다져 면보에 감싸 흐르는 물에 씻어 물기를 짜준다.
4 잣은 팬에 노릇하게 볶아준다.
5 마늘은 팬에 노릇하게 볶은 후 다진 타임, 소금, 후추에 버무려 오븐에서 굽는다.
6 1의 채소는 올리브오일, 화이트와인 식초와 소금, 후추에 살짝 버무린다.
7 믹싱볼에 2의 페타치즈와 3의 다진 이태리파슬리, 4의 잣, 5의 구운 마늘을 올리브오일에 살짝 버무린다.
8 접시에 6의 양념한 채소를 담은 후 7의 버무린 페타치즈를 고루 담고 방울토마토와 잣을 뿌려준다.

Cooking Class
Ingredients

페타치즈(Feta Cheese)
양젖 또는 우유를 응고시켜 만든 그리스의 대표 치즈이다. 신선한 상태로 먹는 치즈로, 지방함량은 50% 이상이며 색은 흰색 또는 연한 노란색이다. 껍질은 없으며 맛은 부드럽고 거친 식감이 있으며 신맛이 난다. 소금물에 담가 절여 오랫동안 보관해 먹기도 하며 샐러드나 생치즈로 사용된다.

Chick Peas and Kidney Bean Salad

강낭콩과 이집트콩 샐러드

Chick Peas and Kidney Bean Salad

Ingredients

이집트콩Chickpeas 100g
호두Walnut 30g
아몬드Almond 20g
피스타치오Pistachio 20g
건포도Raisin 20g
잣Pine Nut 10g
방울토마토Tomato 2개
바질Basil 5g
올리브오일Olive Oil 10㎖
방풍싹Sprout Shoot 2g
레몬주스Lemon Juice 5㎖
완두콩Pea 20g
이태리파슬리Italy Parsley 5g
후추Pepper 약간
소금Salt 약간

Preparation

1 렌틸콩은 찬물에 담가 불려준다.
2 자루냄비(Pot)에 1의 불린 렌틸콩을 넣고 완전히 익도록 삶는다.
3 토마토는 깨끗이 씻어 씨를 제거한 후, 다이스(Dice)로 썰어놓는다.
4 방울토마토는 깨끗이 씻어 4등분으로 자른다.
5 강낭콩은 끓는 물에 살짝 데쳐 찬물에 식힌다.
6 이태리파슬리는 곱게 다져 면보에 감싸 흐르는 물에 씻어 물기를 저거한다.
7 믹싱볼(Mixing Bowl)에 2의 삶은 렌틸콩과 3의 토마토, 4의 방울토마토, 5의 강낭콩을 넣고 잣 비네그레트에 버무린다.
8 접시에 7의 렌틸콩 샐러드를 소복이 담고, 6의 다진 이태리파슬리의 호두, 건도도를 뿌려준다.

Ingredients

이집트콩(Chick Peas)
이집트콩은 병아리콩이라고도 하며, 일반 콩보다 조금 크고 모양이 불규칙하게 생겼다. 주로 지중해, 인도, 중앙아시아 지역의 요리에서 많이 사용된다. 완전히 삶아서 샐러드나 으깨어 퓌레로 사용한다.

Cherry Tomatoes and Bococcini Mozzarella Cheese Salad

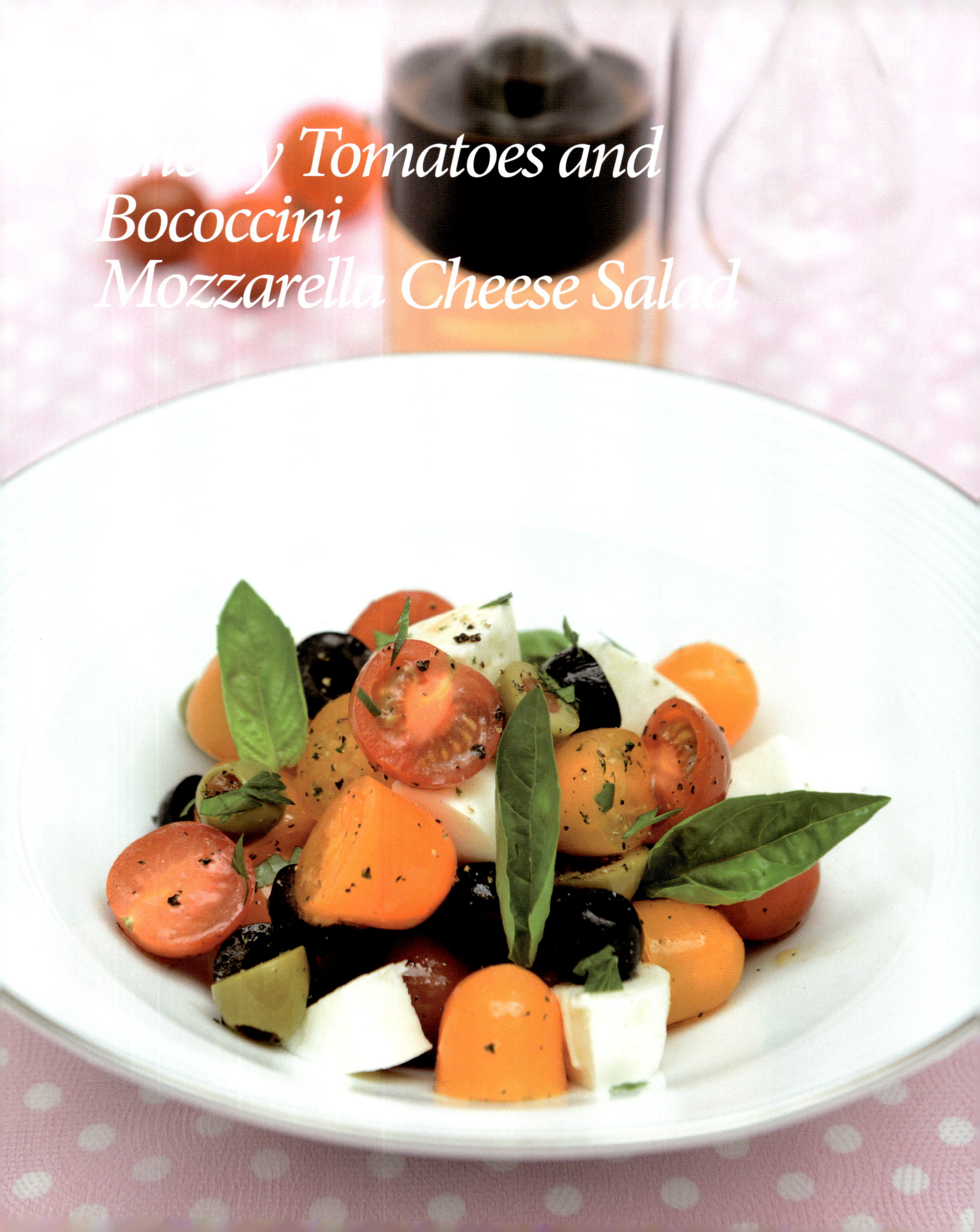

방울토마토와 보코치니 모차렐라치즈 샐러드

Cherry Tomatoes and Bococcini Mozzarella Cheese Salad

Ingredients

방울토마토Cherry Tomato 6개
보코치니 모차렐라치즈Bococcini Mozzarella Cheese 5개
건자두Dried Plum 2개
올리브오일Olive Oil 10㎖
블랙올리브Black Olive 2개
레몬주스Lemon Juice 5㎖
바질Basil 5g
이태리파슬리Italy Parsley 5g
황금방울토마토Gold Cherry Tomato 2개
통후추Peppercorn 약간
소금Salt 약간

Preparation

1 방울토마토, 황금방울토마토는 깨끗이 씻어 반으로 자른다.
2 건자두는 방울토마토 크기로 잘라둔다.
3 그린올리브, 블랙올리브는 반으로 자른다.
4 보코치니 모차렐라치즈는 반으로 자른다.
5 파슬리는 곱게 다져 면보에 감싸 흐르는 물에 씻어 물기를 제거한다.
6 바질은 손질하여 일부는 슬라이스하고, 나머지는 잎으로 사용한다.
7 믹싱볼에 1의 방울토마토와 2의 건자두, 3의 올리브, 4의 보코치니 모차렐라치즈, 5의 다진 이태리파슬리를 넣고 섞어준다.
8 7의 내용물에 올리브오일과 화이트와인 식초, 통후추, 설탕을 넣고 골고루 버무린다.
9 접시에 8의 버무린 방울토마토 샐러드를 담고 바질을 곁들여 가니쉬한다.

Ingredients

후레쉬 모차렐라치즈(Fresh Mozzarella Cheese)
신선하고 부드러운 연질치즈의 종류 중 하나로, 색은 하얀색이고 수분함량이 60% 이상, 지방함량이 50% 정도로 촉감이 부드럽고 주로 전채요리나 샐러드용으로 먹는다.

Cauliflower and Broccoli Salad

콜리플라워와 브로콜리 샐러드

Cauliflower and Broccoli Salad

Ingredients

- 브로콜리Broccoli 150g
- 콜리플라워Cauliflower 150g
- 방울토마토Cherry Tomato 2개
- 붉은 파프리카Red Paprika ½개
- 노란 파프리카Yellow Paprika ½개
- 방풍싹Sprout Shoot 2g
- 달걀노른자Egg Yolk 1개
- 적양파Red Onion ½개
- 올리브오일Olive Oil 30㎖
- 차이브Chive 2g
- 소금Salt 약간
- 통후추Peppercorn 약간

Preparation

1. 브로콜리는 손질하여 한 입 크기로 잘라 끓는 물에 데쳐 식힌다.
2. 콜리플라워는 손질하여 한 입 크기로 잘라 끓는 물에 데쳐 식힌다.
3. 방울토마토는 끓는 물에 데친 후 찬물에 식혀 껍질을 벗긴다.
4. 적양파는 껍질을 벗긴 후 스몰다이스로 자른다.
5. 붉은 파프리카와 노란 파프리카는 스몰다이스로 자른다.
6. 블랙올리브는 곱게 다져놓는다.
7. 마늘은 곱게 다진다.
8. 이태리파슬리는 곱게 다져 면보에 감싸 흐르는 물에 씻어 물기를 제거한다.
9. 믹싱볼에 1의 브로콜리와 2의 콜리플라워, 3의 방울토마토, 4의 적양파, 5의 파프리카, 6의 블랙올리브, 7의 다진 마늘을 넣고 버무려준다.
10. 9의 내용물에 올리브오일과 소금, 후추로 간하여 골고루 버무린다.
11. 접시에 10의 콜리플라워와 브로콜리 샐러드를 담고, 다진 이태리파슬리와 방풍싹을 곁들여준다.

Cooking Class
Ingredients

콜리플라워(Cauliflower)
꽃은 4월에 보라색이나 흰색에서 노란색으로 변하고, 꽃자루에 두툼한 꽃이 빽빽이 달려 하나의 덩어리를 이룬다. 아삭한 맛이 일품이며 샐러드나 수프 등에 데치거나 볶아 곁들임채소로 사용하며, 무스 형태로 만들거나 젤라틴을 첨가하여 젤리 형태로 만들어 사용한다.

String Beans Salad Garnished with Brussels Sprout

브루셀 스프라우트를 곁들인 스트링빈스 샐러드

String Beans Salad Garnished with Brussels Sprout

Ingredients

스트링빈스String Beans 150g
꼬마양배추Baby Sprouts 2개
래디쉬Radish 1개
적양파Red Onion 20g
베이컨Bacon 20g
붉은 파프리카Red Paprika ½개

올리브오일Olive Oil 10㎖
노란 파프리카Yellow Paprika ½개
이태리파슬리Italian Parsley 10g
소금Salt 약간
통후추Peppercorn 약간

Preparation

1 스트링빈스는 손질하여 2~3㎝ 길이로 잘라 끓는 물에 데쳐 식힌다.
2 꼬마양배추는 한 잎으로 다듬어 끓는 물에 데쳐 식힌다.
3 붉은 파프리카와 노란 파프리카는 스몰다이스로 자른다.
4 적양파는 껍질을 벗긴 후 스몰다이스로 자른다.
5 베이컨은 다이스(Dice)로 잘라 팬에 볶아준다.
6 마늘은 곱게 다진다.
7 이태리파슬리는 곱게 다져 면보에 감싸 흐르는 물에 씻어 물기를 제거한다.
8 래디쉬는 둥글게 슬라이스하여 찬물에 담가둔다.
9 믹싱볼에 1의 그린빈스와 2의 꼬마양배추, 3의 파프리카, 4의 적양파, 5의 볶은 베이컨, 6의 다진 마늘, 7의 다진 이태리파슬리를 넣고 섞어준다.
10 9의 내용물에 올리브오일과 소금, 후추로 간하여 골고루 버무린다.
11 접시에 9의 그린빈스 샐러드를 소복이 담고, 8의 슬라이스한 래디쉬를 곁들인다.

Cooking Class
Ingredients

스트링빈스(String Beans)
스트링빈스는 껍질째 먹는 콩으로 비타민 A가 풍부해서 눈, 간, 피부에 좋으며 영양도 풍부하지만, 아삭아삭한 맛이 일품이다. 빈스는 어린 꼬투리를 수확하므로 대개 부드럽고 향이 좋으며 연할 때 채취하여 살짝 데쳐 샐러드나 절임 또는 스튜, 메인요리 등에 많이 사용하고, 커질수록 단단해지고 섬유질이 생겨 질겨진다.

Sweet Pumpkin Salad Mixed with Citron Dressing

유자드레싱에 버무린 단호박 샐러드

Sweet Pumpkin Salad Mixed with Citron Dressing

Ingredients

단호박Sweet Pumpkin 150g
호두Walnut 20g
건포도Raisin 10g
아몬드 슬라이스Armond Slice 20g
유자청Citron Yuja 50g
올리브오일Olive Oil 5mℓ
꿀Honey 5mℓ
타임Thyme 2g
로즈마리Rosemary 2g
설탕Sugar 약간
소금Salt 약간

Preparation

1 단호박은 껍질을 벗긴 후 한 입 크기로 잘라 다진 타임과 로즈마리, 올리브오일, 설탕, 소금에 버무린다.
2 1의 양념한 단호박을 예열된 120℃ 오븐에서 20분간 굽는다.
3 아몬드 슬라이스는 팬에서 노릇하게 볶는다.
4 믹싱볼에 2의 구운 단호박과 호두, 건포도, 호박씨를 넣고 유자드레싱에 버무린다.
5 접시에 4의 단호박 샐러드를 담고 3의 볶은 아몬드 슬라이스를 뿌려준다.

Cooking Class
Ingredients

유자(Citron Yuja)
유자나무의 열매로, 빛깔은 밝은 노란색이고 공 모양이며 껍질이 울퉁불퉁하고 신맛이 특징이다. 향기가 좋으며 과육이 부드러우나 신맛이 강하다. 주요성분으로 비타민 C가 레몬보다 3배나 많이 들어 있어 감기와 피부미용에 좋으며, 노화와 피로를 방지하는 유기산이 많이 들어 있다.

Three Kinds of Mushroom Salad

세 가지 버섯 샐러드

Three Kinds of Mushroom Salad

Ingredients

표고버섯Shiitake Mushroom 100g
백만송이버섯Beech Mushroom 60g
느타리버섯Oyster Mushroom 60g
적양파Red Onion 20g
베이컨Bacon 20g
미니 붉은 파프리카Mini Red Paprika 1개
식빵Bread 1개
버터Butter 10g
이태리파슬리Italian Parsley 10g
크레송Cresson 5g
머스터드Mustard 5g
올리브오일Olive Oil 5㎖
마요네즈Mayonnaise 10g
사워크림Sour Cream 50g
적포도주Red Wine 100㎖
로즈마리Rosemary 2g
미니 주황 파프리카Mini Orange Paprika 1개
노란 파프리카Yellow Paprika ¼개
샬롯Shallot 2개
소금Salt 약간
통후추Peppercorn 약간

Preparation

1 표고버섯은 깨끗이 손질하여 한 입 크기로 자른다.
2 백만송이와 느타리버섯은 손질하여 3~4㎝로 자른다.
3 삼색미니 파프리카는 둥글게 슬라이스하여 볶는다.
4 샬롯은 껍질을 벗긴 후 잘라 팬에 볶아 적포도주에 졸인다.
5 이태리파슬리는 곱게 다져 면보에 감싸 흐르는 물에 씻어 물기를 제거한다.
6 마늘은 손질하여 다진 타임과 로즈마리, 올리브오일, 소금, 후추에 버무려 노릇하게 볶은 후 오븐에서 굽는다.
7 달궈진 팬에 1의 표고버섯과 2의 백만송이, 느타리버섯을 볶는다.
8 믹싱볼에 5의 다진 이태리파슬리와 6의 구운 마늘, 7의 볶은 버섯을 넣고 올리브오일, 소금, 후추로 간하여 버무린다.
9 접시에 3의 볶은 삼색미니 파프리카를 둥글게 깔아준 후 8의 버무린 버섯 샐러드를 담는다.
10 9의 버섯 샐러드에 4의 졸인 샬롯과 로즈마리를 곁들인다.

Ingredients

표고버섯(Mushroom)
신선한 표고버섯은 순한 흙맛이 나며, 말렸다가 다시 물에 넣으면 쫄깃해지고 버섯맛이 더 강해지며 향긋하다. 또한 향미와 영양이 모두 좋기 때문에 식물성 다시국물을 내는 데에 쓰이기도 한다.

Dried Fruit Salad

건과류 샐러드

Dried Fruit Salad

Ingredients

호두Walnut 30g
아몬드Almond 20g
건포도Dry Grape 10g
해바라기씨Polly Seeds 5g
호박씨Pumpkinseed 5g
건살구Apricot Geon 10g
잣Pine Nut 10g
꿀Honey 5㎖
매실즙Green Plum Juice 10g
유자청Citron Yuja 20g
소렐레드Sorrel Red 5g
방풍싹Sprout Shoot 2g
레몬주스Lemon Juice 5㎖

Preparation

1 호두와 건살구는 반쪽으로 자른다.
2 해바라기씨와 호박씨, 잣은 팬에서 노릇하게 볶아준다.
3 유자청과 매실즙, 꿀, 레몬주스를 섞어 드레싱을 만든다.
4 믹싱볼에 1의 호두와 건살구, 2의 해바라기씨, 호박씨, 잣, 건포도를 담고 섞어준다.
5 4의 내용물에 유자드레싱을 넣고 골고루 버무린다.
6 접시에 5의 건과류 샐러드를 담고 방풍싹과 소렐레드를 곁들여 가니쉬한다.

Cooking Class
Ingredients

호두(Walnut)
호두에는 불포화지방산이 풍부하며 두뇌건강과 피부에 좋은 식재료이다. 양질의 지방함량이 60~70%를 차지하고 리놀렌산과 비타민 E가 풍부하여 동맥경화, 항산화작용을 도와 피부건강에 좋다.

New International
GARDE
MANGER
Cooking

Sandwich

샌드위치(Sandwich)

샌드위치는 영어로 'Sandwich'이며, 고대 영어의 'Sandwic'에서 파생되었다. 사실 우리가 즐겨 먹는 샌드위치와 영어의 Sandwich는 문자적으로 아무런 연관성이 없다. 샌드위치의 구성요소는 빵(Bread)과 바르는 스프레드(Spread), 필링(Filling), 가니쉬(Garnish)이며, 샌드위치용 식빵은 만들어 구운지 하루 정도 지난 것이 적당하고, 롤 샌드위치를 만들 경우에는 여섯 시간 정도 지난 것이 좋다.

샌드위치는 한 끼 식사로 부족한 빵의 영양소와 칼로리를 채우기 위해 빵 안에 각종 야채류, 육류, 치즈류, 소스 등을 빵 속에 채워서 만든다. 오늘날 이 샌드위치는 현대인의 간편한 식사대용이 되고 있다.

샌드위치는 조리하는 조리사에 따라 모양과 맛도 다르고 종류 역시 다양하며, 주재료에 따라 샌드위치의 메뉴 또한 다를 수 있다. 한 종류의 빵이라도 다양한 속 재료로 채워 만들면 여러 가지의 샌드위치를 만들 수 있다. 샌드위치는 스프레드, 야채, 필링, 가니쉬의 순서가 절대적으로 지켜져야 하고, 빵과 내용물을 식재료로 사용한다는 점에서는 햄버거와 비슷한 점이 있지만, 다양한 재료와 빵을 이용하거나 치즈나 마요네즈처럼 부드러운 맛을 가진 재료들을 첨가하여 만든다는 점이 샌드위치의 특징이라 할 수 있다.

샌드위치는 재료를 어떻게 배합하느냐에 따라 영양면에서도 다른 음식에 비해 손색이 없는 식품인데, 빵에 들어가는 내용물에 따라 다양한 메뉴를 개발하고 전문화 할 수 있다. 이러한 샌드위치의 가장 큰 장점은 빵과 야채 등 다양한 재료를 사용하여 만들 수 있으며, 다른 패스트푸드의 경우에는 지방을 많이 함유하고 있지만, 샌드위치는 지방함유량이 적고 맛도 담백하여 건강을 중시하는 현대인들이 자주 찾는 음식이다. 샌드위치는 다양한 형태로 먹기 좋은 크기나 보기에 좋은 여러 가지의 모양으로 자를 수 있다.

샌드위치의 유래(Origin of Sandwich)

샌드위치라는 말은 프랑스의 샌드위치 백작 4세인 존 몽타구(John Montagu, the 4th Earl of Sandwich)의 이름을 따서 붙여진 말이며, 그는 도박을 매우 즐겨서 게임 테이블을 떠나지 않았다고 한다. 그래서 식사시간에도 게임을 계속할 수 있도록 하인을 시켜 빵조각 사이에 고기와 채소 등을 끼워 넣어 손으로 집어먹을 수 있도록 준비하여 게임 테이블로 가져오도록 했다고 한다. 샌드위치는 이처럼 단순한 유래에서 시작되었으며, 다양한 모양으로 계속적으로 변화하며 지금도 발전되고 있다. 사실 샌드위치와 비슷한 음식은 오래 전부터 볼 수 있었는데, 로마시대에는 검은 빵에 육류를 끼워 가벼운 식사대용으로 애용되었다고 하며, 러시아에서도 전채요리의 한 종류인 오픈 샌드위치를 만들어 사용하였다고 한다.

각 나라마다 기본적인 샌드위치는 조금씩 다르다고 할 수 있으며, 햄·치즈·샌드위치를 바삭하게 구운 것을 프랑스에서 '크로크무슈(Croque-monsieur)'라고 부르는데, 광산에서 광부들이 차게 식혀 굳은 샌드위치를 난로에다 올려놓고 구워서 먹던 것에서 유래한 음식이라고 한다. 흔히 알려진 네모지고 납작한 식빵을 싸서 만든 형태는 영국, 미국에서 먹는 식이며, 프랑스나 이탈리아 등의 남부 유럽 국가들은 샌드위치를 만들 때 대부분 바게트빵을 많이 사용하였다.

샌드위치의 분류(Classification of Sandwiches)

샌드위치는 서양요리에서 연회 행사나 칵테일파티에 주로 이용되는 메뉴이며, 가정에서는 간식으로도 많이 만들어 먹는 음식이다. 현대에는 샌드위치가 대중적으로 확산되는 추세이며 다양한 방법으로 고급화되어 가고 있다. 이제는 한 끼 식사로 충분한 영양성과 편리성을 갖추고 있으며, 식기를 사용하지 않는 편리함으로 누구나 좋아하는 인기 있는 음식으로 자리 잡고 있다.

샌드위치의 종류로는 온도에 따라 차가운 샌드위치(Cold Sandwich)와 뜨거운 샌드위치(Hot Sandwich)로 나눌 수 있다. 이처럼 샌드위치는 모양이나 형태에 따라 다양한 종류들로 나누어지며 카나페처럼 한 입 크기의 작은 핑거샌드위치(Finger Sandwich), 바게트를 얇게 잘라 빵을 덮지 않고 내용물이 보이도록 하여 만든 오픈 페이스드 샌드위치(Open Faced Sandwich), 여러 종류의 빵을 사용하여 중간에 속 재료를 넣고 빵을 위, 아래로 덮은 형태의 크로우즈 샌드위치(Closed Sandwich), 길이가 긴 형태의 빵을 잘라 다양한 재료로 속 재료를 채워 만든 스터프드 샌드위치(Stuffed Sandwich), 빵을 길고 넓게 썰어 스프레드를 바른 후 내용물을 넣어 김밥처럼 둥글게 말은 형태의 롤 샌드위치(Role Sandwich), 프로슈토햄, 드라이 토마토, 올리브오일 등을 이용한 브루스케타(Bruschetta) 등의 샌드위치로 분류할 수 있다.

Shrimp Burger Sandwiches

새우버거 샌드위치

Shrimp Burger Sandwiches

Ingredients

햄버거빵Hamburger Bread 1개
새우Shrimp 5개
양파Onion 50g
마늘Garlic 3g
빵가루Bread Crumbs 10g
달걀Egg 1개
레몬주스Lemon Juice 5㎖
화이트와인White Wine 5㎖
밀가루Flour 10g
감자Potato 1개
토마토Tomato ½개
양상추Lettuce 50g
피클Pickle 1개
식용유Oil 200㎖
소금Salt 약간
후추Pepper 약간

Preparation

1 새우는 머리를 제거하여 껍질을 벗긴다.
2 1의 새우는 내장을 제거하고 일부는 곱게 다진다.
3 양파와 샐러리는 곱게 다져 팬에 볶는다.
4 2의 다진 새우, 2의 양파, 샐러리, 빵가루, 달걀, 소금, 후추를 넣고 반죽이 뭉쳐지도록 잘 치댄 후, 새우반죽으로 두께는 1.5㎝ 정도의 원형을 만든다.
5 햄버거빵은 가운데를 갈라 팬에 약한 불에 토스트하여 식혀둔다.
6 양상추는 깨끗이 씻어 찬물에 담가둔다.
7 달궈진 팬에 4의 새우버거를 노릇하게 굽는다.
8 일부의 새우는 안쪽에 칼집을 주고 소금, 후추로 간하여 팬에 굽는다.
9 토마토와 양파는 깨끗이 씻어 0.5㎝의 두께로 둥글게 썰어놓는다.
10 5의 토스트한 햄버거빵에 버터를 발라 6의 양상추를 빵의 크기에 맞춰 올린 후, 7의 구운 새우버거, 8의 구운 새우와 9의 토마토, 양파, 햄버거빵을 올려 만든다.
11 감자는 껍질을 벗겨 5~6㎝로 잘라 튀김기름에 튀겨 곁들인다.

Cooking Terminology

샌드위치(Sandwich)
샌드위치 백작은 카드놀이를 무척 좋아하였으며, 가끔은 식사시간을 잊을 정도로 카드놀이에 빠지곤 했다. 하인들이 차려놓은 식사를 먹는 시간조차 아까워 직접 주방으로 가서 빵의 가운데를 잘라 팬에 구워, 채소와 구운 고기 몇 조각을 올려서 덮고 돌아와서 다시 카드놀이에 열중했다고 한다. 그때 같이 카드놀이를 하던 사람들은 그것을 보고 간단하면서 요긴한 식사라고 말했다. 그 후 귀족들이 이를 보고 따라하면서, 이 식사법이 점차 퍼져나가며 주위에서 그 요리의 이름이 무엇인지 물었고, 샌드위치 백작이 만들어 먹는다는 것을 알고는 그 백작의 이름을 붙인 것이다. 이것이 '샌드위치'이다.

Sandwich Added with Fresh Mozzarella Cheese and Tomatoes

후레쉬 모차렐라치즈와 토마토를 곁들인 샌드위치

Sandwich Added with Fresh Mozzarella Cheese and Tomatoes

Ingredients

바게트Baguette 1개
후레시 모차렐라치즈Fresh Mozzarella Cheese 50g
토마토Tomato ½개
라디치오Radicchio 50g
롤로로사Lollo Rossa 50g
버터Butter 20g
마요네즈Mayonnaise 10g
미니치커리Minl Chicory 20g
머스터드Mustard 10g
팬지Pansy 1개
레드소렐Red Sorrel 5g

Preparation

1 바게트는 반으로 잘라 버터를 발라 노릇하게 굽는다.
2 1의 바게트에 마요네즈와 머스터드를 1대1로 섞어 발라준다.
3 토마토는 깨끗이 씻어 둥글게 잘라둔다.
4 후레쉬 모차렐라치즈는 둥글게 자른다.
5 미니 치커리와 레드소렐, 라디치오는 깨끗이 씻어 물기를 제거한다.
6 2의 바게트에 라디치오를 깔아 준 후 3의 토마토, 4의 모차렐라치즈를 가지런히 놓는다.
7 6의 바게트에 5의 채소를 덮고 모차렐라치즈를 사이사이에 곁들인 후 팬지를 놓는다.

Ingredients

머스터드(Mustard)
겨자씨의 껍질을 벗기지 않고 거칠게 갈아 식초, 허브 등을 사용하여 만든 소스로 향과 맛이 식욕을 자극하는데 도움을 준다.

Emmental Cheese and Camembert Cheese Sandwich

에멘탈치즈와 까망베르치즈 샌드위치

Emmental Cheese and Camembert Cheese Sandwich

Ingredients

포카치아Focaccia 1개
에멘탈치즈Emmental Cheese 50g
까망베르치즈Camembert Cheese 50g
로메인레터스Romaine Lettuce 150g
양파Onion 50g
토마토Tomato ½개
버터Butter 20g
양상추Lettuce 30g
피클Pickle 1개
마요네즈Mayonnaise 10g
머스터드Mustard 10g
감자Potato 1개
식용유Oil 200㎖
소금Salt 약간

Preparation

1 포카치아는 반으로 잘라 팬에 구워준다.
2 마요네즈와 사워크림, 머스터드는 섞어 혼합한다.
3 양상추는 깨끗이 씻어 물기를 제거한다.
4 피클은 얇게 슬라이스한다.
5 까망베리치즈는 얇게 슬라이스한다.
6 에멘탈치즈는 까망베르치즈와 같게 얇게 슬라이스한다.
7 토마토는 깨끗이 씻어 얇게 슬라이스한다.
8 양파는 껍질을 벗겨 얇게 슬라이스한다.
9 1의 포카치아에 2의 머스터드소스를 발라 3의 양상추, 4의 피클을 깔아준다.
10 9의 포카치아에 5의 까망베르치즈, 6의 에멘탈치즈, 7의 토마토, 8의 양파를 순서대로 놓고 포카치아빵으로 덮어 잘라준다.

Cooking Class
Ingredients

포카치아(Focaccia)
정통 이탈리아 빵으로, 구멍이 숭숭 뚫린 부드러운 속살에 은은한 허브향을 맡으면 입 안에 침이 고이게 될 정도이다. 식사용이나 간식으로 샌드위치를 만들어 먹기에도 좋은 음식이다.

Croissant Filled with Potato Salad Sandwich

크루아상에 채운 포테이토 샐러드 샌드위치

Croissant Filled with Potato Salad Sandwich

Ingredients

크루아상Croissant 2개
양상추Lettuce 50g
미니치커리Mini Chicory 30g
감자Potato 1개
마요네즈Mayonnaise 10g
샐러리Celery 50g
오이Cucumber 50g
당근Carrot 50g
양파Onion 50g
달걀Egg 1개

살라미Salami 20g
토마토Tomato $\frac{1}{2}$개
버터Butter 20g
라디치오Radicchio 50g
차이브Chive 5g
프리제Frisee 5g
래디쉬Radish 1개
방울토마토Cherry Tomato 1개
소금Salt 약간

Preparation

1 크루아상은 반으로 갈라준다.
2 머스터드와 마요네즈, 사워크림은 섞어 머스터드 딥소스를 만든다.
3 양상추와 롤로로사는 깨끗하게 씻어 물기를 제거한다.
4 감자는 껍질을 벗겨 잘라 끓는 물에 삶아 으깬다.
5 달걀은 끓는 물에 13분 정도 삶아 곱게 다진다.
6 양파와 오이, 당근, 샐러리는 곱게 다진다.
7 살라미는 얇게 슬라이스한다.
8 믹싱볼에 3의 감자와 4의 삶은 달걀, 5의 야채, 마요네즈를 넣고 소금, 후추로 간하여 버무린다.
9 1의 크루아상에 2의 머스터드 딥소스를 바른 후 3의 양상추, 롤로로사를 깔아준다.
10 8의 크루아상에 7의 양념한 감자를 발라준 후 6의 슬라이스한 살라미로 놓고 크루아상으로 덮어준다.
11 프리제와 미니 치커리, 래디쉬, 방울토마토를 크루아상 샌드위치에 곁들인다.

Cooking Class
Ingredients

크루아상(Croissant)
초승달 모양으로 만든 작은 빵이며, 밀가루와 버터를 듬뿍 넣고 반죽을 하여 살짝 구운 것이다.

Grilled Chicken Baguette Sandwich

구운 치킨 바게트 샌드위치

Grilled Chicken Baguette Sandwich

Ingredients

롤브래드Roll Bread 2개
닭가슴살Chicken Breast 150g
머스터드Mustard 10g
마요네즈Mayonnaise 10g
양파Onion 50g
말린 토마토Dried Tomato 30g
양상추Lettuce 50g
새송이버섯King Oyster Mushroom 30g

피클Pickle 1개
아보카도Avocado ½개
방울토마토Cherry Tomato 1개
라디치오Radicchio 20g
식빵Bread 1개
올리브오일Olive Oil 10㎖
소금Salt 약간
후추Pepper 약간

Preparation

1 롤브래드는 반으로 갈라준다.
2 머스터드와 마요네즈, 사워크림은 섞어 머스터드 딥소스를 만든디.
3 양상추는 깨끗이 씻어 물기를 제거한다.
4 닭가슴살은 소금, 후추로 간하여 노릇하게 굽는다.
5 아보카도는 껍질을 벗겨 얇게 슬라이스하여 끓는 물에 데쳐 식힌다.
6 피클은 얇게 슬라이스한다.
7 양파는 껍질을 벗겨 얇게 슬라이스한다.
8 1의 롤브래드에 2의 머스터드 딥소스를 바른 후 3의 양상추를 깔아준다.
9 8의 롤브래드에 4의 구운 닭가슴살과 5의 슬라이스 한 아보카도, 6의 피클, 7의 양다를 놓고 롤브래드로 덮어준다.
10 양상추, 라디치오 샐러드를 곁들인다.

Ingredients

바게트(Baguette)
프랑스에서 유래한 껍질이 바삭바삭하고 윤기 있는 빵이며, 가늘고 길쭉한 몽둥이 모양에 겉은 파삭파삭하나 속은 부드러운 것이 특징이다.

Sandwich Added with Grilled Banana and Cheese Spread

구운 바나나와 치즈 스프레드를 곁들인 샌드위치

Sandwich Added with Grilled Banana and Cheese Spread

Ingredients

식빵Bread 3개
바나나Banana 1개
버터Butter 10g
토마토Tomato 1개
크림치즈Cream Cheese 20g
사워크림Sour Cream 20g
밀가루Flour 10g
계핏가루Cinnamon Powder 5g
올리브오일Olive Oil 10㎖
설탕Sugar 약간
후추Pepper 약간

Preparation

1 식빵은 잘라 팬에 노릇하게 굽는다.
2 크림치즈와 사워크림 설탕을 섞어 혼합한다.
3 바나나는 껍질을 벗겨 슬라이스하여 밀가루를 묻혀 팬에 버터를 두르고 살짝 굽는다.
4 토마토는 깨끗이 씻어 얇게 슬라이스한다.
5 1의 구운 식빵에 2의 크림치즈를 발라준다.
6 5의 식빵에 3의 구운 바나나와 4의 토마토 슬라이스를 순서대로 놓고 식빵으로 덮어 잘라준다.

Cooking Terminology

스프레드(Spread)
스프레드는 샌드위치 등을 만들 때 속재료에서 나온 수분이 빵을 적시지 않도록 하기 위해 빵에 발라주는 조리용어이다.

Garlic Bread Pizza Opened Sandwich

마늘빵 피자 오픈샌드위치

Garlic Bread Pizza Opened Sandwich

Ingredients

바게트Baguette 1개
토마토홀 캔Tomato Hall Can 200g
모차렐라치즈Mozzarella Cheese 50g
양파Onion ½개
붉은 파프리카Red Paprika ½개
블랙올리브Black Olive 3개
그린올리브Green Olive 3개
마늘Garlic 5g
파마산치즈Parmesan Cheese 10g
토마토Tomato 1개
백포도주White Wine 20㎖
이태리파슬리Italy Parsley 10g
타바스코Tabasco 5㎖
바질Basil 2g
올리브오일Olive Oil 10㎖
소금Salt 약간
후추Pepper 약간

Preparation

1 바게트는 5~6㎝ 길이로 잘라준다.
2 1의 바게트는 팬에 노릇하게 굽는다.
3 토마토와 야채를 이용해 피자소스를 끓인다.
4 블랙올리브와 그린올리브는 둥글게 슬라이스한다.
5 파슬리는 곱게 다져 면보에 감싸 흐르는 물에 씻어 물기를 제거한다.
6 2의 구운 바게트에 3의 피자소스를 바르고, 모차렐라치즈와 4의 올리브, 5의 파슬리찹을 뿌려 노릇하게 굽는다.

Cooking Terminology

피자(Pizza)
밀가루반죽 위에 여러 가지 재료를 넣고 향신료 등을 얹어 둥글고 납작하게 구운 파이로, 이탈리아 남부 나폴리지방에서 유래한 음식이다.

Crab Meat with Avocado Sandwich

게살과 아보카도 샌드위치

Crab Meat with Avocado Sandwich

Ingredients

식빵Bread 3개
게살Crab Meat 150g
아보카도Avocado 1개
양파Onion 50g
차이브Chive 5g
마요네즈Mayonnaise 50g
크림치즈Cream Cheese 20g
적양파Red Onion 20g
버터Butter 20g
사워크림Sour Cream 20g
오이Cucumber 30g
래디쉬Radish 1개
레드 치커리Red Chicory 20g
딜Dill 5g
후추Pepper 약간
소금Salt 약간

Preparation

1 식빵은 잘라 팬에 노릇하게 굽는다.
2 게살은 잘게 손질한다.
3 적양파는 껍질을 벗긴 후 곱게 다진다.
4 차이브는 깨끗이 씻어 곱게 다진다.
5 2의 게살에 3의 다진 적양파와 4의 차이브를 넣고 마요네즈, 레몬주스, 소금, 후추로 간하여 버무린다.
6 아보카도는 껍질을 벗겨 잘라, 끓는 물에 데친 후 믹서기에 곱게 갈아준다.
7 1의 구운 토스트에 6의 부드러운 아보카도를 발라준 후, 5의 양념한 게살을 놓고 토스트로 덮어 잘라준다.

Cooking Class Ingredients

게살(Crab Meat)
게살은 단백질이 풍부하고 필수아미노산, 칼슘, 철분, 무기질, 타우린 성분을 다량 함유한 저열량의 고단백식품이다. 게다리살은 스팀에서 오랫동안 찌면 질겨지므로 주의해서 조리해야 한다.

Fruit Sandwich Added with Sweet Potato Spread

고구마 스프레드를 곁들인 과일 샌드위치

Fruit Sandwich Added with Sweet Potato Spread

Ingredients

치아바타Ciabatta 1개
키위Kiwi 1개
딸기Strawberry 2개
파인애플Sliced Pineapple 60g
양상추Lettuce 50g
사워크림Sour Cream 20g
롤로로사Lollo Rossa 30g
버터Butter 10g
우유Milk 20㎖
휘핑크림Whipping Cream 10㎖

고구마Sweet Potato 1개
토마토Tomato 1개
블루베리Blue Berry 3개
건체리Cren Cherry 2개
오렌지Orange ¼개
자몽Grapefruits ⅙개
크림치즈Cream Cheese 20g
소금Salt 약간
설탕Sugar 5g

Preparation

1 치아바타는 반으로 갈라준다.
2 파인애플은 껍질을 벗겨 얇게 슬라이스한다.
3 키위는 껍질을 벗겨 둥근 모양으로 얇게 슬라이스한다.
4 딸기는 깨끗이 씻어 슬라이스한다.
5 1의 치아바타는 버터를 발라 노릇하게 굽는다.
6 고구마는 껍질을 벗겨 잘라 끓는 물에 삶는다.
7 믹서기에 6의 삶은 고구마와 크림치즈, 버터, 우유, 소금, 설탕을 넣고 부드럽게 갈아준다.
8 5의 구운 치아바타에 2의 파인애플와 3의 키위, 4의 딸기, 블루베리를 놓고 7의 고구마 스프레드를 발라 준 후 치아바타로 덮어 잘라준다.

Cooking Class Ingredients

치아바타(Ciabatta)
치아바타는 겉은 바삭하고 속은 쫄깃한 대중적인 빵이다.

Potato Spread and Grape Compote

감자 스프레드와 포도 콩포트

Potato Spread and Grape Compote

Ingredients

바게트Baguette 1개
감자Potato 1개
우유Milk 50㎖
생크림Fresh Cream 50㎖
방울토마토Cherry Tomato 1개
사워크림Sour Cream 20g
마늘Garlic 5g
파슬리Parsley 10g

버터Butter 20g
적포도주Red Wine 100㎖
포도Grape 20g
파마산치즈Parmesan Cheese 5g
후추Pepper 약간
소금Salt 약간
설탕Sugar 10g

Preparation

1 바게트는 길게 3쪽을 어슷하게 자른다.
2 감자는 삶아 고운체에 내려 수분을 제거한 후 우유, 생크림, 소금, 후추로 간한다.
3 달궈진 팬에 1의 바게트 두 쪽을 노릇하게 굽는다.
4 3의 구운 바게트에 사워크림을 살짝 바른 후, 2의 감자 스프레드를 발라준다.
5 파슬리는 곱게 다져 면보에 감싸 흐르는 물에 씻어 물기를 짜준다.
6 마늘은 곱게 다진다.
7 버터는 살짝 녹여 파슬리찹, 마늘찹을 섞어 1의 바게트 한쪽에 바른다.
8 7의 바게트에 파마산치즈를 뿌리고 살라만드에 노릇하게 굽는다.
9 포도는 적포도주에 끓인 후, 포도의 색이 갈색으로 변하면 설탕을 넣고 졸인다
10 방울토마토는 반으로 잘라 내용물을 빼내고 감자 스프레드를 짜준다.

Cooking Class
Ingredients

감자(Potato)
감자의 주성분은 전분이며, 단백질과 비타민 C가 있으며 암을 비롯하여 위궤양, 십이지장궤양, 위염, 고혈압, 당뇨병, 간장병, 천식 등에 효과가 있다. 감자류는 식물의 땅속에 있는 줄기마디로부터 가는 줄기가 나와 그 끝의 일부가 비대해져서 덩이줄기를 형성한 것이라고 할 수 있다.

Grilled Chicken Breast Tortilla

구운 닭가슴살 토르티야

Grilled Chicken Breast Tortilla

Ingredients

토르티야Tortilla 1개
닭가슴살Chicken Breast 200g
오이Cucumber 50g
붉은 파프리카Red Paprika 50g
노란 파프리카Yellow Paprika 50g
양파Onion 50g
로메인레터스Romaine Lettuce 20g
아라굴라Arugula 10g
토마토 살사Tomato Salsa 10g
그린 올리브Green Olive 3개
방울토마토Cherry Tomato 2개
사워크림Sour Cream 10g
팬지Pancy 2개
올리브오일Olive Oil 10㎖
식초Vinegar 10㎖
버터Butter 10g
타임Thyme 2g
레몬주스Lemon Juice 5㎖
설탕Sugar 약간
소금Salt 약간
후추Pepper 약간

Preparation

1 달궈진 팬에 토르티야를 노릇하게 굽는다.
2 닭가슴살은 타임찹, 소금, 후추로 간하여 구워 익힌다.
3 2의 구운 닭가슴살을 슬라이스한다.
4 양파와 붉은 파프리카, 노란 파프리카, 오이는 슬라이스로 자른다.
5 1의 구운 토르티야에 사워크림과 토마토 살사를 바른 후, 3의 닭가슴살, 4의 채소를 놓고 둥글게 말아준다.
6 로메인레터스와 아라굴라는 깨끗이 씻어 물기를 제거한다.
7 6의 로메인레터스와 아라굴라에 올리브오일과 식초, 레몬주스, 소금, 후추로 버무린다.
8 접시에 5의 토르티야를 잘라서 담고 7의 채소와 그린 올리브, 방울토마토, 팬지를 곁들인다.

Cooking Class
Ingredients

토르티아(Tortilla)
밀가루나 옥수수가루를 이용하여 빈대떡처럼 만든 음식으로, 속에 야채나 고기를 넣고 싸서 먹는 멕시코 전통음식이다.

New International
GARDE
MANGER
Cooking

Terrine
Forcemeat
Pate
Galantine
Mousse

테린(Terrine)

테린(Terrine)이란, 원래 '질그릇 단지, 항아리'를 뜻하는 말이며, 주 식재료 외에 각종 육류와 양념(Spice) 등을 첨가하여 만들었다고 하지만, 오늘날에 이르러서는 그렇지만도 않다. 예전에는 모든 재료를 혼합하여 부드럽게 갈아 각종 장식과 함께 단지 또는 항아리에 담아 식탁에 제공하면서부터 테린이라고 전해 내려왔다.
테린은 이탈리아 메디치카에서 각종 연회에 예술적인 아름다움으로 유명하다. 기름을 틀에 넣고 가운데에 소시지, 햄을 넣어 익히는 것을 말한다. 현대에는 테린을 육류나 생선 등으로 만든 포스미트를 각종 틀 또는 케이스에 채워 오븐에서 중탕으로 익힌 후 식혀 일정한 크기로 잘라 각종 연회에 제공한다.
한편, 테린은 크게 두 가지의 뜻과 의미로 나눌 수 있다. 첫째는 테린을 감쌀 수 있는 베이컨이나 햄 등을 용기에 갈아 여러 가지 육류, 가금류, 야채를 채워 중탕으로 익힌 음식을 뜻한다. 둘째는 중탕으로 사용한 도기나 용기를 말하기도 한다. 또한 테린은 일정한 모양의 틀에 여러 가지 식재료를 넣고 삶거나 젤리를 이용하여 굳혀서 차게 식혀 제공하는 요리를 뜻한다. 또한 육류나 생선에 달걀흰자, 생크림 등의 양념을 첨가한 후, 곱게 갈아 숙성하여 고운체에 내린 후 테린 틀에 원하는 내용물과 함께 넣고 오븐에서 중탕으로 익혀 냉장고에 식혀 차가운 요리로 제공하는 것을 말한다.

야채 테린 ▶
조리과정

포스미트(Forcemeat)

포스미트(Forcemeat)는, 다진 날고기나 익힌 고기, 가금류, 생선, 야채, 빵가루 등 다양한 양념과 향신료를 섞고 미세하게 저미거나 잘게 갈은 혼합물이다. 아주 부드러운 질감을 얻기 위해서 몇 번에 걸쳐 갈아야 하며, 다른 음식의 속을 채우는데 사용하거나 고기완자에 사용한다. 이렇게 양념하여 다진 고기는 소시지, 테린, 파테, 갤런틴 등에 필수적으로 사용되며, 육질과 지방질이 유화에 따라 갈려진 형태를 말한다. 또한 포스미트는 유화 방법과 사용 목적에 따라 포스미트가 부드럽고 곱게 갈 수도 있고, 투박하고 거칠게 만들어질 수도 있다. 결과물에 따른 포스미트는 부드럽고 유익한 맛과 입 안에서의 감칠맛이 있어야 하는데, 마지막 완성된 음식은 단지 혼합물로서가 아닌 유화상태이기 때문에 잘려질 때 적절히 뭉쳐져 페이스트 상태가 되어야 한다.
포스미트에는 무슬린 종류의 포스미트, 스트레이트 포스미트, 컨트리 스타일의 포스미트, 그라탱 포스미트 등 4가지가 종류가 있다. 파테(Pate)나 테린(Terrine), 갤런틴(Galantine)의 고기속(Meat Filling) 재료를 의미하는 것으로, 유화시키기 위해 고기에 지방과 양념을 넣어 갈아서 사용한다.
샤르퀴트리(Charcuterie)와 가르드망제(Garde Manger)의 기본 구성요소 중 하나가 포스미트로 알려졌으며, 요리의 준비과정은 미즈 앙 플라스(Mise en Place)라 할 수 있고, 가르드망제의 준비과정은 포스미트라 할 정도로 중요한 부분이다.

포스미트는 다른 여러 가지 요리의 준비재료로 사용될 뿐만 아니라 소시지, 테린, 파테, 퀘넬(Quenelles), 룰라드(Roulades) 등의 모양과 형태로 준비하기 위한 가장 기본적이고 중요한 과정이라 할 수 있다. 그러므로 포스미트는 다양한 찬요리의 중요한 재료로 사용되므로, 조리과정 시 기본적인 재료의 성질을 잘 파악해 주어야 질 좋은 모양의 음식을 만들 수 있다. 파테, 테린, 소시지, 갤런틴 등에 사용되는 기본적인 재료가 모두 포스미트를 이용한다는 점이며, 소시지를 만들 때에는 소나 돼지, 양의 창자 안에 포스미트를 주입하여 만드는 것이고, 테린은 몰드나 틀을 이용하여 틀 안에 포스미트나 여러 가지 재료를 넣고 굽거나 익혀 새로운 형태로 만들어 내는 것이다. 파테란, 포스미트에 도우로 감싸 구워내는 것이며, 갤런틴은 포스미트를 가금류의 살이나 껍질을 사용하여 익혀내는 것을 말한다. 이 모든 음식의 주재료가 포스미트로 시작되며, 포스미트는 가르드망제의 꽃이라 할 수 있다.

◀ 포스미트 조리과정

파테(Pate)

프랑스에서 파테(Pate)는 중세시대에 본격적으로 발달하기 시작한 것으로 전해져 내려오면서, 냉장고와 냉동시설이 발달하지 않았던 당시 식재료를 오래도록 보관할 목적으로 개발된 요리법이었다. 그러나 19세기 셰프 마리 앙토냉 카렘(Marie Antoine Careme, 1784~1833)과 오귀스트 에스코피에(August Escoffier, 1846~1935)에 의해 세련되고 고급스러운 요리로 발전하였다.

파테(Pate)의 원래 의미는 '밀가루에 싸다', '옷을 입히다'란 뜻으로, 파테는 프랑스어로는 Pates 또는 Pates en Croute 등으로 사용되고 있으나 모두 같은 뜻을 갖고 있다. 원래의 이름은 파테 앙 크루트(Pate en Croute)로 고기, 생선, 채소 등 다양한 식재료를 곱게 갈아 소를 채워 페이스트리 반죽으로 감싸 파이 크러스트에 넣고 구운 요리법에서 유래된 이름이다.

파테(Pate)는 프랑스어로 파이를 뜻하며, 페이스트리 반죽으로 만든 파이 크러스트에 고기, 생선, 채소 등을 갈아 양념하여 몰드에 소를 채운 후 오븐에 구운 프랑스요리이다.

파이 크러스트에 넣는 파테의 소는 돼지고기, 송아지고기, 햄, 닭, 생선, 가금류, 채소 등 취향에 따라 다양하게 선택할 수 있으며, 허브, 향신료, 코냑, 브랜디, 와인 등을 첨가해 풍미를 돋궈준다. 따뜻하게 또는 차갑게 하여 주로 전채요리(Appetizer)로 먹으며, 소박한 가정식이나 화려한 레스토랑, 파티의 메뉴로도 활용할 수 있다. 따뜻하게 제공될 때에는 그레이비(Gravy)소스를 제공하고, 차갑게 먹을 때에는 마데이라(Madeira)나 포트(Port)로 맛을 낸 아스픽을 곁들여 준다.

프랑스의 왕 루이16세(Louis XVI, 재위 : 1774~1792)도 푸아그라 파테를 자주 먹었다고 한다. 루이16세는 푸아그라 파테를 공급받는 조건으로 피카르디(Picardie)의 땅을 주지사와 교환하는 거래를 하였고, 셰프 장-조세프 클로에게는 금화 20냥을 상금으로 주었다. 셰프는 왕에게 받은 상금으로 스트라스부르(Strasbourg)에 가게를 열고, 트뤼플을 넣은 메뉴 레시피로 만든 푸아그라 파테를 판매하였다고 한다.

식재료의 보존을 목적으로 개발된 소박한 컴포트 푸드(Comfort Food)였던 파테가, 고급 요리로 재탄생하게 된 것은 19세기 초 당대의 유명 셰프였던 마리 앙토냉 카렘(Marie Antoine Careme, 1784~1833)에 의해서다. 카렘은 특유의 창의력을 발휘하여 화려한 파테 레시피들을 개발하였고, 그 덕분에 파테는 고급요리로 격상될 수 있었다. 이러한 노력은 카렘을 잇는 셰프 오귀스트 에스코피에(August Escoffier, 1846~1935)의 시대에도 계속되었다. 또한 1804년 니콜라 아페르(Nicolas Appert, 1749~1841)가 병조림을, 이어 1810년에는 피터 듀런드(Peter Duelund)가 통조림을 개발하면서 파테는 더욱 오랫동안 보관할 수 있는 편리한 가공식품으로까지 발전하게 되었다.
파테는 테린 만드는 방법과 흡사하나 파테 도우(Pate Dough)를 씌우고 굽는 것이 테린과 다른 점이며, 고기와 도우(Dough) 사이에 젤라틴을 넣어 차게 식혀 사용하는 것이 보통이고, 뜨겁게 제공하는 경우도 있다.
파테는 육류, 가금육, 각종 간(Liver), 생선 등을 분쇄기에 소금, 후추, 달걀, 휘핑크림과 각종 허브 등을 넣고 곱게 갈아 포스미트를 만든 다음, 일반적으로 돼지 지방이나 햄으로 감싼 후 밀가루 도우를 입혀 오븐에서 구워낸 것이다.

소고기 파테 ▶
조리과정

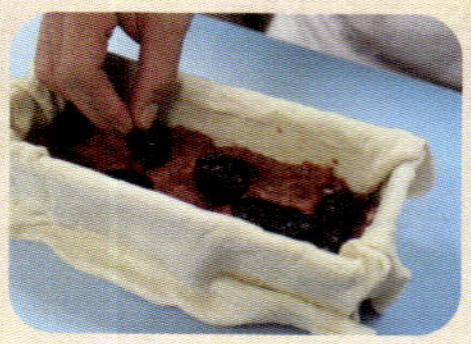

갤런틴(Galantine)

갤런틴(Galantine)은 불어의 Galant란 단어에서 유래하였으며, '우아한, 멋진'이란 뜻이 있다. 갤런틴(Galantine)은 Larousse Gastonomique에 의해 내려오는 고대 프랑스어인 Galine에서 유래한 것으로, 이는 '닭고기'란 뜻을 가지고 있다. 그것은 프랑스혁명 이후 '젤리'를 뜻하며, 고대 프랑스어 Galantine으로 바뀌면서 오랜 시간동안 발전하여 지금에 갤런틴(Galantine)이라는 말로 정착되었다.
오래 전 중세시대부터 먹어왔던 패스트리를 이용하여 동물의 모형처럼 만들어 연회장의 높은 위치에 두어 참석하는 손님들에게 시각적인 흥미를 주고, 요리의 맛보다는 외형적 표현에 중점을 두어 하나의 조각품으로 예술의 경지에 이르렀다. 그러나 너무 외형적인 멋에 염증을 느낀 일부 조리사들은 맛을 좀 더 살리고자 여러 가지 시도를 하였고, 그러다가 인공적인 철사 또는 패스트리로 만든 Frame 대신 닭, 오리 등의 골격을 형성하는 뼈와 껍질을 그대로 사용하여 표면에 Chaud-froid Sauce를 Coating하는 방법을 만들어 냈다. 하지만 이 방법은 많은 시간과 예술적인 기술을 요하는 작업이므로, 좀 더 간편한 방법을 이용했는데 닭, 오리 등의 껍질을 이용한 소시지 형태로 만들어 스톡(Stock) 또는 뱅 마리(Bain Marie)를 이용하여 익히는 방법을 만들어 냈다. 갤런틴은 전통 프랑스요리로 가금류와 육류, 생선의 뼈를 제거한 후, 넓게 펴서 같은 가금류, 채소, 생크림, 올리브, 송로버섯 등을 넣고 치즈 클로스(Cheese Cloth)로 둥글게 말아 스톡에서 부드럽게 익혀서 식힌 후 썰어 차갑게 제공되는 요리를 말한다. 오늘날에도 연회석상에는 전통적인 형태의 갤런틴이 등장하기도 하지만, 대부분 롤 형태의 갤런틴이 많이 사용되고 있다.

▲ 치킨 갤런틴
조리과정

무스(Mousse)

무스(Mousse)란, 프랑스에서 유래된 연한 디저트를 말하며, 부드러운 퓌레상태로 간든 재료에 거품 낸 생크림 또는 흰자를 첨가해 가볍게 부풀린 과자라고도 한다. 원래의 단어는 '거품'을 뜻하며 '가벼운'으로 허석된다. 흔히 무스를 가리켜 미르와르(Miroir)라고도 하는데, 그 이유는 무스 표면에 바른 젤리의 광택이 얼굴을 비출 정도이기 때문이다. 또한 무슬린(Mousselines)이라 불리는 또 다른 요리는, 뜨거운 상태로 제공되며 틀(Mold)에서 익혀 생선소스와 함께 뜨겁게 서빙되는 생선 커넬을 무슬린이라 한다.

무스는 휘핑크림이나 머랭과 같은 공기가 통하는 재료를 만들기 위해 퓌레, 크림, 푸딩, 소스와 같은 기본 재료에 넣고 섞어준다. 이 재료는 가볍고 매끄러워서 저으면서 공기를 넣으면 재료가 혼합되게 된다. 거품이 있는 무스를 제공하기 위해서는 사전에 충분히 굳을 수 있도록 차갑게 해야 하고, 차가운 무스는 다른 재료와 함께 합친 후에는 열이 무스를 가라앉게 하지 않기 때문에 조리가 되지 않는다. 뜨거운 무스도 차가운 무스와 같은 조리방법으로 만들지만, 틀에 채워 만들고 가열 조리하여 뜨거운 상태로 서빙한다.

무스의 기본이 되는 주요 재료는 한 가지 또는 여러 재료의 결합으로 이루어진다. 주재료는 훈제된 육류고기, 생선 또는 가금류나 치즈, 채소 등을 곱게 갈거나 퓌레하여 조리에 사용한다. 사용하기 전 모든 재료에는 다른 재료를 넣기 전에 적당히 양념이 배어있어야 하며, 무스를 준비할 때는 다시 한 번 간을 한다.

일부 기본 재료들은 재료 자체가 완성된 무스에 모양이나 형태를 만들어주는 안정성을 가지고 있다. 도한 어떤 기본 재료들은 그렇지 못하며 표면에 밀도가 조밀하지 않으며, 기본 재료에는 일반적으로 젤라틴을 많이 넣어줄수록 나타내는 효과는 다르다. 따라서 젤라틴의 양을 조절해야 완성된 무스의 질감이 부드러울 것이다 무스에 간을 하고 맛을 내며 가니쉬를 더해주는 방법은 다양하며, 주재료에 맞는 선택과 맛에 어울리는 선택을 해야 한다.

무스에 공기를 넣어주어 가벼운 느낌을 주는 재료는 휘핑한 달걀흰자 거품이나 유연한 단계나 중간 단계로 치대어 올린 생크림 등이 주로 많이 사용된다. 또한 달걀흰자, 크림을 너무 많이 휘핑하거나 치대면 시간이 지남에 따라 그 자신의 무게에 의해서 모양이 무너지기 때문에 주의가 필요하다.

◀ 연어무스
조리과정

Potato Terrine Filled with Asparagus

아스파라거스를 채운 감자테린

Potato Terrine Filled with Asparagus

Ingredients

감자Potato 2개
당근Carrot 1개
아스파라거스Asparagus 1개
젤라틴Gelatine 10g
아보카도Avocado 1개
강낭콩Kidney Bean 20g
완두콩Peas 5g
후추Pepper 약간
소금Salt 약간
설탕Sugar 약간

Preparation

1 당근은 얇게 슬라이스하여 끓는 물에 살짝 데쳐 찬물에 식힌다.
2 단호박은 삶아 고운체에 내린 후 소금, 설탕으로 간하여 젤라틴을 넣그 되직하게 농도를 맞춘다.
3 강낭콩은 깨끗이 씻어 끓는 물에 데친 후, 찬물에 식힌다.
4 아스파라거스는 껍질을 벗겨 끓는 물에 데쳐 찬물에 식힌다.
5 감자는 삶아 고운체에 내린 후 소금, 후추로 간하여 젤라틴을 넣고 되직하게 농도를 맞춘다.
6 아보카도는 얇게 슬라이스하여 끓는 물에 데친 후, 찬물에 식힌다.
7 몰드에 비닐을 깔고, 1의 슬라이스한 당근을 가지런히 놓는다.
8 7의 몰드에 2의 단호박, 3의 강낭콩, 4의 아스파라거스, 5의 감자, 6의 아보카드를 순서대로 넣고 채워준다.
9 8의 내용물이 몰드에 채워지게 위에서 눌러준다.

Cooking Terminology

테린(Terrine)
테린이란, 원래 '질그릇단지, 항아리'를 뜻하는 말이다. 주 식재료 외에 각종 육류와 양념(Spice) 등을 첨가하여 만들었다지만, 오늘날에 이르러서는 그렇지만도 않다. 예전에는 모든 재료를 혼합하여 부드럽게 갈아 각종 장식과 함께 단지 또는 항아리에 담아 식탁에 제공하면서부터 테린이라고 전해 내려왔다.

Sweet Pumpkin Cream Cheese Terrine

단호박 크림치즈 테린

Sweet Pumpkin Cream Cheese Terrine

Ingredients

크림치즈Cream Cheese 150g
단호박Sweet Pumpkin ½개
검정깨Black Sesame 2g
마늘줄기Garlic Stem 10g
흑미Black Rice 5g
아보카도Avocado 1개
젤라틴Gelatine 20g
휘핑크림Whipping Cream 10㎖
후추Pepper 약간
설탕Sugar 약간
소금Salt 약간

Preparation

1 크림치즈는 믹서기에 갈아 젤라틴을 녹여 넣고 농도를 맞춘다.
2 1의 크림치즈에 검정깨를 넣고 섞어준다.
3 단호박은 삶아 고운체에 내린 후 소금, 설탕으로 간하여 젤라틴을 넣고 농도를 맞춘다.
4 3의 단호박에 삶은 흑미쌀을 넣고 섞어준다.
5 아보카도는 슬라이스하여 끓은 물에 삶은 후 믹서기에 곱게 갈아 젤라틴을 넣고 농도를 닺춰준다.
6 마늘 줄기는 끓는 물에 데쳐 찬물에 식힌다.
7 사각 몰드에 비닐을 깔고, 2의 크림치즈와 4의 단호박, 5의 아보카도, 6의 마늘 줄기를 채워 눌러준다.

Cooking Class
Ingredients

젤라틴(Gelatine)
동물의 가죽·힘줄·연골 등을 구성하는 천연 단백질인 콜라겐을 뜨거운 물로 처리하면 얻어지는 유도단백질의 일종이다. 찬물에는 팽창하며 온수에는 녹아서 졸(Sol)이 되고, 2~3% 이상의 농도에서는 실온에서 탄성이 있는 겔(Gel)이 된다.

Vegetable Terine Wrapped up with Carrot, Zucchini

당근과 애호박으로 감싼 야채 테린

Vegetable Terine Wrapped up with Carrot, Zucchini

Ingredients

애호박Zucchini 1개
단호박Sweet Pumpkin 150g
아스파라거스Asparagus 1개
젤라틴Gelatine 10g
표고버섯Shiitake Mushroom 100g
검정콩Black Bean 20g
완두콩Peas 5g
브로콜리Broccoli 20g
붉은 파프리카Red Paprika 30g
퀴노아Quinoa 20g
감자Potato 2개
당근Carrot 1개
소금Salt 약간
설탕Sugar 약간
후추Pepper 약간

Preparation

1 애호박은 얇게 슬라이스하여 끓는 물에 살짝 데쳐 찬물에 식힌다.
2 단호박은 껍질을 벗겨 다이스로 자른 후 삶아 설탕으로 간한다.
3 검정콩은 끓는 물에 삶아 식혀 소금, 후추로 간한다.
4 브로콜리, 아스파라거스는 끓는 물에 데쳐 찬물에 식힌다.
5 감자는 다이스로 자른 후 삶아 소금, 후추로 간한다.
6 표고버섯은 끓는 물에 데친 후 찬물에 식혀 물기를 짜준다.
7 퀴노아는 끓는 물에 데친 후 식혀 소금으로 간한다.
8 사각몰드에 비닐을 깔고, 1의 슬라이스한 애호박을 가지런히 놓는다.
9 8의 몰드에 야채를 순서대로 채워 눌러준 후 냉장고에서 굳힌다.
10 9의 야채 테린을 잘라 접시에 나란히 담는다.

Cooking Class
Ingredients

애호박(Zucchini)
박과의 식물로, 애호박을 고를 때에는 연두색이면서 작고 윤기가 흐르며 꼭지가 마르지 않은 것을 고르도록 한다. 꼭지 주변이 들어가 있고 크기에 비하여 무거운 것일수록 맛이 좋다.

Pistachio Filled with Duck Breast and Chicken Breast Terrine

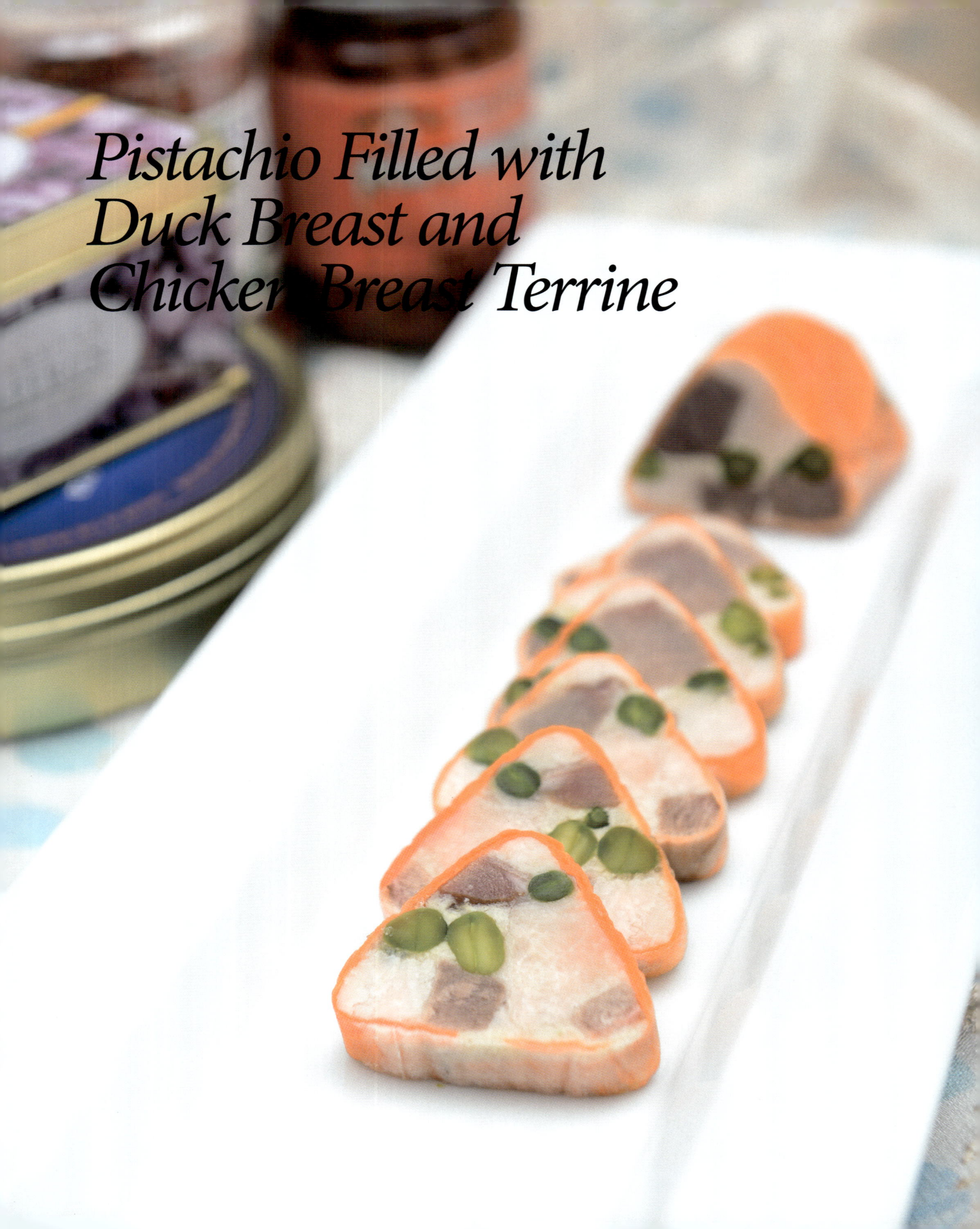

피스타치오를 채운 오리가슴살과 닭가슴살 테린

Pistachio Filled with Duck Breast and Chicken Breast Terrine

Ingredients

오리가슴살Duck Breast 100g
닭가슴살Chicken Breast 100g
피스타치오Pistachio 20g
당근Carrot 1개
백포도주White Wine 10㎖
젤라틴Gelatine 20g
로즈마리Rosemary 2g
타임Thyme 2g
휘핑크림Whipping Cream 20㎖
소금Salt 약간
후추Pepper 약간

Preparation

1 젤라틴은 찬물에 넣고 중탕으로 열을 가해 젤라틴 용액을 만들어 놓는다.
2 당근은 얇게 슬라이스하여 끓는 물에 살짝 데쳐 찬물에 식힌다.
3 닭가슴살은 팬에 구워 껍질을 제거한 후, 믹서기에 로즈마리와 타임을 넣고 곱게 갈아 백포도주, 생크림, 소금, 후추로 간한다.
4 3의 양념한 닭가슴살에 1의 젤라틴을 넣고 섞어준다.
5 오리가슴살은 팬에 구워 껍질을 제거한 후 다이스로 잘라 소금, 후추로 간한다.
6 삼각몰드에 비닐을 깔고, 2의 슬라이스한 당근을 나란히 놓는다.
7 6의 몰드에 4의 갈은 닭가슴살, 5의 다이스한 오리가슴살, 피스타치오를 채워 눌러준다.
8 7의 닭가슴살 테린을 찜기에 넣고 천천히 쪄준다.

Cooking Class Ingredients

피스타치오(Pistachio)
중서아시아가 원산이며, 열매는 타원형으로 길이는 1.5㎝ 정도이며 붉은빛을 띤 노란색이고 지방, 철, 비타민 B가 풍부하다. 또한 콜레스테롤을 낮추는 기능을 하여 심혈관 기능을 건강하게 유지해주며 불포화지방산이 들어 있어 암을 예방해준다.

Fish Terrine Wrapped with Octopus

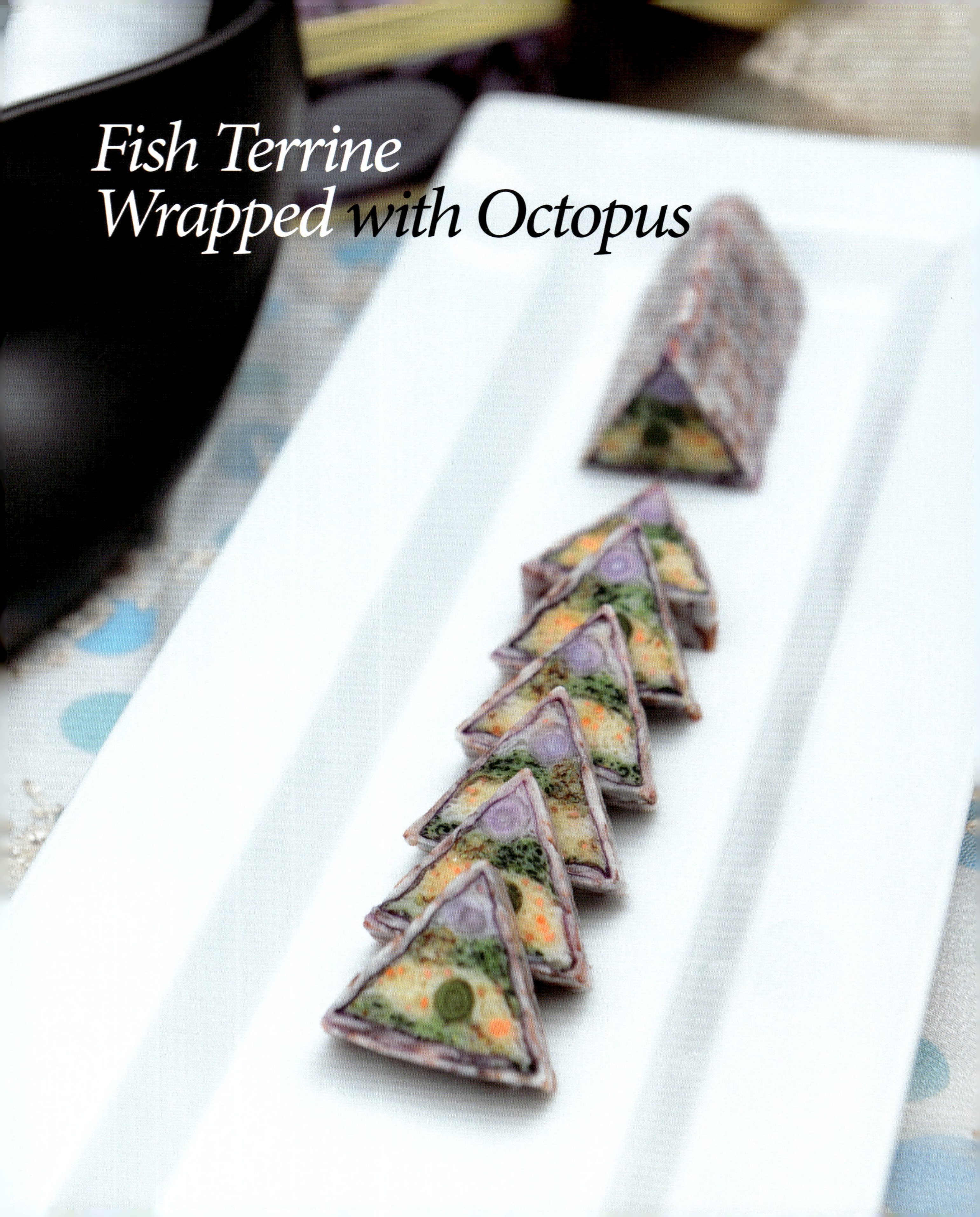

문어로 감싼 생선 테린

Fish Terrine Wrapped with Octopus

Ingredients

문어Octopus 150g
광어Halibat 50g
관자Scallop 50g
오징어Squid 50g
브로콜리Broccoli 20g
당근Carrot 10g
후르츠 케이퍼Fruits Caper 10g
적채Red Cabbage 30g
완두콩Pea 10g
젤라틴Gelatine 20g
설탕Sugar 약간
소금Salt 약간
후추Pepper 약간

Preparation

1 문어 다릿살은 끓는 물에 데쳐 얇게 슬라이스한다.
2 적양배추는 끓는 물에 데쳐 찬물에 식힌다.
3 당근은 스몰다이스로 썰어놓는다.
4 광어살은 백포도주와 생크림, 소금, 후추를 넣고 곱게 갈아 스몰다이스한 당근과 섞어준다.
5 오징어살과 관자, 백포도주, 생크림, 소금, 후추를 넣고 곱게 갈아 브로콜리싹과 섞어준다.
6 삼각몰드에 비닐을 깔고, 1의 슬라이스한 문어와 2의 적양배추를 나란히 놓는다.
7 6의 몰드에 4의 갈은 광어살, 5의 오징어, 관자를 채워 눌러준다.
8 찜통기에 7의 생선 테린을 넣고 익힌다.

Ingredients

문어(Octopus)
낙지과에 속하며 우리나라, 일본, 알래스카, 북아메리카 캘리포니아 등 태평양 북부에 널리 분포하는 수산물의 자원이며, 다리가 8개 있는 연체동물의 일종이다.

Vegetable Filled with Forcemeat

야채를 채운 포스미트

Vegetable Filled with Forcemeat

Ingredients

소고기사태Beef Chuck 750g
돼지 뒷다리살Pig Hind Legs 750g
돼지비계Pig Fat 750g
얼음Ice 750g
곶감Dried Persimmon 2개
마늘Garlic 2개
소금Salt 12g
헬라빈 이Helabine E 3.6g
밀크파우더Milk Powder 16g
피클링 솔트Pickling Salt 0.6g
마조람Marjoram 3.6g
페르비날 더블 에이치Perwienal HH 1.2g
롤란Rolan 12g
타임Thyme 1g

후추Pepper 3.6g
당근Carrot ¼개
마늘쫑Garlic Sprouts 10g
표고버섯Shiitake Mushroom 100g
호두Walnut 10g
호박씨Pumpkin Seeds 5g
통후추Black Pepper 2g
양배추Cabbage 400g
백포도주White Wine 2.5㎖
주니퍼베리Juniper Berry 1.8g
월계수잎Bay Leaf 2g
통후추Black Pepper 2g
뉘렌버그 로스트부어스트콤
Nurenberg Roastbroratwurst Com 13g

Preparation

1 소고기사태 300g, 돼지고기 다릿살 300g, 돼지비계 300g, 얼음 300g, 소금 1.2g, 뉘렌버그, 헬라빈 이, 밀크파우더, 피클링 솔트, 롤란, 마조람, 후추, 타임을 넣고 0.3㎜로 초핑기계에 곱게 갈아준다.
2 소고기사태 450g, 돼지고기 다릿살 450g, 돼지비계 450g, 얼음 450g, 마늘을 넣고 0.7㎜로 초핑기계에 곱게 갈아준다.
3 1, 2의 갈은 내용물에 페르비날 더블 에이치를 넣고 섞어준다.
4 당근은 다이스하고 마늘쫑은 길게 잘라 끓는 물에 데쳐 식힌다.
5 표고는 슬라이스하여 소금, 후추로 간하여 볶아준다.
6 곶감, 호두는 다이스로 썰어준다.
7 3의 포스트미트에 야채와 호박씨를 넣고 섞어준다.
8 몰드에 버터를 바른 후, 7의 포스미트와 곶감을 채워 눌러준다.
9 8의 포스미트를 100℃ 스팀에 40분간 익혀준 후, 110℃의 열과 스팀에 30분간 익혀준다.
10 9의 구운 포스미트를 잘라 접시에 담고 양배추를 곁들인다.

Cooking Method

양배추절임(Cabbage Pickles)

양배추Cabbage 400g, 백포도주White Wine 2.5㎜, 주니퍼베리Juniper Berry 1.8g, 월계수잎Bay Leaf 2g, 통후추Black Pepper 2g, 소금Salt 12g

❶ 양배추는 얇게 슬라이스로 자른다.
❷ ❶의 양배추에 백포도주, 주니퍼베리, 월계수잎, 통후추, 소금을 넣고 골고루 버무려준다.
❸ ❷의 버무린 양배추는 18℃에서 7일간 숙성시킨 후 냉장고(1℃)에서 보관하여 사용한다.

Beef Forcemeat

소고기 포스미트

Beef Forcemeat

Ingredients

소고기사태Beef Chuck 300g
건자두Dried Plum 3개
마늘Garlic 2개
돼지 뒷다리살Pig Hind Legs 300g
돼지비계Pig Fat 300g
얼음Ice 300g
소금Salt 12g
헬라빈 이Helabine E 3.6g
밀크파우더Milk Powder 16g
피클링 솔트Pickling Salt 0.6g
마조람Marjoram 3.6g
페르비날 더블 에이치Perwienal HH 1.2g
롤란Rolan 12g
타임Thyme 1g
그린 비타민Green Vitamin 10g
후추Pepper 3.6g
뉘렌버그 로스트부어스트콤
Nurenberg Roastbroratwurst Com 13g

Preparation

1 소고기사태, 돼지고기 다릿살, 돼지비계, 얼음, 소금을 넣고 초핑기 계에 곱게 갈아준다.
2 1의 간 내용물에 뉘렌버그, 헬라빈 이, 밀크파우더, 피클링 솔트, 양파, 후추, 다늘, 타임을 넣어 한 번 더 갈아준다.
3 2의 내용물에 페르비날 더블 에이치를 넣고 섞어준다.
4 몰드에 버터를 바른 후, 3의 포스미트와 건자두를 채워 눌러준다.
5 4의 포스미트를 100℃ 스팀에 40분간 익혀준 후, 110℃의 열과 스팀에 30분간 익혀준다.
6 5의 구운 포스미트를 잘라 접시에 담고 채소를 곁들인다.

Cooking Class

Cooking Terminology

포스미트(Force Meat)
포스미트는 다진 날고기나 익힌 고기, 가금류, 생선, 야채, 빵가루 등 다양한 양념과 향신료를 섞고 미세하게 저미거나 잘게 갈은 혼합물이다. 아주 부드러운 질감을 얻기 위해서 몇 번에 걸쳐 갈아야 하며, 다른 음식의 속을 채우는데 사용하거나 고기완자에 사용한다. 포스미트에는 무슬린 종류의 포스미트, 스트레이트 포스미트, 컨트리 스타일의 포스미트, 그라탱 포스미트 등 4가지의 종류가 있다.

Chicken Pate Filled with Dried Apricot

건살구를 채운 닭고기 파테

Chicken Pate Filled with Dried Apricot

Ingredients

닭가슴살Chicken Breast 250g
소고기Beef 50g
타임Thyme 2g
백포도주White Wine 20㎖
밀가루Flour 100g
버터Butter 30g
달걀Egg 1개
건살구Apricots 3개
마늘Garlic 1개
로즈마리Rosemary 2g
방울토마토Cherry Tomato 1개
치커리Chicory 10g
설탕Sugar 5g
소금Salt 2g
후추Pepper 약간

Preparation

1 밀가루(박력분) 100g, 버터 30g, 달걀 1개, 설탕 5g, 소금 2g, 물 10㎖를 넣고 파테 도우를 반죽하여 30분간 발효시킨다.
2 닭고기와 소고기는 초핑기계에 타임, 백포도주, 소금, 후추를 넣고 곱게 갈아서 포스미트를 만든다.
3 1의 숙성된 도우반죽을 틀에 맞도록 잘라 틀 안쪽에 놓고, 안쪽면에 돼지고기 지방을 넣고 2의 포스미트, 건살구를 채워 눌러준다.
4 3의 틀 위에 파테 도우로 덮어주고 작은 구멍을 뚫어준 후 달걀노른자를 발라준다.
5 예열된 150℃ 오븐에 40분 정도 구워준 후 파테 구멍에 젤라틴을 구멍 안으로 겨속 부어 넣는다.
6 5의 파테에 젤라틴이 채워지면 냉장고에서 굳힌다.
7 6의 파테가 굳어지면 몰드에서 빼내어 슬라이스하여 담고, 방울토가토와 치커리를 곁들인다.

Cooking Class

Cooking Terminology

파테(Pate)
파테의 원래 의미는 '밀가루에 싸다', '옷을 입히다'란 뜻으로, 파테(Pate)는 프랑스어로는 Pates 또는 Pates en Croute 등으로 사용되고 있으나 모두 같은 뜻을 가지고 있다. 원래의 이름은 파테 앙 크루트(Pate en Croute)로 고기, 생선, 채소 등 다양한 식재료를 곱게 갈아 소를 채워 페이스트리 반죽으로 감싸 파이 크러스트에 넣고 굽는 요리법에서 유래된 이름이다.

Beef Pate Filled with Dried Plum

건자두를 채운 소고기 파테

Beef Pate Filled with Dried Plum

Ingredients

소고기Beef 300g
돼지고기Pork 100g
돼지비계Pig Fat 300g
백포도주White Wine 20㎖
밀가루Flour 100g
버터Butter 30g
달걀Egg 1개

건자두Dried Plum 2개
마늘Garlic 1개
로즈마리Rosemary 2g
타임Thyme 2g
소금Salt 2g
후추Pepper 약간
설탕Sugar 5g

Preparation

1 밀가루, 버터, 달걀, 설탕, 소금, 물을 넣고 파테 도우를 반죽하여 30븐간 휴지시킨다.
2 소고기는 초핑기계에 갈면서 생크림, 타임, 백포도주, 소금, 후추를 넣어주면서 곱게 갈아 포스미트를 만든다.
3 1의 숙성된 도우반죽을 사각 틀에 맞도록 잘라 틀 안쪽에 놓고 2의 프스미트, 건자두를 채워 눌러준다.
4 3의 소고기 파테에 도우로 덮고 작은 구멍을 뚫어준 후 달걀노른자를 발라준다.
5 예열된 150℃ 오븐에 40분 정도 구워준 후, 파테 구멍 안으로 젤라틴을 녹여 빈 공간에 채워준다.
6 5의 파테에 젤라틴을 가득 채운 후 냉장고에서 굳힌다.
7 6의 소고기 파테가 굳어지면 몰드에서 빼내어 얇게 슬라이스하여 접시에 가지런히 담는다.

Cooking Class
Ingredients

건자두(Dried Plum)
건자두는 미네랄이 풍부하여 빈혈에 효과적이며, 비타민 C가 다량으로 함유하고 있어 철분의 흡수를 돕는다.

Chicken Galantine Filled with Jujube

대추를 채운 치킨 갤런틴

Chicken Galantine Filled with Jujube

Ingredients

닭Chicken 1개
닭다리살Chicken Skewers 100g
대추Jujube 3개
마늘Garlic 2개
당근Carrot 50g
생크림Fresh Cream 100g
백포도주White Wine 100㎖
소금Salt 약간
후추Pepper 약간

Preparation

1 닭은 뼈를 제거한 후, 살만 발라 껍질째 넓게 펴서 두들겨 손질한다.
2 닭다리살은 껍질을 제거한 후 곱게 다져준다.
3 대추는 깨끗이 씻어 씨를 제거한 후 둥글게 말아준다.
4 당근은 껍질을 벗겨 곱게 다져준다.
5 2의 다진 닭고기살에 마늘찹, 백포도주, 소금, 후추로 간하여 3의 갈은 당근을 섞어준다.
6 비닐을 넓게 깔아준 후, 1의 넓게 펴놓은 닭고기살을 놓고 5의 양념한 닭고기살을 발라준다.
7 6의 닭고기에 3의 대추를 놓고 둥근 모양으로 말아 호일로 감싼다.
8 찜통에 물을 끓여 7의 둥글게 말은 닭고기를 20분간 쪄서 익혀준다.
9 8의 익힌 닭고기 갤런틴을 잘라 접시에 가지런히 담는다.

Cooking Terminology

갤런틴(Galantine)
갤런틴은 불어의 Galant란 단어에서 유래하였으며, '우아한, 멋진'이란 뜻이 있다. 갤런틴은 Larousse Gastonomique에 의해 내려오는 고대 프랑스어인 Galine에서 유래한 것으로, 이는 '닭고기'란 뜻을 가지고 있다. 그것은 프랑스혁명 이후 '젤리'를 뜻하며, 고대 프랑스어 Galantine으로 바뀌면서 오랜 시간 동안 발전하여 지금의 갤런틴(Galantine)이라는 말로 정착되었다.

Chicken Galantine Filled with Soybean

검정콩을 채운 치킨 갤런틴

Chicken Galantine Filled with Soybean

Ingredients

닭Chicken 1개
닭다리살Chicken Skewers 100g
밀가루Flour 10g
마늘Garlic 5개
당근Carrot 50g
생크림Fresh Cream 100g
백포도주White Wine 100㎖
검정콩Soybean 20g
시금치Spinach 20g
단호박Sweet Pumpkin ½개
호박씨Pumpkin Seeds 5g
호두Walnut 10g
오이Cucumber 200g
붉은 파프리카Red Paprika 50g
설탕Sugar 5g
물Water 200㎖
식초Vinegar 20㎖
피클링스파이스Pickling Spice 2g
터메릭Turmeric 2g
후추Pepper 약간
소금Salt 20g

Preparation

1 닭은 뼈를 제거한 후, 살만 발라 껍질째 넓게 펴서 두들겨 손질한다.
2 닭다리살은 껍질을 제거한 후 곱게 다져준다.
3 검정콩은 찬물에 불려 삶아 준비한다.
4 단호박은 껍질을 벗겨 다이스로 자른다.
5 시금치는 끓는 물에 데쳐 물기를 제거한다.
6 2의 다진 닭다리살에 3의 검정콩, 4의 단호박, 호두, 호박씨, 백포도주, 소금, 후추로 간하여 섞어준다.
7 비닐을 넓게 깔아준 후, 1의 넓게 펴놓은 닭고기살을 놓고 5의 데친 시금치를 가지런히 펼쳐놓는다.
8 7의 닭고기에 6의 내용물을 채워 둥근 모양으로 말아 호일로 감싼다.
9 찜통에 물을 끓여 8의 둥글게 말은 닭고기를 40분간 쪄서 익혀준다.
10 9의 익힌 닭고기 야채 갤런틴을 잘라 접시에 가지런히 담는다.

Cooking Method

오이피클(Pickled Cucumber)
오이Cucumber 200g, 붉은 파프리카Red Paprika 50g, 당근Carrot 50g, 식초Vinegar 20㎖, 물Water 200㎖, 피클링 스파이스Pickling Spice 2g, 설탕Sugar 5g, 터메릭Turmeric 2g, 마늘Garlic 5개, 소금Salt 20g

❶ 오이, 붉은 파프리카, 당근은 다이스로 자른다.
❷ 물, 피클링스파이스, 설탕, 터메릭, 마늘, 소금을 넣어 끓인 후, 불을 끄고 식초를 넣어 70℃ 정도로 내려오면 ❶의 야채를 넣고 골고루 섞어준다.
❸ 냉장고에서 5일 정도 보관 후 사용한다.

Soft Pumpkin Mousse Filled in Volauven

볼로방에 채운 부드러운 단호박 무스

Soft Pumpkin Mousse Filled in Volauvent

Ingredients

볼로방Borubang 1개
단호박Sweet Pumpkin 100g
설탕Sugar 5g
휘핑크림Whipping Cream 10㎖
아몬드Almond 1개
붉은 파프리카Red Paprika 5g
바질Basil 2g
우유Milk 10㎖

Preparation

1 단호박은 껍질을 벗겨 다이스로 자른다.
2 자루냄비(Pot)에 1의 잘라놓은 단호박을 완전히 익혀 삶는다.
3 믹서기(Blender)에 2의 삶은 단호박을 곱게 갈아 체에 내린다.
4 3의 갈은 단호박은 수분을 제거하고 우유, 휘핑크림, 설탕을 넣고 부드럽게 혼합한다.
5 볼로방에 4의 단호박 무스를 짜준 후 아몬드, 파프리카 슬라이스로 곁들여 가니쉬한다.

Cooking Class
Ingredients

볼로방(Volauvent)
육류나 가금류 등을 버무려 채워 넣어 만든 퍼프 페이스트리(Puff Pastry Shell)를 말한다. 프랑스어로 '바람에 흩날리다'라는 뜻으로, 가볍게 부풀어 오른 푀이타주(Feuilletage)로 아주 가벼워서 믿을 수 없는 가벼움 때문에 붙여진 이름이다.

Lobster Roulade
Filled with Musse

홍합을 채운 랍스터 롤라드

Lobster Roulade Filled with Mussels

Ingredients

랍스터Robster 200g
홍합Mussel 3개
백포도주White Wine 10㎖
시금치Spinach 50g
레몬주스Lemon Juice 5㎖
밀가루Flour 10g
이태리파슬리Italy Parsley 10g
치커리Chicory 10g
소금Salt 약간
후추Pepper 약간

Preparation

1 랍스터는 껍질을 제거한 후 안쪽 부분에 칼집을 넣어준다.
2 랍스터 집게는 가위로 껍질을 제거하여 깨끗이 씻는다.
3 시금치는 손질하여 끓는 물에 데쳐 찬물에 식힌다.
4 홍합은 이물질을 제거한 후 끓는 물에 데친다.
5 2의 시금치를 가지런히 펴서 3의 홍합을 놓고 둥글게 말아준다.
6 비닐을 깔고 1의 랍스터와 2의 랍스터 집게를 놓고, 4의 시금치로 말은 홍합을 올려 둥근 모양으로 말아준다.
7 5의 둥글게 말은 랍스터를 호일로 감싸 찜통에서 익힌다.
8 6의 랍스터를 잘라 접시에 담고 치커리와 이태리파슬리를 곁들인다.

Cooking Class

Cooking Terminology

룰라드(Roulade)
둥글게 말아 만들어진 요리에 붙이는 용어로 육류, 가금류, 생선류 등을 둥근 모양으로 말아 익히는 조리방법이다.

Salmon Roll Filled with Horseradish Cream

홀스래디쉬 크림을 채운 연어롤

Salmon Roll Filled with Horseradish Cream

Ingredients

훈제연어Smoked Salmon 200g
홀스래디쉬Horseradish 20g
사워크림Sour Cream 10g
크림치즈Cream Cheese 10g
케이퍼Caper 10g
레몬주스Lemon Juice 10㎖
브랜디Brandy 5㎖
딜Dill 2g
설탕Sugar 약간
통후추Whole Pepper 약간
소금Salt 약간

Preparation

1 훈제연어는 껍질을 벗겨 넓게 펴서 슬라이스한다.
2 1의 슬라이스 한 연어에 브랜디와 딜찹, 설탕, 소금, 통후추로 마리네이드한다.
3 케이퍼는 거칠게 다져놓는다.
4 홀스래디쉬와 사워크림, 크림치즈, 다진 케이퍼를 고루 섞어준다.
5 비닐을 깔고 2의 마리네이드한 연어를 놓고 4의 홀스래디쉬 크림을 발라 둥글게 말아준다.
6 5의 둥글게 말은 연어를 잘라 접시에 나란히 담는다.

Cooking Class
Ingredients

홀스래디쉬(Horseradish)
뿌리의 색은 황갈색이며 길이는 약 45㎝이고, 내부는 흰색이며 풍미가 매우 강하고 맛이 얼얼하다.

New International
GARDE
MANGER
Cooking

Sausage Smoke Aspic Gelatin

소시지(Sausage)

소시지(Sausage)는 원래 고기를 저장하기 위한 수단에서 비롯되었으며, 육류를 주재료로 하여 고기의 부산물들을 염지하고 갈아서 동물의 창자나 인공 케이싱에 공기가 들어가지 않도록 채워 삶거나 훈연처리해서 만든 가공식품을 의미한다. 소시지라는 이름은 라틴어로 '소금에 절인다(Salted)'는 의미인 'Salsicius'에서 유래되었다. 그리고 Salasicius에서 소시지를 뜻하는 라틴어 Salsicia가 유래되었고, 그것이 변화되어 Sausage가 된 것이다. Salasicius에서 보듯이 소시지는 염지와 깊은 관련이 있는 것을 알 수 있다.

최초의 소시지는 고대 그리스 · 로마 시대에 만들어졌는데, 사람이 먹을 수 있는 견과류부터 동물의 모든 부위를 사용하였고, 저장성을 높이기 위해 가공처리를 하여 만들었다. 기원전 중국에서는 간 염소고기에 파, 소금, 간장, 생강, 후추 등을 첨가하고 창자에 채워 Lup Cheong을 만들었다는 기록이 있는데, 오늘날의 Lup Cheong은 돼지고기에 소금과 설탕, 간장 등을 양념하여 만들어 숙성, 건조시킨 것이 서양의 건조 소시지인 살라미와 비슷한 것이다. 소시지는 3000년 이상의 역사를 가지고 있는데, 피 소시지(Blood Sausage)와 간 소시지(Liver Sausage) 등 부산물을 이용한 소시지가 가장 오래된 것으로 알려져 있다.

소시지에 들어있는 성분들은 간 생고기에 소금, 후추, 향신료를 넣어 만들어지며, 이러한 재료들은 케이싱 안에 넣어 포장되고, 포장지는 장, 위, 동물의 신체 부위에 의해서 만들어졌다.

소지시 ▶
공정과정

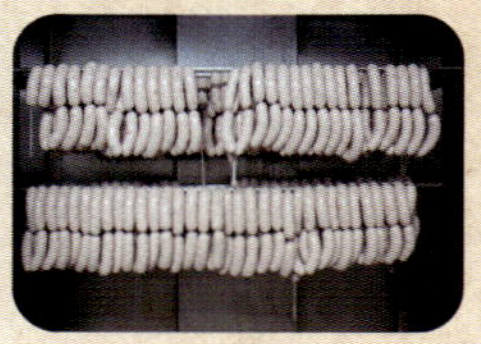

훈제(Smoke)

훈제(Smoke)는 소금에 절인 생선과 고기를 훈연하여 건조시키는 가공법 또는 그 가공식품을 의미한다. 이러한 보존식품들은 아주 오래전 우연히 만들어졌다. 수렵생활을 하는 동안 생선을 소금물에 재워두거나 발효나 건조시키기 위해 해안에 두었을 때, 썩은 고기를 찾아다니는 동물들로부터 지키기 위해 불 가까이에 매달아 건조시킨 것이 훈제의 시초라고 볼 수 있다.

오늘날에는 음식을 오래 보존하기 위한 목적뿐만 아니라 그 풍미를 즐기기 위해서 훈제를 하고 있다. 연어, 햄, 베이컨, 소시지 등 여러 훈제식품들과 그 식품들을 이용한 요리 등이 있으며, 훈제의 방법에도 여러 가지가 있다.

훈제의 목적은 수분을 제거하여 건조시킴과 동시에 연기 속에 포함되어 있는 목초산을 침투시켜 풍미와 방부 성분을 갖게 하여 그로 인해 보존 효과를 얻기 위해서이다. 그 방법으로는 냉훈법, 온훈법, 액훈법 등이 있으며, 일반적으로 해체-세척-염상-소금빼기-풍건-훈연의 순서로 이루어진다.

훈제에 사용되는 나무는 재질이 단단한 참나무, 벚나무, 밤나무, 호두나무, 사과나무 등의 활엽수를 분쇄하여 사용하였고, 침엽수는 빨리 타며 진액이 나오기 때문에 훈제의 재료로 사용하기에는 적합하지가 않다. 훈제를 할 때 좋은 풍미를 더하기 위해서 허브, 과일껍질, 스파이스, 주니퍼베리, 월계수잎, 세이지, 오리가노 등의 향신료를 섞어서 훈제하였다.

◀ 훈제과정

아스픽(Aspic)

아스픽(Aspic)이란 용어는, 뱀을 의미하는 라틴어 'Aspis'에서 유래되었다. 돈육이나 육류, 가금류를 익혀 틀에 넣어 식히면 육류에 내포되어 있는 젤리 성분이 용출되어 시간이 지나면 돈육이나 육류, 가금육 등이 틀의 모양 그대로 형성하게 된다. 아스픽은 그러한 모양과 형태를 형성할 수 있게 하는 성분을 의미하는 것이다. 그것은 거품을 안정시키고 혼합물을 굳혀내는 것으로 차갑게 식혀 잘라 제공할 수 있다.

몰드나 틀에 내용물을 담아 만드는 조리과정에서 처음에는 익혀서 식힌 요리에 주로 사용되었지만, 시간이 지나 점차 사용 용도가 광범위해지고 요리가 개발되면서 고기 자체의 젤리 성분보다 겔(Gel)화 되는 힘이 강한 한천이나 젤라틴을 사용하는 경향으로 나타난다. 그것은 여러 가지 틀에 식품을 넣어 형태를 유지시키기 위한 중요한 재료로 사용되며, 전채요리나 디저트요리에도 많이 사용되었다. 그러한 아스픽의 두 가지 재료는 젤라틴과 한천이다. 음식을 마무리하는 과정 중 하나로 아스픽 코팅은 정확한 계량과 온도 조절이 가장 중요하며, 아스픽을 하는 실내온도는 20℃를 넘지 않는 가르드망제 주방에서의 아스픽 처리가 이루어져야 한다.

코팅을 담당하는 조리사는 냉장고와 냉동고가 최대한 가까운 거리 내에서 작업해야 하고, 바로 옆에는 중탕처리를 할 수 있도록 준비가 되었을 때 시간을 아끼며 좋은 작품의 요리를 만들 수 있다. 아스픽 코팅을 하기 전에 필히 음식의 성격에 맞는 젤라틴을 준비하고 일차적으로 소량의 아스픽 과정을 진행해 보고 본격적인 작업을 해야 실패하지 않는 아스픽 코팅 작업을 할 수 있다.

아스픽 코팅은 오랜 시간 음식 전시를 해야 하는 경우에 음식이 마르지 않게 하기 위한 것이며, 일정시간 지연시켜 주기 위한 과정이다. 아스픽 코팅을 할 경우 음식에는 가루 젤라틴을 많이 사용하고, 디저트에서는 응고나 결착을 위해 판 젤라틴을 보편적으로 많이 사용한다.

아스픽 코팅 작업을 함에 있어 가장 중요한 것은 기포를 최대한 줄여서 코팅해야 하며, 그러기 위해서는 반드시 은근한 온도에서 중탕을 하지 말고 천천히 끓여 고운 천을 이용하여 반드시 걸러서 사용해야 한다. 코팅작업 시 젤라틴의 강도는 재료에 따라 각각 다르게 적용해야 하며 채소를 코팅했을 때 젤라틴 강도가 높으면 얼마 되지 않아 젤라틴의 무게를 이기지 못해 쓰러져 모양을 잃게 된다. 또한 너무 묽게 타면 금방 코팅이 벗겨질 수 있기 때문에, 채소의 경우에는 슬라이스 겔의 정도로 젤라틴을 녹여 여러 번의 반복작업을 거쳐 코팅해 주면 채소 자체의 모양을 충분히 살릴 수 있다. 그리고 육류나 가금류, 생선, 메인요리의 경우에는 고강도 겔로 1~2회 정도 코팅작업을 반복하면 오랜 시간동안 모양과 형태를 유지시킬 수 있다.

아스픽 ▶
실습과정

젤라틴(Gelatin)

젤라틴(Gelatin)은 동물의 가죽·힘줄·연골 등을 구성하는 천연단백질인 콜라겐을 뜨거운 물로 처리하면 얻어지는 유도단백질의 일종이다.

정제도가 높고 투명한 양질의 젤라틴은 식용으로 사용이 되고 무향, 무미, 무취로 약간 황색을 나타내므로 색이 연하고, 광택 및 투명도가 좋을수록 양질의 젤라틴이며, 악취나 착색이 되어 있는 것은 품질이 낮은 젤라틴이다. 그리고 불순물이 포함된 저질의 젤라틴은 아교(Glue)라 하며 공업용으로 사용된다.

젤라틴은 흡습성이 있어 수분을 흡수하게 되며, 다시마나 마른표고를 물에 담가두면 몇 배로 불어나는 현상을 '팽윤'이라 한다. 젤라틴은 흡수와 팽윤의 성질을 가지고 있으며, 중량의 6배 이상의 물을 흡수하여 장기간 물에 담그면 흡수가 촉진되므로 가루 젤라틴은 양에 따라 2~5분 정도 담그고, 판 젤라틴은 10~20분 정도 담가두면 된다. 젤라틴을 물에 혼합하여 녹여두면 물을 흡수하게 되거나 용해된다. 젤라틴 응고에 있어 산은 젤라틴 응고를 방해하며, 산이 있는 과일주스, 식초, 레몬즙 등을 사용할 때에는 젤라틴의 양을 많이 첨가해야 한다.

젤라틴은 냉수나 온수에 용해하여 교질용액인 졸(Sol)이 되고, 이것을 냉각하면 그 형태에 따라 응고하게 되는데, 그것을 겔(Gel)이라고 한다. 일반적으로 곱게 갈은 콩즙이나 크림은 졸(Sol)이고, 두부나 묵은 겔(Gel)이다. 졸의 일부만이 겔로 변하는 현상을 응결이라고 하는데, 이는 우유를 가열할 때 밑바닥에 생기는 침전물에서 볼 수 있다. 이 과정에서 형성된 젤라틴은 거품을 안정시키고 용액을 기반으로 한 혼합물을 굳히는 젤리에 사용된다.

콜라겐으로부터 젤라틴으로의 변화는 펩티드 사슬의 가수분해에 의해 펩티드 사슬 사이의 염류결합(鹽類結合)이나 수소결합의 개열(開裂)에 의한다. 찬물에는 팽창만 하지만 온수에는 녹아서 졸(Sol)이 되고, 2~3% 이상의 농도에서는 실온(室溫)에서 탄성이 있는 겔(Gel)이 된다. 이 상태가 된 것을 젤리라고 하며, 그 응고성(凝固性)을 이용하여 음식물에 섞어서 모양이나 형태를 단단하게 하기 위해 이용된다. 겔은 가열하면 다시 졸로 돌아오고 분자량 1만 5,000~2만5,000의 것으로 이루어지는 불균일 물질로 유기용매에는 녹지 않는다. 콜라겐과는 달리 트립신이나 펩신 등의 작용을 받는다.

요리에 있어서 젤라틴은 크게 두 가지의 방법으로 사용될 수 있다. 첫째는 요리에 직접적으로 첨가하여 결착제나 팽윤제로 사용되는 경우이며, 두 번째는 각종 요리대회 등에 코팅제로 사용되는 경우이다. 콜라겐은 생체 전 단백질의 약 30% 이상을 차지하고 있으며, 동물 체내에 가장 많이 분포하는 단백질로써 주로 조직이나 장기를 지탱하면서 체표를 둘러싸고 있어 체형을 유지시키는 역할을 한다. 일반적으로 콜라겐은 피부의 탄력을 유지시키고, 잔주름을 예방하며, 특히 피부의 수분 보유력을 높이는 기능이 있어 화장품 기초재료로써 널리 사용되고 있으며, 특히 천연의 것으로 생체와 접합 시 면역학적 반응이 적어 의술용으로도 널리 사용되고 있다.

◀ 젤라틴과정

Croissant Sandwiches Filled with Sausage

소시지를 채운 크루아상 샌드위치

Croissant Sandwiches Filled with Sausage

Ingredients

크루아상Croissant 1개
소시지Sausage 2개
버터Butter 20g
양상추Lettuce 50g
치커리Chicory 30g
머스터드Mustard 20g
마요네즈Mayonnaise 100g
토마토Tomato ½개
라디치오Radicchio 50g
그린빈스Green Beans 30g
브로콜리Broccoli 30g
엔다이브Endive 20g
방울토마토Cherry Tomato 2개
감자Potato ½개
블랙올리브Black Olive 2개
미니 파프리카Mini Paprika 1개
올리브오일Olive Oil 10㎖
통후추Whole Pepper 약간
소금Salt 약간

Preparation

1 크루아상은 중간에 칼집을 넣는다.
2 양상추와 라디치오는 깨끗이 씻어 물기를 제거한다.
3 소시지는 노릇하게 볶아놓는다.
4 감자는 껍질을 벗긴 후 둥글게 자른다.
5 4의 감자는 끓는 물에 삶아 노릇하게 볶는다.
6 아스파라거스는 껍질을 벗긴 후 데쳐 볶아준다.
7 양상추, 라디치오는 깨끗이 씻어 물기를 제거한다.
8 1의 크루아상에 머스터드를 바른 후 2의 양상추, 라디치오를 깔아준다.
9 8의 크루아상에 3의 볶은 소시지와 5의 감자, 6의 아스파라거스, 방울토마토, 블랙올리브 슬라이스를 올리고 크루아상 윗부분을 눌러준다.
10 구운 엔다이브와 브로콜리, 그린빈스, 미니 파프리카를 볶아 크루아상 샌드위치에 곁들인다.

Cooking Terminology

소시지(Sausage)
소시지라는 이름은 라틴어로 '소금에 절인다'는 의미인 'Salsicius'에서 유래되었다. 소시지란 간 고기를 지방, 소금, 양념, 향신료, 방부제를 함께 섞어 만든 것으로 그 재료, 첨가물, 모양, 가공법, 마른상태, 익힘의 유·무에 따라 여러 가지의 종류가 있다. 대부분의 소시지는 돼지고기를 약간 섞어서 만들기도 하며 소고기나 송아지, 닭 등의 고기를 사용하여 만들기도 한다.

Wrap Filled with Smoked Salmon and Apple Horse Radish

사과를 채워 감싼 훈제연어와 홀스래디쉬

Wrap Filled with Smoked Salmon and Apple Horse Radish

Ingredients

훈제연어Smoked Salmon 150g
딜Dill 2g
치커리Chicory 20g
롤로로사Rollarosa 20g
팽이버섯Winter Mushroom 20g
처빌Chervil 2g
홀스래디쉬Horseradish 30g
사워크림Sour Cream 20g
사과Apple ½개
적양파Red Onion ½개
토마토Tomato ½개
레몬Lemon ½개

붉은 파프리카Red Paprika 100g
노란 파프리카Yellow Paprika 100g
올리브오일Olive Oil 50㎖
식초Vinegar 30㎖
레몬주스Lemon Juice 10㎖
화이트와인White Wine 20㎖
통후추Peppercorn 2g
차이브Chive 5g
캐비아Caviar 2g
휘핑크림Whipping Cream 10㎖
소금Salt 약간
후추Pepper 약간

Preparation

1 훈제연어는 얇게 슬라이스한다.
2 사과는 껍질을 벗겨 얇게 채 썰어 설탕물에 담가둔다.
3 1의 슬라이스한 훈제연어에 홀스래디쉬 크림을 골고루 바른 후 사과, 팽이버섯을 채워 둥글게 말아준다.
4 미니비타민과 치커리, 적치커리는 깨끗이 씻어 물기를 제거한다.
5 적양파와 붉은 파프리카는 스몰다이스로 자른다.
6 접시에 둥글게 말은 3의 연어를 담고, 4의 채소를 연어 사이에 꽂아준다.
7 6의 연어 양쪽에 홀스래디쉬 크림을 뿌리고 5의 채소와 캐비아를 곁들인다.

Cooking Class Ingredients

캐비아(Caviar)
세계 3대 진미 중 하나인 캐비아는 페르시아어 '카하비아'에서 유래되었으며, 사전적인 의미로는 '생선의 알'을 의미하며 통상적으로 철갑상어의 알을 지칭한다. 프랑스의 흔강에서 많은 양의 철갑상어가 포획되었지만, 지금은 98%의 캐비아가 카스피연안에서 잡히고 있다.

Crispy Roasted Duck Breast

바삭하게 구운 오리가슴살구이

Crispy Roasted Duck Breast

Ingredients

오리가슴살Duck Breast 150g
주황 파프리카Orange Paprika 20g
양파Onion ½개
샬롯Shallot 1개
레드와인Red Wine 100㎖
붉은 파프리카Red Paprika 20g
당근Carrot 30g
달걀Egg 1개
토마토 페이스트Tomato Paste 20g
브라운소스Brown Sauce 50㎖
오렌지주스Orange Juice 20㎖
로즈마리Rosemary 5g
타임Thyme 5g
올리브오일Olive Oil 50㎖
레몬주스Lemon Juice 10㎖
마늘Garlic 1개
토마토Tomato ½개
감자Potato ½개
설탕Sugar 약간
오렌지Orange 1개
후추Pepper 약간
소금Salt 약간

Preparation

1 오리가슴살은 손질하여 다진 타임, 올리브오일, 소금, 후추로 마리네이드한다.
2 삼색 파프리카와 양파는 다이스로 잘라 소금, 후추로 간하여 볶는다.
3 달궈진 팬에 1의 오리가슴살을 노릇하게 구워 기름기를 빼준다.
4 아스파라거스는 데쳐 소금, 후추로 간하여 볶는다.
5 샬롯은 껍질을 벗겨 팬에 갈색이 나게 볶는다.
6 감자는 스킨스터프드 포테이토로 준비한다.
7 마늘은 팬에 노릇하게 볶는다.
8 접시에 2의 볶은 채소를 담고, 채소 위에 3의 구운 오리가슴살을 잘라 두 쪽 담는다.
9 8의 오리가슴살에 스킨 스터프드 포테이토와 아스파라거스, 샬롯 마늘을 곁들인다.
10 9의 오리가슴살 주위에 오렌지소스를 뿌려준다.

Cooking Class

Cooking Method

스킨 스터프드 포테이토(Skin Stuffed Potato)

❶ 감자는 껍질을 벗겨 삶은 후, 보일드 포테이토(Boiled Potato) 모양으로 잘라 속을 볼커터로 둥글게 파낸다.
❷ ❶의 감자는 끓는 물에 삶아 기름에 튀겨낸다.
❸ 다진 베이컨, 양파와 소금, 후추, 넛메그로 양념하여 볶는다.
❹ ❷의 감자에 ❸의 내용물을 채워 빵가루, 치즈를 얹어 오븐에서 노릇노릇하게 색을 낸다.

Grilled Tenderloin Beef Marinaded in Herbs

허브에 절인 소고기안심구이

Grilled Tenderloin Beef Marinaded in Herbs

Ingredients

소고기안심Beef Tenderloin 200g
폴렌타Polenta 20g
양파Onion ½개
꼬마양배추Baby Sprouts 2개
방울토마토Cherry Tomato 1개
샬롯Shallot 1개
브라운소스Brown Sauce 50㎖
레드와인Red Wine 100㎖
토마토 페이스트Tomato Paste 20g
밀가루Flour 30g
레몬주스Lemon Juice 20㎖
로즈마리Rosemary 5g
타임Thyme 50g
올리브오일Olive Oil 60㎖
가지Eggplant ½개
우유Milk 100㎖
마늘Garlic 2개
감자Potato 1개
버터Butter 10g
설탕Sugar 10g
소금Salt 약간
후추Pepper 약간

Preparation

1 소고기안심은 180g을 잘라 손질하여 올리브오일, 마늘, 소금, 후추로 마리네이드한다.
2 1의 소고기를 미디움 레어로 구워 허브를 발라 오븐에서 굽는다.
3 양파는 슬라이스하여 적포도주에 졸여 양파 처트니를 만든다.
4 폴렌타는 우유, 버터, 치킨스톡을 붓고 소금으로 간하여 끓인다.
5 감자는 슬라이스하여 삶아 4의 폴렌타와 섞어 오븐에서 노릇하게 굽는다.
6 샬롯은 껍질을 벗겨 반으로 잘라 볶아준다.
7 방울토마토는 데쳐 껍질을 벗긴 후 설탕, 소금, 후추, 올리브오일로 간하여 예열된 80℃ 오븐에서 굽는다.
8 접시에 2의 구운 소고기를 담고, 3의 양파 처트니와 4의 폴렌타를 곁들인다.
9 8의 소고기에 레드와인소스를 뿌리고 더운 채소와 로즈마리를 곁들인다.

Cooking Terminology
Cooking Method

처트니(Chutney)
동인도의 용어 Chatni에서 유래된 과일, 식초, 포도주, 설탕과 향신료를 양념으로 사용해 만든 인도의 소스요리이다.

양파 처트니(Onion Chutney)
❶ 양파는 껍질을 벗겨 줄리엔(Julienne)으로 썰어놓는다.
❷ 달궈진 팬에 양파를 갈색이 나게 볶아 적포도주와 설탕, 로즈마리찹, 타임찹, 월계수잎을 넣고 윤기 나게 졸여준다.
❸ ❷의 양파에 월계수잎, 허브를 건져내고 소금, 후추로 간한다.

Mushroom Duxelles with Beef Wellington

머쉬룸 뒥셀을 채운 소고기 웰링턴

Mushroom Duxelles with Beef Wellington

Ingredients

소고기안심Beef Tenderloin 200g
양송이버섯Button Mushroom 30g
양파Onion ½개
표고버섯Shiitake Mushroom 50g
마늘Garlic 1개
감자Potato ½개
당근Carrot 30g
레드와인Red Wine 100mℓ
토마토 페이스트Tomato Paste 20g
달걀Egg 1개
붉은 파프리카Red Paprika 20g
로즈마리Rosemary 5g
타임Thyme 5g
올리브오일Olive Oil 50mℓ
가지Eggplant ½개
애호박Zucchini 50g
마늘Garlic 2개
토마토Tomato 1개
밀가루Flour 10g
버터Butter 10g
설탕Sugar 50g
오렌지Orange 1개
적포도주 식초Red Wine Vinegar 20mℓ
포도잼Grape Jam 5g
오렌지주스Orange Juice 20mℓ
데미글라세Demi Glace 100mℓ
소금Salt 약간
후추Pepper 약간

Preparation

1 양송이와 표고버섯은 곱게 다져 팬에 볶아 소금, 후추로 간하여 머쉬룸 뒥셀을 만든다.
2 소고기안심은 둥근 모양으로 손질하여 소금, 후추, 올리브오일로 마리네이드한다.
3 달궈진 팬에 2의 소고기안심을 레어로 굽는다.
4 퍼프 페스트리 도우를 준비하여 1의 머쉬룸 뒥셀을 바르고, 3의 구운 안심을 놓고 둥글게 감싼다.
5 4의 소고기에 노른자를 골고루 발라준 후, 오븐에서 미디움 웰던으로 굽는다.
6 양파는 슬라이스하여 소금, 후추로 간하여 갈색이 나게 볶아준다.
7 붉은 파프리카, 노란 파프리카, 애호박은 스몰다이스로 잘라 소금. 후추로 간하여 볶는다.
8 마늘은 팬에 노릇하게 볶는다.
9 표고버섯은 손질하여 소금, 후추로 간하여 볶는다.
10 접시에 비가라드소스를 뿌리고, 볶은 양파와 5의 소고기를 잘라 담는다.
11 10의 소고기에 더치 포테이토와 더운 채소를 곁들인다.

Cooking Class

Cooking Terminology
Cooking Method

웰링턴(Wellington)
소고기와 거위간, 버섯 등을 볶아서 넣고, 패이스트리 반죽으로 싸서 오븐에 구운 것이다.

더치 포테이토(Duchess Potato)
❶ 감자를 껍질을 벗겨 삶아 체에 내려준다.
❷ ❶의 감자에 버터, 생크림, 소금으로 양념하여 저어준 후 짤주머니에 넣어 일정한 모양으로 짜준다.
❸ ❷의 내용물을 예열된 살라만다(Salamander)에서 노릇노릇하게 구워준다.

Crust Pistachio
Roasted Lamb Chop

크러스트 피스타치오 양갈비구이

Crust Pistachio Roasted Lamb Chop

Ingredients

양갈비Lamb Chop 200g
피스타치오Pistachio 10g
빵가루Bread Crumb 10g
타임Thyme 5g
마늘Garlic 1개
머스터드Mustard 10g
감자Potato 1개
사워크림Sour Cream 10g
차이브Chive 5g
베이컨Bacon 1개
브라운소스Brown Sauce 50㎖
방울토마토Cherry Tomato 1개
그린빈스Green Beans 20g
느타리버섯Oyster Mushroom 20g
꼬마양배추Baby Sprouts 2개
미니당근Mini Carrot 1개
가지Eggplant 20g
파프리카Paprika 20g
애호박Zucchini 20g
양파Onion 20g
토마토 페이스트Tomato Paste 10g
로즈마리Rosemary 5g
통후추Whole Pepper 약간
소금Salt 약간

Preparation

1 양갈비는 지방과 힘줄 부분을 제거한 후 허브찹과 올리브오일, 소금, 후추로 마리네이드한다.
2 달궈진 팬에 1의 양갈비를 미디움 레어로 구워준다.
3 2의 구운 양갈비 표면에 머스터드와 피스타치오, 허브를 발라 예열된 180℃ 오븐에서 굽는다.
4 2의 양갈비 기름과 육즙에 적포도주를 넣고 $\frac{1}{3}$ 가량 졸여준 후, 그라스 비안드를 부어 소스를 만든다.
5 꼬마당근은 껍질을 벗긴 후 끓는 물에 삶아 버터, 레몬주스, 설탕에 졸인다.
6 그린빈스, 꼬마양배추는 끓는 물에 데쳐 소금, 후추로 간하여 볶는다.
7 방울토마토는 데쳐 껍질을 벗긴 후 설탕, 소금, 후추, 올리브오일로 간하여 예열된 80℃ 오븐에서 굽는다.
8 접시에 4의 양갈비소스를 뿌려준 후, 3의 구운 양갈비를 얹고 라따뚜이와 베이키드 포테이토를 곁들인다.
9 8의 양갈비에 양갈비소스를 뿌리고 더운 채소와 로즈마리를 곁들인다.

Cooking Class

Cooking Terminology
Cooking Method

라따뚜이(Ratatouille)
프랑스의 프로방스 지방에서 즐겨먹는 전통적인 야채스튜로서 니스(Nice)에서 유래한 음식이며, 조리방법으로는 가지, 토마토, 피망, 양파, 호박, 마늘 등을 일정한 크기로 잘라 각종 채소와 허브를 넣어 만드는데, 모든 재료를 올리브유에 볶아서 만든다. 여러 가지 채소는 요리하는 사람에 따라 다같이 넣어 볶을 수도 있고, 따로따로 조리한 후에 함께 섞어서 익힐 수도 있다.

베이키드 포테이토(Baked Potato)
❶ 감자는 깨끗이 씻어 소금을 뿌리고 쿠킹호일로 감싼다.
❷ 예열된 200℃ 정도의 오븐에 50분간 구워 낸 다음, 마른타월로 감싸 만져서 호일이 감자에 밀착되게 한 후 십자 형태로 칼집을 낸다.
❸ ❷의 감자를 벌려 사워크림, 차이브찹, 볶은 베이컨찹을 뿌려준다.

References

강옥구 외, 최신 서양조리기술, 도서출판 아트디자인, 2007.

고범석, 가드망제의 세계, 훈민사, 2006.

김동섭, 현대 서양조리 이론 및 실무, 백산출판사, 2015.

김세한 외, 새로운 이탈리아요리, 지구문화사, 2013.

김옥란 외, 최신 서양요리, 백산출판사, 2011.

김헌철 외, 호텔식 전통서양요리, 훈민사, 2007.

롯데호텔, 조리직무교재, 1997.

박경태 외, 현대 서양조리 실무, 훈민사, 2004.

서민석 외, 커리너리 아트, 도서출판 효일, 2007.

송수익 외, 기초서양조리, 현문사, 2011.

안선정 외, 조리원리, 백산출판사, 2011.

염진철 외, 기초 조리이론과 조리용어 1, 2, 백산출판사, 2008.

염진철, 기초 조리이론과 조리용어, 백산출판사, 2007.

오영섭 외, 고급서양조리예술, 백산출판사, 2008.

윤수선 외, 가르드망제, 백산출판사, 2015.

임효원 외, 서양조리실무, 훈민사, 2009.

조용범 외, 고급서양조리, 백산출판사, 2015.

최수근 외, 고급서양조리, 대명사, 2008.

최수근, 조리실무, 대명사, 2006.